本书为北京市教育科学"十四五"规划2021年度重点课题

"基于学习诊断的物理大单元教学整合研究"（课题编号：CDAA21053）的阶段性成果

基于灵性物理教学法的大单元教学思考与实践

刘克艳 著

中国言实出版社

图书在版编目（CIP）数据

基于灵性物理教学法的大单元教学思考与实践 /
刘克艳著. -- 北京：中国言实出版社，2023.5
ISBN 978-7-5171-4462-5

Ⅰ.① 基… Ⅱ.① 刘… Ⅲ.① 中学物理课—教学法
Ⅳ.① G633.72

中国国家版本馆CIP数据核字（2023）第075782号

基于灵性物理教学法的大单元教学思考与实践

责任编辑：史会美
责任校对：王建玲

出版发行：中国言实出版社

地　　址：北京市朝阳区北苑路180号加利大厦5号楼105室
邮　　编：100101
编辑部：北京市海淀区花园路6号院B座6层
邮　　编：100088
电　　话：010-64924853（总编室）　010-64924716（发行部）
网　　址：www.zgyscbs.cn　　电子邮箱：zgyscbs@263.net

经　　销：新华书店
印　　刷：北京虎彩文化传播有限公司
版　　次：2023年6月第1版　　2023年6月第1次印刷
规　　格：710毫米×1000毫米　　1/16　　20.25印张
字　　数：300千字

定　　价：78.00元
书　　号：ISBN 978-7-5171-4462-5

序

党的二十大报告提出"实施科教兴国战略，强化现代化建设人才支撑"。这是党中央首次将教育、科技、人才一体部署，体现了教育是党之大计、国之大计的根本战略思想，突出了教育是民生更是国计，优先发展教育事业，关乎人民生活幸福，更关乎党和国家事业发展全局。在全面建设社会主义现代化国家新征程中，加快教育强国建设是培养大批科技人才，实现科技自立自强的迫切需要。从教育生态来看，高质量教育体系中，教育管理者、教育者和受教育者的主体性只有得到高度尊重，创造活力才能得到充分释放。从教育产出看，要追求教育投入的高效益、学生发展的高质量。这里，高质量的学生发展，旨在培养德智体美劳全面发展、身心和谐发展、人格健全，具有创新创造活力的一代新人。构建高质量教育体系需要我们在深化课程教学改革，转变育人方式上下功夫。可以看出，我们已经达成共识，教育者是创新教育、推动教育变革的关键力量。

学校要全面贯彻党的教育方针，培养德智体美劳全面发展的社会主义建设者和接班人。秉承为党育人、为国育才，以学生发展为本，培养学生完整人格。积极开展全学科大单元教学实践探索，大力推进大中小思政课程一体化建设，落实立德树人根本任务，办好老百姓家门口的好学校。

学校多年坚持学习型学校建设，研究型学校建设，涌现出一批优秀的老师并获得了很好的教育成果，刘克艳老师是其中的代表之一。刘老师注重学习教育理论，钻研物理教学方法，特别是在实验的设计和改进创新上形成自己独特的风格，获得国家专利四项、国家著作权两项。她勇于创新教学模式、不断砥砺师德修养、模范履行教师职责，热爱学生、爱岗敬业、追求卓越，逐步形成较为完整、新颖独特、灵活、和谐的教学风格。

"有思想的教师才能培育有思想的学生。"刘老师深耕课堂，积极探索基于情境、问题导向的启发式和探究式课堂教学，注重加强课题研究、课程思政和与中华传统文化相融合的综合性教学，创新实验以培养学生的科学探究能力和科学思维。二十余年的高中教育经历梳理出适宜于培养"具有创新创造活力的一代新人"的"灵性物理教学法"（2017年8月发表在《名师育人智慧》）。2021年刘老师带动物理学科组申报了北京市规划办重点课题"基于学习诊断的物理大单元整合研究"。

这本书从一线教师视角阐释了适应于核心素养在课堂教学中真实落地的理论、实践与思考。用扎扎实实的课堂教学实例践行了教育的创新。综合来看，这本书结合核心素养的落地有如下特点：

1. 是适应当前课程改革背景的实践经验总结。

新课程改革理念以及高素质人才培养目标，对中学物理教学提出了更高的要求，解决好物理教学中长期存在的一些问题，提升物理教学质量就显得十分迫切。本书在具体案例的设计与实施过程中得到市区基础教育教研室多位老师的帮助与指导，以最新的教育理念为理论依据，将灵性物理教学法、思政、中华传统文化等元素相融合，充分落实立德树人根本任务。

2. 是适合一线教师研讨的教学参考。

一线教师担任着育人使命。教师逐步积累教学经验，积极学习教育理论，但是在目标导向、问题导向的基础上如何创新，优化课程内容结构方面均有困惑和思考。本书引导教师从学情出发，以大单元教学为抓手，从情境导向、问题导向和实验视角有侧重地展开理论与实践研究，为课堂实践提供了真实范例。

3. 是体现教师创造活力的智慧引领。

本书作者具有二十余年的高中物理教学经验，从自己的具体实践给出具体教学案例，对一线教师有很好的启发引领作用。案例中有刘老师对于实验创新的思考与改进的经历呈现，如"力学坐标纸的设计与应用""多普勒效应实验的改进"等；有对于创新课堂教与学方式的小组汇报课例的分享，如"宇宙航行问题的研究"和"导轨式电磁炮问题初探"；有对大单元从纵向跨学段思考与具体实施的说明等，均鼓励一线教师从学生实际出发，充分释放自身的创造活力，给予一线教学以创新力。

4.是鼓励教师向着教育家方向成长的加油站。

刘老师深耕课堂，心系学生，教学基本功扎实，在实践过程中，为了更好地培养学生的核心素养，她积极思考，善于在实践中总结经验，再应用于实践。如在"教学评"一致性的研究过程中，从定性评价入手，逐步向定量评价进行研究；从横向单元设计，向跨学段的纵向单元教学推进；从概念规律教学向实验单元教学进行设想；作业设计方面思考将课前任务单设计、课中生成问题的再设计、课后作业设计均整合成作业设计等具体的思路。这也体现了所有一线教师的教育情怀，思中创新，思中进取。

本书是我校历时四年大单元教学实践课题成果的组成部分。注重培养学生核心素养，强调提高学生综合运用知识解决实际问题的能力，从教与学的深度和广度上做了适当的延展。期望有助于一线教师积极研究大单元教学，也期望这些研究成果能够在后续的物理教育实践中得到检验、修正和完善。

崔楚民

北京市第十一中学教育集团党委书记、校长

2023 年 2 月

目 录

第一部分　灵性物理教学法[*]

　　北京经历了十余年的基础教育课程改革，从最开始"以学生为本"的理念到前段时间明确为"关注学生的实际获得"，现在又明晰了教育的"供给侧"功能，更明确地提出教育服务于学生的理念，不仅要提供给学生所需求的教育，更要带动学生的学习需求，提升学生的科学素养，培养社会有用人才，因此行之有效的教学方法是我们教育者必须深入思考并能付诸教学实践的。

一、灵性物理教学法的定义

　　教育作为国家和民族进步的基石，关乎国计民生。针对近20年教学工作中所运用的教学方法及其实效性进行深入分析，结合教育教学理论得出构建有灵性的物理课堂模式是一种行之有效的教学方法，故将之称为"灵性物理课堂教学法"。这种教学方法可以使知识恢复到鲜活状态，与环境、生活和科技息息相关，这种课堂氛围是和谐的、民主的、创新的。

　　如：以"运动和力"为例，可以设计一系列生活中的实验场景，引导学生用学过的知识解决部分问题，对于无法解决的问题采用"任务驱动的方式"——进行网络查询，教师点拨。有效地打破固有的章节划分，更加注重培养学生的自主学习能力和知识整合能力，以实验推动理论学习，将理论变为解决问题的基础，加强互动性、分享性。新课改背景下，学生逐步选择课程

---

*《灵性物理教学法》论文发表在由吉林大学出版社出版的《名师育人智慧》一书中。

进行学习，给予不同层次学生以不同程度的理论或实验上的学习，通过交流固化的方式实现理论与实践的双赢。在具体实践过程中，深刻地感觉到对知识体系的了解、学案和课下思维延展环节的设计是尤为重要的。

"十三五"时期每位教师最关注的应该是创新发展，超前布局下一代互联网，和让每个孩子享有平等的受教育权，享受优质教育资源。

教师肩负着时代的重任，课堂上如何能够运用灵活有实效性的教学方法是对教师全方位能力的一种不断提升，当然更是一种考验，要上好一节课，要把内容、技术和思维的延展等方面都考虑周全，专业知识是教师必备的，但要做一名好教师，必须涉猎心理学、教育学、管理学和信息技术等多领域的内容，争取是全能的，可见教师课下的付出远多于课上所呈现的。

二、"灵性物理教学法"理论依据

（一）《新课程标准》中"促进学生核心素养发展"的提出

高中物理课程重视以评价促进学生的学习与发展，重视评价的诊断功能和激励功能，致力于创建一个主体多元、方法多样、既重视结果亦重视过程的物理课程评价体系。提倡评价应关注学生的个体差异，帮助学生认识自我、建立自信，改进学习方式，提升核心素养。在课程性质中明确提到："高中物理课程在义务教育的基础上，帮助学生从物理学的视角认识自然，理解自然，建构关于自然界的物理图景；引导学生经历科学探究过程，学会科学研究方法，养成科学思维习惯，增强创新意识和实践能力；引领学生认识科学的本质以及科学·技术·社会·环境（STSE）的关系，形成科学态度、科学世界观和价值观，为做有责任感的未来社会公民奠定基础。"

认真学习《新课程标准》后，结合物理学科核心素养：物理观念（与应用）；科学思维（与创新）；科学探究（与交流）；科学态度与责任，从教学改革方向上可知高中教学更应注重学生发展、学科本质（学科核心素养）和"高级"思维发展。而这些内容的达成不仅需要扎实的知识基础，还需要"灵性物理教学法"将物理课堂教学方式多元化，教学过程灵活化，才能实现多元育人。

（二）教学过程的"发展性"是多元的，发展的程度也有个体差异

教学过程的特点有双边性（多边性）、认知性和发展性：这种发展，当然包括认知的发展、能力的发展，除此之外，还包括学生的情感、态度、价值观的发展，这种发展也是多元的，发展的程度也呈现个体差异。

（三）教学基本原则的多元化

教学基本原则包括：理论联系实际——从现实生活问题引入理论和科学知识的学习；科学性与思想性的统一——教学中关注科学知识，但同时关注这些知识的思想价值，比如，我们在制定教学目标时，考虑情感态度与价值观的目标，就是这种教学原则的体现；传授知识与发展智力统一——传授有良好结构的知识、经历知识形成的过程、组织问题解决的活动，在活动中学习方法；直观性与抽象性统一，系统性与循序渐进性统一，这是一个比较难的原则。

（四）皮亚杰的认知发展理论

皮亚杰的认知发展理论认为，"图式——个体对世界感知、理解和思考的方式，是认知结构的起点和核心""同化——主体将外界的刺激整合到原有图式""顺应——主体改变自己原有的图式，以适应新的情境"。因此，在教学过程中应依据学生发展阶段的特点，选择适合的教学内容、教学方式；进行抽象内容的学习时，要从直观开始，循序渐进；提供一些与学生原有认知基础相适应的内容；促进学生主动学习；注重活动。

（五）学习策略和有意义学习理论

丹塞罗（Dansereau，1985）将学习策略分为两大类：一是基本策略和技能，主要用于直接操作学习材料，如理解、保持、提取、应用等策略；二是

支持策略和技能，主要用于维持适当的学习心态，如时间设计、心境维持、注意力分配等。奥苏泊尔的有意义学习，就是将新知识与学习者认知结构中的适当观念建立起非人为的和实质性的联系。学生能否获得有意义的学习，关键在于新知识与旧知识之间相互作用。有意义学习的条件：学习材料必须有逻辑意义，与学生原有的认知结构中的有关观念有联系——教师要提供熟悉的材料、熟悉的场景，从熟悉的生活引入，学习者必须有有意义学习的心向——要激发学生的动机、兴趣；学习者认知结构中必须有适当的知识基础——采用复习旧知识、联系生活实际的方法，组织活动，这种活动形式多样，听、说、读、写、操作、讨论、思考等一切广义的活动，促使新旧知识的相互作用。因此，学习内容有意义就不能脱离学生的认知基础；创设情境，激发学生的兴趣与动机是必需的；将新知识与原有旧知识、生活实际联系也是必要的；活动更是必不可少的。

布鲁纳的发现学习理论认为：学习是一个主动认知的过程；要学习学科的基本结构：一个学科围绕其基本概念、原理、规律和方法所形成的整体知识框架和思维框架。任何科目都可以按照某种正确的方式教给任何年龄阶段的任何儿童，教材的排列要螺旋式上升。因此需要提供问题情境——组织活动；让学生主动发现规律和联系——形成新的认知结构。

建构主义学习理论被认为是当前课程改革的理论基础之一，认为学习是学习者主动建构内部心理结构的过程。学习者不是教师，不是班级，是学生个体主动，不是被动的，所以如何引导学生主动，成为教师教学的任务；以前是教师如何讲解，现在是教师如何引导学生主动；建构，是一种心理活动，如何建构，我们看不到，是一种理论的假设和推论。有两个含义：一是对新信息意义的理解，一是对原有知识经验的改组和重建。因此，教学要激发起每一个学生的学习主动性；教师要为学生建构创设情境，设计活动，所以情境教学、活动教学、探究学习、合作学习等都是建立在这样一种心理学的基础之上。教师是学生学习的指导者。

可见，在以上多种学习理论中，均提及应关注学习的主体，创设情境，组织活动，互相促进，这都需要运用灵活多样的教学方法去设计教学。

（六）青少年发展基本规律的必然需求

青少年发展基本规律中包含：顺序性与阶段性、不均衡性、稳定性与可变性、个体差异性和身心发展互补性。

教师一方面要研究同一年龄阶段学生发展的规律，一方面还要注意其变化的特点。对学生进行干预，学生的心理就会产生变化，这也就是教育的作用和意义。面对差异，对教师提出要求：促进所有学生的发展，这种发展是建立在他们个体差异的基础之上的。积极的心理暗示能够促进成功，而消极的心理暗示可能会阻碍人的成功。皮格马利翁效应——积极的心理暗示（班级实验）说明教学要扬长避短，发扬其积极的一面；引导学生获得积极的心理体验，建立学生的自信，促使学生健康发展。

灵动的课堂是用生命激扬生命，用心灵激动心灵的课堂；灵动的课堂是以活泼的氛围、活跃的思维为标志的课堂。

三、"灵性物理教学法"教学实施步骤与实施效果

"灵性物理教学法"其实是以学科知识为基础，以学生的实际获得为最终目标的一种借助于课堂中相应的教学设计融入学科素养所需因素而逐步实现由基础达成最终目标所运用的方式方法。课堂的主角是学生，下面我将该教学法的实施步骤向大家汇报一下。

（一）备教材、备学情，课堂进行"亮标"是灵性物理教学法的根基

课程的实施强调对知识的系统传授和掌握，教师代表着知识的权威，而对于教材做深入理解，才能使教师明确哪里应是学生着重掌握的知识，哪里是学生学习的难点。

课程是经验即学生本位，只有被学生经历、理解和接受了的内容才是课程，强调学习者的经验；唯有从学习者的角度出发，考虑与学生的实际生活

和未来生活相联系，与学生的实际经验相联系；强调学习者的主动参与，主动建构，获得独特的经验，才有助于发挥学生的自主性（因为符合了学生的经验）。而要做到这一点，则需要深入分析学情，这样才能在学生所需加强处做到恰到好处。有助于学生经历发现知识的过程，促进学生的发展。

课程是经验（experience），经历、经验，动词与名词。这种课程观要求我们在设计课程时，一方面要关注知识系统，另一方面要关注学生的经验，从学生发展的角度，而不是从社会发展的角度去选择。

做到知识体系明确，学生实际分析精准，在课前进行"亮标"，使学生明确本节课所需要掌握的知识和技能。课堂的灵活性才有了根基，此教学法从而成为学生能够有最大收获的良好途径。

（二）合理"创设问题情境"引课是"灵性物理教学法"的契机

引课环节的好坏，决定了师生在课堂学习过程中的融合度，也决定了课堂是否能够在和谐愉快的氛围下逐步实施。

在引课中往往是与本节知识相关度高的生活、科技等相关热点，能够引发学生的兴趣，激起学生的话题，同时会有一定的德育渗透作用。

该教学法的引课环节主要从以下两个方面进行构思：

1.联系热点问题，激发学生学习兴趣。

〈案例一〉2015 年我国的"九三"阅兵振奋国人，在随后讲解《磁场对通电导线的作用——安培力》一节的设计引课。

片段一：

师：展示"九三"阅兵时展示的东风-21D 和东风-5B 的图片，并提问谁知道这是什么武器，有何作用？

生：东风-21D 反舰导弹被称为"航母杀手"；东风-5B 洲际弹道导弹则可以直击美国全境。

师：同学们一定也和老师一样为我国军备划时代的跃升而自豪。

设计意图：抓住"九三"阅兵带给学生的震撼，说明物理对科技的重要作用，渗透社会主义核心价值观。

片段二：

师：今天，老师这里也准备了一个各国争相研制武器的模型，它的威力比武器要小得多。这里还有一张打靶纸，一枚炮弹，谁来试发射一下呢？（图1）。

生：试发射（图2）。

图1　电磁炮模型

图2　发射成功的同学兴奋地举起了右手

师：其实电磁炮的发射全部是由电脑控制的，弹头上有精确制导系统，保证具有杀伤力的同时也是非常精准的。

生：思考。

师：电磁炮是利用电磁发射技术制成的。其中，轨道炮就是利用磁场与电流相互作用，产生强大的作用力推动弹丸，达到很高的速度。

设计意图：通过游戏的方式激发学生想探究的欲望，采用安培力在科技上的应用——电磁炮模型的运用，激起学生为科技强大而学习之心。

再如，在2006年，研究"碰撞中的动量守恒问题"时，我结合当时国内的"斯诺克热"这一社会氛围，课前播放了奥沙利文的满分录像，很自然地将学生引入到现实生活熟悉的台球比赛中球与球的碰撞场景之中，学生的学习积极性也被调动起来了。

在摩擦力的授课中，播放2009年3月29日，女子冰壶世锦赛上，王冰玉带领中国女子冰壶队在决赛中战胜经验老到的瑞典队夺得了冠军的视频引课，提及擦冰的作用是改变冰面光滑度，实际是运用了物理中的滑动摩擦力的知识。热点视频加恰当的引导，激发了学生自主学习的欲望和高度投入的热情，激活物理课堂。

通过以上说明，可以知道社会在不断前进，热点的确定也应与时俱进，课前找寻近期有吸引力的点进行设计，才能收到更好的效果。

2.联系生活实际，体现物理的实用性。

如在《多普勒效应》一课中，播放了一段火车驶近和远离我们的视频，引起学生的回忆，因为生活中这样的事情很常见，学生很熟悉，所以只利用一点时间就可以将学生带回到乘车时的情境之中。学生感受到火车靠近时汽笛声变大，声音变尖。

在《牛顿运动定律的应用》一课中，则采用了滑雪运动视频去创设问题情境。

〈案例二〉2016 年 3 月讲授《变压器》。

片段：

师：如何通过 220V 的电源让 3.8V 小灯泡亮起来？（人教版教材）

生：提出方案。

师：评价并演示实验。

生：观察现象并思考原因。

师：变压器是改变交流电压的装置，引出课题。

师：通过图片让学生了解变压器在生活中应用很广，是生产、生活用电过程中不可缺少的设备。

师：介绍变压器的用途、构造、电路图、符号。

变压器的结构

 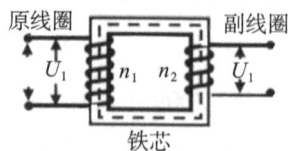 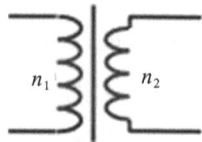

1.构造　　　　　　　2.电路图　　　　　　3.电路图中符号

生：观察、学习绘制变压器的符号，了解其构造。

设计意图：用生活中熟悉的问题去进行引课，让学生能够进行思考，有进一步将生活实际问题用所学知识解决的心思。

所以物理课堂的情境创设应多联系实际生活，使学生能够增强一种用物理知识去解释生活现象，甚至于想要应用于生活的欲望，这样学生感受物理就在我们身边，他们的学习才能变被动为主动，物理的实用性也能得到充分的体现。

好的引课，可以使学生有继续学习的动力，抓住这一点就是一节和谐灵活的课堂的起点。

（三）创新实验为"灵性物理教学法"的主干

物理是一门以实验为基础的学科，实验教学既可以有效突破难点更能突出重点。在北京市基教研中心有步骤、系统的计划下，从 2006 年开始已经举办了六届全市的物理教师实验大赛。分别在实验教学、实验演示和实验创新比赛中，十一中物理组共计 6 名老师分别参加前五届比赛，并获得了 2 个二等奖，4 个一等奖的好成绩。我仅就实验创新来谈一下。

创新实验，带给物理课堂鲜活的生命力。目前在该种教学法的实施过程中，本校物理课堂上微创新无处不在。研究弹力时从引进"弹力球的弹性形变"到"微小形变的实验改进"，再到"水气球演示的引进"。运用 CAD 软件设计制图并完成制作《向心力系列实验》装置，通过测试已能实现原有成型仪器所不能实现的多种功能等。实验创新上的不断突破，成为"灵性物理教学法"实施道路上最亮丽的一道风景。

如，〈案例三〉《多普勒效应》一课。

经过多次修改完善并创新实验，在多普勒效应实验中，已经实现从运用实验实现"将听声音与看波形相结合"到"由定性感受音调的变化转变为定量计算频率"，再到"传统实验方法与信息技术（音频处理软件在教学中的开发运用）相结合"的创新点不断得以实现。

在"多普勒效应"一课的教学中，部分学生理论上知道"响度由振幅决定，音调由频率决定"，但从自己的体验中对这一知识却一片空白。我利用示波器和录音机与低频信号发生器，引导学生听音调和响度的变化，看示波器的波形变化。在分别改变低频信号发生器的频率和幅度时，既使学生直观地从听觉上感受到了音调和响度的变化，又使学生从视觉上感受到示波器当中的波形个数和幅度的变化，从而使"示波器的波形变化反映音调和响度的变化"给学生留下了深刻的印象，使学生对"响度由振幅决定，音调由频率决定"更为明确，为下面引导学生进行的"观察者运动，波源不动"实验的分析打下铺垫。这在当时就是用实验突破难点的一个创新。

再如本节课的第二个创新则是用示波器看观察者运动，波源静止时接收到声音信号的波形。对这部分实验改进大致可以分为四个阶段，我和大家交流一下。

阶段一：

学生携带复读机录制信号发生器通过录音机发出的声音，再将声音通过麦克输入电脑转换为电信号，输入示波器，观察波形的变化（如图 3）。

图 3　创新阶段一

优点：可以在听声音的同时定性观察波形变化。

问题：实验操作复杂，观察者速度不易控制，得出的波形无法保留。

改进目标：简化实验装置，使波形可保留。

阶段二：电动车为观察者载体（如图 4）。

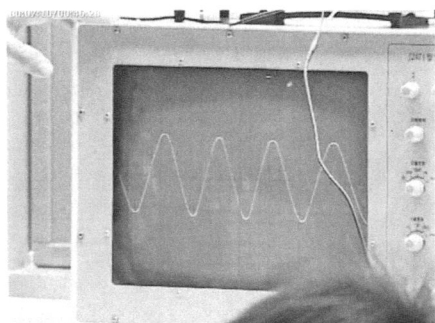

图 4　创新阶段二

电动汽车携带录音笔录制信号发生器发出的声音。

问题：噪声较大、电动车运动速度较小、实验操作复杂，得出的波形无法保留。

改进目标：减小噪声、提高速度、保留波形。

阶段三：

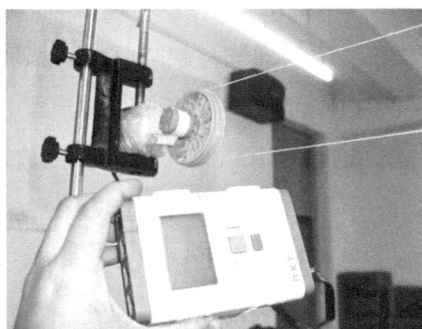

图 5　创新阶段三

用电动机带动主动轮制成传送带，带动录音笔运动，使用"万用仪"软件或传感器替代示波器看波形。

优点：省去了演示示波器，且作为"观察者"的录音笔速度基本匀速。

问题：噪声大，波形变化不规律；速度慢；录音笔安装后，绳下沉严重。

改进目标：尽量增大速度，去除噪声。

阶段四：

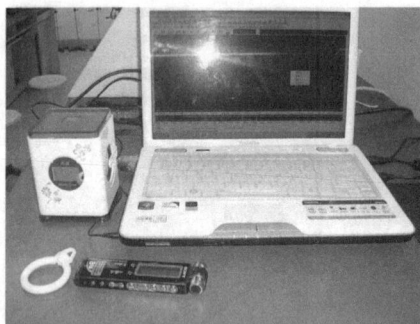

图6 创新阶段四

本实验采用倾斜滑道作为录音笔的载体，将录制的声音存入电脑，用GoldWave 软件去噪，取 10 个完整波所对应时间，用 Excel 求出接收频率。

在演示实验过程中包括：录制声音—将声音输入电脑—播放声音—剪辑音频—去除噪声和处理数据几个步骤。

其中小音箱是可以发出 1000 Hz 声音的声源，录音笔作为观察者可以记录接收到的声音信号。将录音笔沿滑道甩出即可录制小音箱发出的 1000 Hz 声音，而将小音箱分别放在滑道的两侧，教师就可以从同一位置甩出录音笔，录制出远离和靠近波源两种情况时观察者接收到的声音。

将声音输入电脑放至桌面—用 GoldWave 软件播放声音—剪辑音频保存为桌面"远离"和"靠近"，打开"远离"声音文件，首先将音频进行去噪处理——增益，去除噪声、设置带通（900~1100），其次，选取 10 个完整波形看对应时间。最后，将数据代入 Excel 求出 T 和 f。

我们将"靠近"时的情形同样进行处理，通过这样的现场展示，学生很容易理解多普勒现象中观察者向波源靠近和远离过程中，观察者接收到的频率与波源频率不同，且靠近时接收频率大于波源频率，而远离时接收频率小于波源频率。这样就有效地突破了学生理解接收频率与波源频率区别的难点，同时定量地计算出接收频率，为学生对规律的理解提供了有力的论据。

这是我在教学实验中截取的三张图片（图 7），自上而下分别为静止、远离和靠近时录制声音在 GoldWave 软件中选取的 10 个完整波，在软件下方能直接看到对应的时间不同，图片右侧是将对应时间放大后的情况。将记录的时间求出对应频率后，即可加以说明观察者远离波源时 $f_{接收}$ 小于 $f_{波源}$，靠近时 $f_{接收}$ 大于 $f_{波源}$。

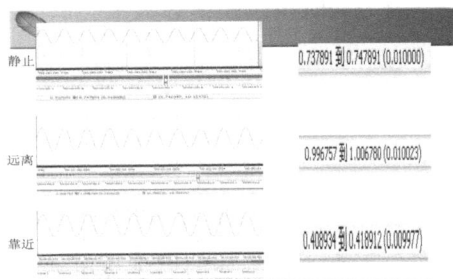

静止

0.737891 到 0.747891（0.010000）

远离

0.996757 到 1.006780（0.010023）

靠近

0.408934 到 0.418912（0.009977）

图7　静止、远离和靠近时录制声音在 GoldWave 软件中处理图

实验展望：

本实验可以求出观察者的瞬时速度（近于 0.01 s 间隔的速度）（表1）。

表1　根据图7中数据计算出的接收频率及观察者在图片所处瞬时的速度

1000Hz	完整波个数	时间（S）	接收周期（S）	接收频率（Hz）	观察者速度（m/s）
静止	10	0.01	0.001	1000	0
远离	10	0.010023	0.001002	997.705	−0.780206
靠近	10	0.009977	0.000998	1002.31	0.7838027

在得到十个完整波形所对应的时间后，我们计算出接收者的频率，再利用同一直线多普勒公式：

$$f_{接受} = \frac{u+v_0}{u-v_s} f$$

其中：v_s 为波源相对于介质的速度，v_0 为观察者相对于介质的速度，f 表示波源的固有频率，u 表示波在静止介质中的传播速度。

存在的问题：存在测量误差和杂波影响，致使实验只能大致计算 f 接收；录音笔作为观察者速度较小，从音调上来听不是很明显。

当然，实验教学应不仅局限于演示实验。演示实验已经非常成熟，基本模式确定，可改动性小。教学中可以创设实验情境或引导学生对实验进行探究，更可以对传统实验进行创新。

实验既可以有效突出重点、突破难点，又对学生理解基本知识、基本概念，掌握生活技能，培养物理的逻辑思维能力、动手动脑能力有很深远意义，因此我认为实验创新是"灵性物理教学法"的主干。

在最初的课改中，因为课时精减，不敢大量尝试实验教学，就从物理经典实验入手，在课上对演示实验进行重组，微创新，使课堂互动性强；后来逐步将常规实验加入探究理念，学生随着教师的设计进行思考、探究，训练了动手能力和思维能力。

我一直坚持实验微创新的研究，课中所做实验多数有自己的创新点，用巧妙的设计，使实验现象更直观，阐述的原理更鲜明。微创新耗材成本低，对教师的知识把握程度与仪器整合能力要求高，所以很多都是深入思考的成果，既锻炼了教师的基本功，又对学生的思维培养有很大作用。我经常在完成实验的过程中，让学生思考关于实验开放性的知识。最近我改装了一个小线圈，在上面加入 LED 灯，它具有单向导电性看似一个小的改变，却可以通过二极管的明暗程度去判断感应电流的强弱，拿着小线圈的手也可以感觉到随着 LED 灯的亮暗被排斥或被吸引的感觉，对于讲解感应电流大小、方向的影响因素，感应电流对相对运动的作用等，都既直观又清晰。

物理课从最开始的知识灌输和习题讲解渐渐转变为充满实验探究氛围的课堂，使学生对物理课更加期待，对物理本身更加感兴趣。

（四）物理思维为"灵性物理教学法"的灵魂

物理特有的逻辑思维能力是在不断的课堂学习中积累起来的，因此"灵性物理教学法"的灵魂也在于此，知识本身才变得更有生命力。如何运用此法，我以下两个案例来进行说明。

〈案例四〉《力学实验专题分析》专题复习课。

创设了一系列"问题串"让学生体会到问题的层层深入，凸显物理专题复习课的严谨思路。

1.以学生竞赛抢答的形式引导学生复习主要的力学实验原理、方法和误差分析，引导学生对每个力学实验形成一个完整的认识，同时引出在实验问题中常会出现图像解题情形。

2. 以"探究加速度与力、质量关系"实验（例1）为例，对3个由浅入深的问题深入研究实验的原理，用图像分析原理分析误差原因，运用图像解决力学实验问题。

如：第一问是从实验原理入手分析抵消摩擦的方法；

第二问则是利用"化曲为直"的方法，找出 F 一定情况下，直观反映 a 与 m 之间关系的图像。

第三问是利用图像分析实验误差。

附：

例1：为了"探究加速度与力、质量的关系"，现提供如图所示的器材：A 为小车，B 为电火花计时器，C 为装有砝码的小桶，D 为一端带有定滑轮的长方形木板，实验中认为细绳对小车拉力 F 等于砝码和小桶的总重量．请思考探究思路并回答下列问题：

（1）为了消除小车与水平木板之间摩擦力的影响应采取什么做法？

把木板右端适当垫高，以平衡摩擦力。

（2）在"探究加速度与质量的关系"时，保持砝码和小桶质量不变，改变小车质量 m，分别得到小车加速度 a 与质量 m 数据如下表：根据上述实验数据，用计算机绘制出图象如图甲所示：

通过对图象（图甲）的观察，可猜想在拉力 F 一定的情况下 a 与 m 的关系可能是：a∝m⁻¹、a∝m⁻²、a∝m⁻³ 等等，为了验证猜想，请在图乙中作出最能直观反映 a 与 m 之间关系的图象.

实验次数	1	2	3	4	5
小车加速度 a/m·s⁻²	0.78	0.38	0.25	0.20	0.16
小车质量 m/kg	0.20	0.40	0.60	0.80	1.00

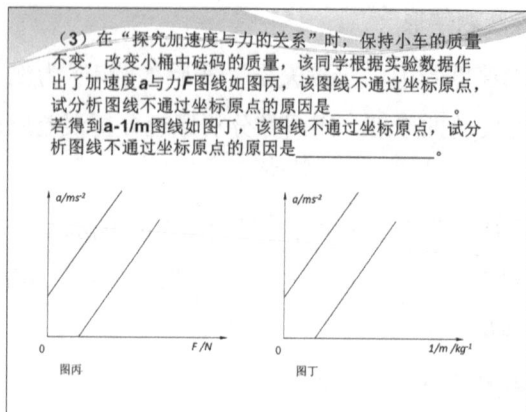

（3）在"探究加速度与力的关系"时，保持小车的质量不变，改变小桶中砝码的质量，该同学根据实验数据作出了加速度*a*与力*F*图线如图丙，该图线不通过坐标原点，试分析图线不通过坐标原点的原因是_____。
若得到a-1/m图线如图丁，该图线不通过坐标原点，试分析图线不通过坐标原点的原因是_____。

图8

〈案例五〉《牛顿运动定律的应用》课例。

早在 2007 年，我在讲授《从亚里士多德到伽利略》一课时就以物理规律发现的过程为主线，试图利用培养思维能力突出本课教学，由于本节课有很多可以设计的实验，所以没觉得难度很大。但是在参加北京市基本功比赛时用 24 小时设计《牛顿运动定律》一课，让我切实意识到思维的设计才是课堂教学法的灵魂所在。

（1）突出一条主线，两个关注点。

教科版高中物理必修一第三章第五节《牛顿运动定律的应用》一课，从三个不同层面给出三道有关动力学问题的例题，并均稍带一点均有实际应用。可见，课改后教材的这种编写，旨在引导教师注重物理教学的应用性，关注学生的发展。在以往教学中，本部分知识的学习就落实在习题讲解上，这样就纯粹为应试而学习。

课标中对"牛顿运动定律的应用"考查要求是："理解牛顿运动定律，用牛顿运动定律解释生活中的有关问题。"但如何运用牛顿运动定律来解释和解决实际问题仍是学生学习的难点，也是教师在教学过程中思考的重点。在物理教学过程中掌握物理方法对物理能力的培养具有积极的作用，通过对生活实际问题的解决来锻炼物理思维能力尤为重要。

物理教学理论的指导：突出"主体性、体验式、活动化、生活性"物理规律应用的教学模式。通过运用规律解决实际问题，来加深学生对物理规律的理解。

在课改大潮的带动下，以学生为本的思想已融入物理教学之中。我觉得在规律应用课的设计中可以注重以下几个方面的思考。

①注重规律应用，突出新课标以物理知识体系为载体的特点。

本节课设计中以滑雪运动为背景并作为一条主线，创设三个问题情境，分别研究竖直方向、水平面和斜面上的匀变速直线运动、匀速直线运动和匀减速直线运动物理模型的建构，体现出从实际问题抽象物理模型的建模思想，通过研究物理模型受力和运动，从中归纳解决动力学问题的基本方法。即以物理情境的分析为基础，分析研究运动物体受力情况和运动状态，掌握解决力和运动问题的一般方法，逐步加深对"加速度是连接力和运动的桥梁"的认识。培养学生归纳总结物理思想方法的能力。

②注重创设情境，突出研究过程和方法。

在情境一构建的竖直面上的匀加速直线运动分析中，教师指导学生从实际运动中获取相关信息，设计如下"问题链"启发学生思考。

题中给出滑雪者所受支持力。

——如何确定研究对象？进行受力分析。

题中给出运动学信息初速度、末速度和时间，如何从这些信息进一步分析？

——这就需要知道滑雪者的运动状态了。

滑雪者在这一段做何种运动呢？

——力是改变物体运动状态的原因，恒定的力将产生恒定的加速度，所以做匀加速直线运动。

从运动学角度还可以得到什么信息呢？

——加速度。

滑雪者所受支持力已知，现在我们又知道了加速度，运用什么规律可以解决质量问题呢？

通过层层设问逐步帮助学生从生活实例构建匀加速直线运动的物理模型，

并初步感受在解决力与运动的问题中离不开对加速度的分析。

之后的两个情境均按照情境展现—建构模型—解决问题—总结方法—联系实际的思路，最后设置学生总结方法。学生归纳总结应用牛顿运动定律解决问题的基本方法和思路。引导学生思考、讨论、交流自己学习的物理建模思想，提出问题、解决问题，明确解决动力学两类基本问题的方法。

（2）突出规律应用解决问题的基本方法和思路。

（3）学生是意义的主动建构者，注重理论联系实际。在联系实际的环节设计了发散性思维的问题，突出学生的主体活动，培养学生的探究意识。

接下来进行第二个教学内容，教师提供"刹车问题"和"'天宫一号'发射"两个素材。组织学生分组讨论，利用素材中的信息设计并解答问题。

学生将所学的提取信息，提出问题、分析问题以及解决问题等综合能力应用于实际，学以致用。使学生充分参与到教学活动之中，激发学习主动性，在交流展示中享受成功的喜悦。学生根据给出的素材自行设计一个物理问题。充分突出学生主体作用，同时体现物理知识对生活实例的解释指导作用。

（五）信息技术是"灵性物理教学法"的有效实施手段

任何时代，教师这个角色都是不可替代的，但是信息技术的使用是信息时代教师第一位的基本功，对高效率的课堂极其重要。信息技术更新飞快，教学也要紧跟信息技术发展的脚步，无论是课堂还是课下都要合理化、最大化地利用信息技术，使信息技术和课堂教学相辅相成，融为一体。

（六）凝练性语言是"灵性物理教学法"的点睛之笔

当然，在使用"灵性物理教学法"的过程中应注重推敲出凝练性语言作为此法得以提升之处，可以是知识小结的凝练、恰到好处的评价，抑或某一处活动适当的引导，都会是对学生的很有益的引导和激发。有了教师的教法，配合以学生的参与实验、活动，整节课学生的参与度很大，课堂的灵活性、和谐性就成了必然。

正所谓"教学有法，但无定法"。在此处只是介绍了此种教学法的基本步骤和相应教学效果，但任何步骤的运用都有法可循，又无定法，应因人而异，因课而异。

四、教学效果与评价

基于加德纳的多元智能理论，这种理论对我的教学的启发是：从多个角度去理解学生的特点，他们的优势智能是什么？采用不同的、多样的教学方法，发挥学生的优势智能；对学生进行评价时，采用多元的标准，用积极的心态评价学生，激励学生的发展，也使学生获得积极心态。

在教学中，为使学生能够在抽象难学的高中物理学科中从容游弋，我坚持做到勇于创新教学模式，灵活运用教法，关爱学生，育心启智。运用"灵性物理教学法"的灵活性对每节课都进行独特设计，对学生进行"私人定制"学习方案，注重物理思维能力培养的同时，关注心理发展，决不放弃任何一个孩子。可喜的是，热情和付出使得每个学生都有明显进步，历届高考授课班成绩优异。在20届考入第二炮兵大学的学生手写给校长的三四千字感谢信中，这样写道："物理刘克艳老师耐心教导，不孜疲倦地把题目讲明白为止，不落下任何一名学生。我就是在刘老师的'特殊照顾'下，物理成绩才渐见起色，最后取得理想的成绩，她也是我最为感激的人。"

作为物理学科组长，不断引领全组成员用最先进理念指导教学，探索创新，积累丰富的教学经验，提升专业化水平，逐步形成了系统自主、新颖独特的"灵性物理教学法"。在实施过程中不断创新教学设计，极大地促进了课堂实效性；以展示课促进教法的深入钻研；在具体实施过程中注重加强反思，固化经验使得自我提炼的教法得以持续提升。不断磨砺自己的业务，不期"一枝独秀"，以传为责，为物理学科组的"百花齐放"不懈努力。在我的带动下，学校物理教师迅速成长，各年级物理教学水平均位居全区前列，多位教师在教育教学技能比赛和论文评比中获一等奖。

近二十年的教育生涯，使我真切地感受到"有思想的教师才能培育有思想的学生"，但追求好的教法永远是对每一位教师不断成长的要求。在以后的工作、学习和生活中，我会继续优质耕耘、快乐奉献、孜孜追求，尽全力做到更好。

教师职业是不可替代的，培养、塑造新一代，以师德修养感染下一代是一项无法量化的工作。需要教师对事业、对学生有爱，才会坚持终身学习的理念，自身保持深入学习，与时俱进才能更好做教育。因此教师职业被赋予了使命感，在不断完成对社会、对家庭和对学生的多重使命过程中，更加深了对教师职业的热爱，对学生的关爱。当教育教学的优化悄然进行时，学生的理念也发生着变化，而这种变化令教师体会到职业幸福感。教师从事的是社会新生力量人群的塑造，与时俱进才会推动学生、社会的进步，国家的富强。

参考文献

［1］普通高中物理课程标准（征求意见稿）——教育部基础教育课程教材专家工作委员会 普通高中课程标准修订组 . 2016.9.

［2］齐建芳 . 学科教育心理学 [M]. 北京：北京师范大学出版社，2013：6-10.

［3］D.F.Dansereau, Learning Strategies Research，in J.W.Segal，S.F.Chipman & R.Glaser（Eds），Thinking and Learning Skills，Vol.1，1985，pp.209-239.

［4］齐建芳 . 学科教育心理学 [M] . 北京：北京师范大学出版社，2013：42.

［5］齐建芳 . 学科教育心理学 [M] . 北京：北京师范大学出版社，2013：68.

［6］[美] 哈维·席瓦尔，理查德·斯特朗，马修·佩里尼 . 多元智能与学习风格 [M] . 张玲，译 . 北京：教育科学出版社，2003.

第二部分　大单元教学法的文献综述

摘　要：核心素养理念引领下的单元教学，是新课程改革的重要实施方法。如何有效地实施物理大单元教学，令核心素养真正在课堂落地，则需要从国内到国外大单元教学的研究，进行横向比较，说明并指导大单元教学的推进，从而说明物理大单元教学研究在有效落实核心素养方面的价值和意义。

关键词：核心素养　学习诊断　单元教学　文献综述　国内外

在新课程改革过程中落实核心素养，学生不仅要学到物理知识，更要具备解决问题的能力，培养能够适应终身发展和社会发展需要的必备品格和关键能力。

一、引言

2018 年 9 月，习近平总书记在全国教育大会上指出，坚持党对教育事业的全面领导，坚持把立德树人作为根本任务，坚持优先发展教育事业，坚持社会主义办学方向，坚持扎根中国大地办教育，坚持以人民为中心发展教育。从提升核心素养发展效率出发，落实这一根本任务的关键在于核心素养在课堂教学中有效落地。加强学习诊断是提高学习设计的规范性和系统性，增强学习过程的体验性、互动性和生成性，实现"教—学—评"一致性，是更好地发展学生核心素养、提升学科课程育人品质、高效实施物理教育与教学工作最切实有效的方法。大单元教学有助于学生在学习物理概念、规律、原理的过程中逐步形成围绕大概念的知识体系；有利于突出"少而精"的核心概念的课程内容选取；有利于全面培养学生的思维能力，落实物理学科核心素养。因此，采用物理大单元教学研究有利于缓解全面的物理课程目标与有限的学习时间之间的矛盾。

物理学作为一门探究物质基本结构、相互作用和运动规律的基础科学，对于学生思维能力的发展和创新人才的培养非常重要。新课程改革理念以及更为全面的人才培养要求，对中学物理教学提出了更高的要求，解决好物理教学中长期存在的一些问题，提升物理教学质量就显得十分迫切。李春密教授研究了目前物理教学的现实问题，有：课程目标与学习时间的矛盾、学习活动与学习进度的冲突、学习动力持续下降和创新教育培养不足。李教授还指出，解决物理教学问题必须落实深度学习，让核心素养在物理课堂真实落地。

二、大单元教学的内涵

对于大单元教学，国内外学者对其各有独特的解释，观点纷呈。下面列举一些。

余纯璐阐述大单元教学即从优化教材结构入手，运用"整体原则"编排教材，沟通教材之间的联系，使每个单元的教学内容不再是分散的"知识点"，而是相关的"知识链"和"知识块"。

刘月霞等提出，单元学习是实现深度学习的基本策略，单元学习的设计有四个重要的环节，即选择单元学习主题、确定单元学习目标、设计单元学习活动、开展持续性评价。

崔允漷认为设计一个大单元学习需要明确以下六个问题：1.确定单元名称、课时；2.确定单元目标；3.确定评价任务；4.组织学习过程；5.进行作业与检测；6.进行学后反思。

2019 年，崔允漷教授在《学科核心素养呼唤大单元教学设计》中将提出指向学科核心素养的教学变革，促使传统"单元"和"课时"教学转变为大单元教学，实际教学要了解课标、教材和学情，创设真实情境培养学生核心素养。大单元教学中的大单元与单元教学中的单元有所不同，单元教学中的单元指的是教材依据一定的主题或目标划分的单位，即教材单位。但是这样的一个单元之下的几篇课文，如果不能组成一个完整的教学内容，便依旧是"篇"与"篇"的独立教学，流于课时主义。而大单元指的是"一种学习单位，一个微课程、一个完整的教学故事。"大单元是基于教材中划分的单元，在一个完整的任务驱动下联动所有的任务、目标、内容、实施与评价完成单元的学习，这样一个单元的内容便组成一个整体，使学生完整地获取知识与概念，在真实的情境中去学习、解决问题。崔允漷教授将大单元教学定义为：以单元为单位，以教材为导向，在"大任务"驱动之下组织各单元为一个围绕目标、内容、实施与评价的完整的学习事件。

尽管这些学者对大单元教学有着不同角度的理解，但在很多方面都有共同之处，大致表现为以下几个方面：一是认为单元教学应从知识整体构建出发，认为系统化的教与学是当前必须进行的学习方式；二是均从学生视角出发，结合学情构建学习单元与学习目标，体现以学生为主体的课堂教学方式；三是注重生活情境、故事情境或任务情境设计单元教学，引导学生在具体情境中掌握解决问题的方式方法。

实践中，我们依据核心素养、课程标准，分析单元所承载的学生学科素养发展中的价值；整合学习内容，结合学习诊断将教学目标转化为适合学情的学习目标；设计大任务、大问题，引导学生分解任务、思考问题，帮助他们获得对概念的深入理解，逐步实现学习目标；从课前、课中和课后分别进行学习诊断，及时准确地调整教与学，让核心素养在物理课堂上真实落地。

三、大单元教学研究回顾

（一）深度学习是全面深化课程改革、落实核心素养的重要路径

深度学习是我国全面深化课程改革、落实核心素养的重要路径。我国"深度学习"教学改进项目主张采取持续性评价，即依据深度学习目标，确定清晰的评价标准，为学生的深度学习活动持续提供清晰的反馈，帮助学生

改进学习。深度学习强调对真实问题解决和项目式学习任务完成情况的评价，多元主体对标准制定与评价的参与，过程性评价与终结性评价的综合，以及评价结果的及时反馈和促进学习改进功能的发挥。

（二）大单元教学是深度学习的必备前提，是发展学生核心素养的重要途径

深度学习倡导单元学习。要求教师建立好学科核心素养与学科核心内容之间的关系，依据课程标准和教材，选择有利于培养学科核心素养的教学内容和情境素材，制定学习目标、选择学科内容、设计学习活动、开展课堂教学、进行学习评价，环环紧扣，使学科核心素养具体化，可培养、可干预、可评价。

从学习内容角度看，深度学习与以往教学的不同在于使学生围绕"具有挑战性的学习单元"进行学习，即构建学习单元，实施挑战性活动。且艾里克森（H.Lynn Erickson）的研究也表明，基于大概念的整合学习有助于提升思考层次。单元学习有益于知识的整合以及多种思维能力的培养，是深度学习发生的必备前提。

在国内，大单元教学也逐渐受到学者关注。2015 年，钟启泉指出了单元设计的价值与作用，认为它是撬动课堂转型的一个支点。2015 年 12 月举行的全国第十届有效教学理论与实践研讨会的主题就为"基于核心素养的单元教学设计"。与会者就其概念、意义和实践进行了交流，探讨了其发展趋势和基本诉求。刘月霞等主持的"深度学习"教学改进项目在借鉴国内外相关研究与成功实践经验基础上，结合我国课程教学改革的实际，倡导通过单元学习实现深度学习，对教师在教学中如何落实学科核心素养起到了很好的借鉴作用。之后，很多区域的教学研修部门以"单元整体教学的设计与实施"为主题开展骨干教师展示活动，在这一活动的引领下，开展单元设计的实践逐步增多，涵盖了中小学几乎所有学科。但在众多实践中，多数是某一学校某一学科的典型案例，真正把单元整体教学上升成一种"课程"概念，并在教育教学实践中予以推行的学校还很少。

国际上，20 世纪 70 年代在教育技术学领域提出了单元设计，它以"三设问"（WHH）回答了单元设计的思路。第一问，到哪里去？亦即从指导学生怎样学习的角度来明确教学的意图所在；第二问，怎样才能实现目标，亦即思考目标达成的方法；第三问，怎样实现目标，亦即揭示目标达成的评价方法（评价计划）。即"目标、教学与评价的一体化"。另一种单元设计框架是美国学者乔治·加侬（George W.Gagnon，Jr.）和米歇尔·柯蕾（Michelle Collay）提出的利用建构主义理论，围绕学生的学习和课程标准安排教学的设计模板——建构主义学习设计（Constructivist Learning Design，简称 CLD）。它强调思考"学习"的设计，教师为调动每一个学生参与学习而编制建构式学习图案。它由六个要素——情境、协同、支架、任务、展示、反思——构成。其中情境要素是对整体教学过程的总体设想，涵盖了其他五个要素，这五个要素通过问题解决的方式来展开，以便实现学生为中心的学习。2005 年，美国格兰特·威金斯（Grant Wiggins）和杰伊·麦克泰格（Jay McTighe）提出的逆向教学设计，其思路也可以归为"确定学习目标—设计评价活动—制定学习活动"。深入分析发现，两种设计思路均是以建构主义为理论基础，以深入理解大概念为单元设计的目标。

单元教学的课程教学制度受德克乐利新教育制度影响之后流行开来，20 世纪初以来国外相继诞生了不少有关于单元教学的典型类型。克伯屈的设计教学法也称为单元教学法，提倡取消分科教学，以学生有目的活动为学习单位，让学生获得知识和解决活动中问题的能力。莫里逊的单元教材精习制旨在将教材按照其内容划分成若干单元。莫里逊提倡用一个周或几个课时的时间让学生掌握一项内容或解决一个问题，并达到熟练的程度，为此莫里逊设置了一套教学公式："预测—教学—测验教学效果—调整教学步骤—再教学、再测验"，循环往复，以达到熟练的目的。

1986 年，特级教师钟德赣经过反复的实验与实践，提出"反刍式单元教学法"，反刍是指不断提问，分析和解决问题的教学过程，具体地讲，将学习的整个单元划分为总览、阅读、写说、评价、补漏的五个步骤，每个步骤包括三种课型：自练、自改、自结，据此来完成教学进程的最优化。湖北大学黎世法教授运用最优化教学理论创立"六课型单元教学法",根据教材的特点和内在联系将教材分成若干教学单元并依次按照"以知识单元为教学周期"的六个紧密联系的基本课型进行授课,这六种教学课型分别为自学课、启发课、复习课、作业课、改错课和小结课。

开展单元学习有四个重要的环节,即选择单元学习主题、确定单元学习目标、设计单元学习活动、开展持续性评价,也是"深度学习的实践模型"的四个要素。

参考文献

[1] 李春密 . 基于深度学习理念的物理教学问题解决 [J]. 物理教学探讨,2020（12）：1-6.

[2] 刘月霞,郭华 . 深度学习走向核心素养 [M]. 北京：教育科学出版社,2018.

[3] 格兰特·威金斯,杰伊·麦克泰 . 理解为先模式——单元教学设计指南 [M]. 福州：福建教育出版社,2018.

[4] 钟启泉 . 单元设计：撬动课堂转型的一个支点 [J]. 教育发展研究,2015（24）：1-5.

[5] 中国高考评价体系说明 . 人民教育出版社,2019：2-7,26-31.

[6] 张玉峰 . 以大概念、大思路、大情境和大问题统领物理单元教学设计 [J]. 中学物理,2020（03）：2-7.

[7] 李春密 . 核心素养导向的高中物理教学设计 [M]. 北京：北京师范大学出版社,2019.

[8] 何石明 .《中共中央 国务院关于深化教育教学改革 全面提高以义务教育质量的意见》影响了谁 [J]. 北京教育,2019（08）：20-21.

[9] 张玉峰 . 为了物理学科核心素养发展的学习诊断：概念、路径与内容框架 [J]. 中学物理,2020（01）：2-6.

第三部分　基于灵性物理教学法的大单元教学思考

从提升核心素养发展效率出发，核心素养在课堂教学中有效落地必须加强大单元教学。大单元教学有助于学生在学习物理概念、规律、原理的过程中逐步形成围绕大概念的知识体系；有利于突出"少而精"的核心概念的课程内容选取；有利于全面培养学生的思维能力，落实物理学科核心素养。

一、研究思路

物理教学需要将内容有机地、模块化地进行组织，单元教学不是简单的打破"节"，精髓在于整体设计与有序实施，整体设计时心怀具体内容，具体内容实施时仰望整体。帮助学生形成解决问题的策略和方法，并迁移应用到新情境、新变式中。

灵性物理教学法，发现学生在不同学习主题或单元中的具体问题并及时矫正，调整方案；引导学生学会自我诊断，根据学习诊断结果提出有针对性的教学建议；开发相关课程之前，增加对学生可能存在问题的研究，提升课程设计品质。因此，基于灵性物理教学法的大单元教学具有重要的理论意义和研究价值。

二、研究的制定流程

（一）采用亮标先行，重在"学生为本"

根据学生的学习行为表现或者结果，例如学生问题解答的结果、卷面情况与访谈结果等，结合教师所掌握的学习心理学等方面的知识和在长期日常教学中逐渐形成的经验，发现并描述学生在学习过程和结果中存在的知识、技能、方法与策略等层面的具体问题。结合学情将教学目标转为学生目标。

（二）采用情境教学，重在"解决问题"

根据学生学习问题的具体描述，根据所掌握的学习心理学等知识以及教与学的相关经验，从学生内隐的（跨）学科观念、认识方式、学科能力、价值观念、学习习惯等学科素养层面寻求产生错误的可能原因。

（三）重视创新实验，重在"创新力的培养"

根据对学生性格特点的分析，根据学科特点，充分发挥实验在物理教学中的作用，运用创新实验，激发学生深入学习的兴趣；通过探究与创新更好的理解规律。

（四）问题设计，重在"思维引领"

根据对学生学习问题产生的多种原因的追溯，根据学科知识特点、认知规律以及教与学的相关教学经验，拓展学生在其他内容的学习中还可能会产生的错误，并把这些可能的错误按照一定的线索（如认识方式相似的知识特点等）进行梳理整合，概括出不同错误类型。拓展整合的目的是，对未来学习中可能产生的错误做出预测并防患于未然。

针对学生学习的具体问题、因果解释及其拓展整合的结果，依据教与学的规律，对团体（班级、学校、区域的学生群体）或者个体提出教或学的具体建议。矫正建议具有定向性，可以定向于某一个具体物理问题，也可以定向于拓展整合的一类物理问题，还可以定向于学生的知识、技能、思想方法、认识方式、能力等不同方面。矫正建议的对象既可以是教师，也可以是学生，包括个体与群体，可以根据学习诊断的目的和要解决的问题，结合教与学的实际情况确定。

三、整合研究的实施过程

研究技术路线图如下：

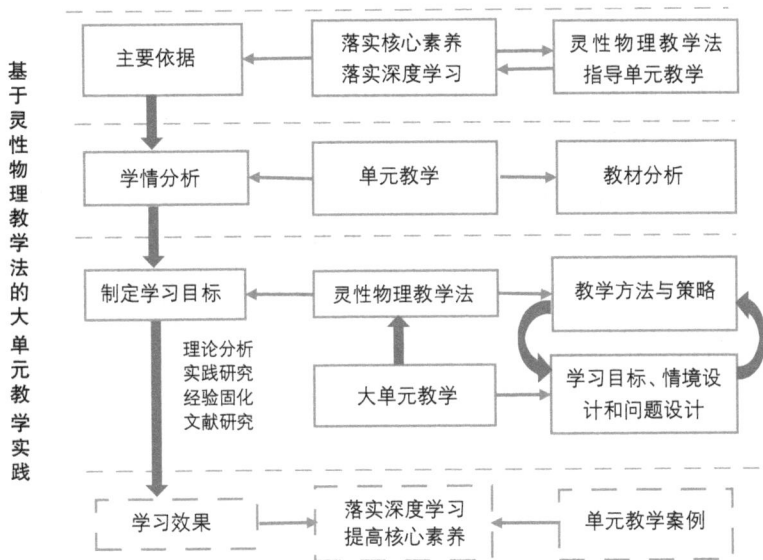

1. 大单元教学以促进学生物理学科核心素养的提升和学习能力的提高为目的。

2. 单元教学中所收集的数据和资料符合学生的实际情况，学习目标指向学生物理学科核心素养的真实水平。

3. 从不同视角进行研究，从问题设计、情境教学、创新实验和课堂教学模式四个路径进行单元教学，及时准确地反馈教学效果。

4. 将师生互动作为进一步促进学生学习和发展的重要手段，激励学生不断地发展进步。

综上所述，立足教材，以物理大单元教学为出发点，通过灵性物理教学法提高学生核心素养，了解学生学习物理过程的思维障碍点与发展点，拓展学生的想象力、创新思维能力，有效提升学生的科学素养。

根据课程阶段性、层次性的特点以及学生个体差异等，设计有效的大单元教学，着力提高学生分析综合及创造性解决实际问题的能力。

根据物理学科核心素养，以学业质量水平要求为目标，制定明确、具体、可测诊断目标。

基于"双减"背景，在课题研究中思考如何"增效"。对于物理学科，主要增在思维能力，即进行解决问题方式的教与学，实现物理教育的提质增效。以物理基本概念和规律为依托，实验为研究的一个部分，在研究过程中以主题方式强化核心素养，注重在情境创设中深化传统文化立德树人的教育功能。建构主义提倡在教师指导下的以学习者为中心的学习，为学生创设良好的学习情境，提供多样化的信息来源，学生应该认识到自己拥有解决问题的自主权，通过独立探究、合作学习等方式，努力使自己成为知识的积极建构者，逐步提高自控能力，学会自主学习。可见，灵性物理教学法对于新课程下的教学具有实际的合乎物理教学特点的指导意义。

参考文献

［1］习近平出席全国教育大会并发表重要讲话 [EB/OL].（2020-10-12）[2018 -09 -10]. http://www.gov.cn/xinwen/2018-09/10/content_5320835.htm.

［2］李春密.基于深度学习理念的物理教学问题解决 [J].物理教学探讨，2020（12）：1-6.

［3］张玉峰.为了物理学科核心素养发展的学习诊断：概念、路径与内容框架 [J].中学物理，2020（1）：2-6.

［4］罗照盛.认知诊断评价理论基础 [M].北京：北京师范大学出版社，2019.

［5］皇甫倩.基于化学学科核心素养的课程学习诊断 [J].教育与管理，2018（8）：47-50.

［6］张玉峰.核心素养导向的北京高中物理新课堂 [J].物理之友，2018，34（10）：4-6+10.

第四部分　基于灵性物理教学法的大单元教学整合度论述

灵性物理教学法与教育理论相契合，是适应学情，且与相关教学内容整合度极高，利于学习诊断，实现"教学评"一致性的。以下从单元教学法提高课堂实效性、灵性教学法与大单元教学的契合度、在问题解决中渗透中华传统文化和思政融合等角度进行具体说明。

单元教学法提高物理课堂实效性

为提升教育教学质量，教育改革一直在路上。仅从教学目标的设定就依次经历了"双基—素质教育—三维目标—核心素养"的转变，可以看出中学教学改革指向学生发展；指向学科本质（学科核心素养）；指向"高级"思维发展。教学取向发生了根本性的变化，从知识记忆到知识理解；从基于习题训练到面对实际问题解决；从具体性知识学习到核心观念建构；从知识解析到促进认识转变和发展；从重视知识结论到彰显知识的功能价值。教育者必须深入思考行之有效的教学方法并付诸实践，方可使课改真正落地。2017年北京进入高中新课改实行六选三的高考模式，物理学科在物理思维的建构上对于高中生而言有一定的难度，但是物理学科与生活、科技等诸多方面有着密切的关系，解决生活实际问题都需要物理的逻辑思维能力，因而物理学科也肩负着选拔功能。作为一线教师如何能够在教授物理知识的同时，引导学生有科学思维、科学探究能力，并具有正确的科学态度和责任，则需要我们选择行之有效的教学方法。在本届教学中我们主要运用"单元教学法"来达到省时高效，加大知识的融合度，引导学生进行深层次的思考。

（一）素养本位"单元教学法"内涵

单元教学法（unit teaching method），将教材、活动等划分为完整单元进行教学的一种教学法。每个单元均有规定的学习目标和内容，时间长短因学习内容和学生个人情况而异。其目的在于改变偏重零碎知识和记忆文字符号的教学，强调学生手脑并用获得完整的知识和经验。以完形心理学、差异心理学为其心理学依据，重视整个学习情境中的各部分关系，以及对学生个别差异的适应。1931年美国莫里逊在芝加哥大学附属中学实践的基础上所著《中学教学实践》一书中，首先提出莫里逊计划，即莫里逊单元教学法。

新课标和新高考背景下，我们的教学需要发生转变，解决这个问题必须明确学科核心素养不是指学科素养，而是指学生学习了这门学科之后留下的素养，包括关键能力、必备品格与价值观念。学生有物理知识的情况下，基于真实情境才能形成能力，而要形成素养必须要有反思。因此说"所谓素养是真实情境中的问题解决能力"。

（二）"单元教学法"的具体实施

作为北京市首批进入新课改的高中生，物理学科经历了在高一年级教学中将曲线运动部分教学滞后，除去曲线运动外与以往会考内容几乎无异的合格考，时间比以往各届提前了一个学期，在高一年级期末参加合格考；高二教学中电磁场学习难度比高一大幅度提升，新加入热学中气体实验定律内容，教师在新课改背景下感觉到时间紧任务重，原来的教学方式已经无法做到在知识讲授的基础上更好地提升学生能力和提高素养。因此实施素养本位的"单元教学法"是让课改真正落地的教学方法，在实施过程中主要关注以下几点。

1.选定和组织单元。

在选定和组织单元时应做好准备工作，熟知单元知识结构，详读《新课程标准》和"2017 版教学指导意见"。如《电磁感应及其应用》部分，通过分析可知以电磁感应现象为主体知识，分析感应电流的大小与方向为具体问题，以自感现象和互感原理下的变压器为具体应用，整合因电而动的电动机和因动而电的发电机进行对比分析。因此选定在这种章节进行单元教学效果是很好的。确定好单元以后可以结合某几节的教学内容进行整合。

2. 确定单元学习目标。

好的教学不是我们教了什么，而是学生学到了什么。因此教师进行学情分析，切实地从学生出发，将教师的教学目标转换为学生的学习目标，教与学有一定的引领尤为重要。单元学习目标贯穿于自学、启发、总结、练习等各教学环节，起指导自学乃至指导整个教学过程的作用。学习目标的设定可以在单元目标的基础上依次设定小的问题解决的目标，这样目标可以逐层得以实现。

3. 设定真实情境提炼建模。

在新课程标准中明确提到"'科学态度与责任'是指在认识科学的本质，认识科学、技术、社会、环境关系的基础上，逐渐形成的探索自然的内在动力，严谨认真、实事求是和持之以恒的科学态度，以及遵守道德规范，保护环境并推动可持续发展的责任感"。

单元教学法依托解决问题来进行知识的整合，应用物理知识解决具体问题应结合具体的实际情境。物理问题源于生活，将生活中的实际情境转化成物理情境，建立相应物理模型，形成把情境与知识相关联的意识，促使学生关心社会实际生活，增强社会责任感。

物理概念的建立需要通过创设体现概念本质特征的情境，使得学生完成从经验性常识向物理概念的转变。物理规律探究需要创设问题情境，学生根据情境发现和提炼问题，做出假设，运用已有知识定计划，实验并分析数据形成关于规律的结论。如 2018 年北京卷 21 题的第 5 问（图 1），生活中斜面问题简化为物理中的斜面模型；2019 年北京卷 21 题的第 5 问（图 2），则在物体初速度较小时，运动范围很小，引力可以看作恒力——重力，为平抛运动；随着物体初速度增大，运动范围变大，引力不能再看作恒力；当物体初速度达到第一宇宙速度时，做圆周运动而成为地球卫星。两种情况分别对应物理中的平抛和圆周运动模型。从这两道高考题可以看出高考对于研究运动模型的关注与引导。学生能够将真实情境模型化也是学以致用的一种能力。

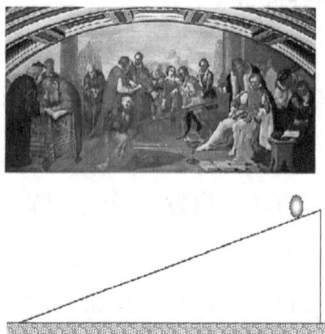

图1

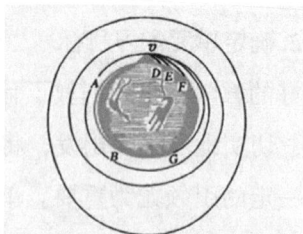

在1687年出版的《自然哲学的数学原理》中，牛顿设想，抛出速度很大时，物体就不会落回地面。

图2

4.设计问题串提升思维。

真实的问题情境，可以激发学生的学习兴趣，调动学生解决问题的积极性。教学中还要注重在每一个情境问题解决的过程中以问题串来组织目标情境、知识点、活动和评价等，这样可以形成相对独立或完整的学习单位，学生的思维能力得到训练的同时，也利于问题的完整性设计。结合不同学生的基础和认知差异性，问题串的难度设计应结合学情进阶。

5.建立小组互助学习。

学生个体差异带来的认知能力不同，解决问题的方式也不同，以小组为单位进行互助式学习，学生以各种方式进行总结和复习，如小组讨论、班内交流等，组内同学出现的小的知识偏差可以及时纠正，好的解决方法可以推广，既提升学生的参与度又可以快速巩固旧知获取新知。

（三）"单元教学法"的实效性

物理学科核心素养：物理观念；科学思维；科学探究；科学态度与责任。从教学改革方向上可知高中教学更应注重学生发展、学科本质（学科核心素养）和"高级"思维发展。而课程的实施不仅需要丰厚的知识，也需要"单元教学法"创建与环境、生活和科技息息相关的课堂氛围，和谐、民主并创新地将物理教学方式多元化，教学过程灵活化，才能实现多元育人。

教学的主体是学生，教学过程的"发展性"是多元的，发展的程度也有个体差异。皮亚杰的认知发展理论认为，"图式——个体对世界感知、理解和思考的方式，是认知结构的起点和核心"；"同化——主体将外界的刺激整合到原有图式"；"顺应——主体改变自己原有的图式，以适应新的情境"。因此，在教学过程中应依据学生发展的阶段特点，选择教学内容、教学方式的教学；进行抽象内容的学习时，要从直观开始，打破固有的章节划分；"单元教学法"提供不同层次学生不同程度的理论或实验上的学习，是必不可少的。

"单元教学法"以具体问题的解决进行设定，考虑学情，增加学生的参与度，学生间和师生间的沟通，在这一轮教学实践中学生的教学效率得以提升，对知识的把控能力增强，对于实际问题的解决能力有了长足进步。若能根据每个学生的情况制订单元教学计划，物理思维能力的提升将收到更好的效果。

参考文献

［1］顾明远 . 教育大辞典 [S]. 上海：上海教育出版社，1998.

［2］崔允漷 . 第二届全国思维型教学大会暨思维型教学优质课展示——聚焦情境与问题上的分享 .

［3］普通高中物理课程标准（2017 年版）——中华人民共和国教育部制定 .

［4］宿茂和 . 物理教学中的能力培养目标与实施 [N]. 牡丹江师范学院学报（自然科学版），1998.1.

［5］齐建芳 . 学科教育心理学 [M]. 北京：北京师范大学出版社，2013（04）：6-10.

灵性物理教学法在大单元教学中的积极作用

教学是以促进学习的方式影响学习者的一系列事件，而教学设计是一个系统化规划教学系统的过程（加涅，1992）。以传播理论和学习理论为基础，应用系统理论的观点和方法，调查分析教学中的问题和需求，确定目标，建立解决问题的步骤，选择相应的教学活动和教学资源，分析、评价其结果，使教学效果达到最优化的一种系统研究方法。

据此，教学重视规划后实施，但是规划的依据不仅有教学内容，更应考虑学生的学情。教学的实效性应以学生的接受、领悟与运用能力为前提，脱离了这些的教学是徒劳无功的，所以学情分析对于每一位教师都变得尤为重要。

（一）单元教学的理解

教学工作的科学化历程：

1900 年美国教育家杜威曾提出，在教育领域也应发展一门连接学习理论和教育实践的"桥梁科学"，它的任务是建立一套与设计教学活动有关的理论知识体系。

在二次大战期间，心理学家们努力揭示人类是如何学习的，提出了详细阐明学习任务的重要性，以及提出了为保证有效教学的若干原则；视听领域的专家致力于开发一批已被公认的学习理论，以此为基础设计了有效的幻灯、电影等培训材料。

二战后，程序教学的研究实践和系统论在研究教学过程中的应用等，使杜威的设想逐渐变成了现实，形成了一门教育领域中的"桥梁科学"——教育技术学。教学设计的研究也形成了其中的一个专门领域。

1.教育理论、教育原则的应用与贯彻，必须解决可系统操作的问题。

2.教育学、心理学的基础理论是教育教学实践的基础，但它们并没有直接回答在教学中应如何具体操作的问题。

3.各种教学资源的应用和开发，必须建立在对教学过程系统研究的基础上，否则就起不到教学资源应有的作用。

4.教学设计所面对的问题起始状态，是由学生的状态所决定的。

学生特征分析是要了解学生具有哪些影响学习的一般因素，学习某一具体的新知识所需要的初始知识技能，分析学生用原有的认知结构将会怎样地去认识新知识。

消除学生原有的学习结构与理想的学习结构之间的差距，就是教学活动所要实现的目标。这样产生的教学目标是以实现学生认知结构的建构为目的的（思维障碍点和发展点）。

单元教学的核心思想是系统思维，应首先从整体思考研究对象组建学习单元，并将整个单元学习目标的达成作为一个整体性的任务，从学习单元的整体规划、学习目标的设计、学习活动的设计、教学实施策略的设计、学习评价与反馈、作业设计等各个环节进行系统的设计。

整体规划是单元教学设计的关键。教师要综合考虑问题解决过程、知识逻辑顺序、学生的认知发展、学生的能力发展。单元教学的整体规划一般分为三个阶段：构建知识结构框架；挖掘知识承载的学科核心素养；寻找承载核心知识的实际问题或任务。

通过研究物理课程标准和教材，以及教师对物理学科知识的理解为基础，明确物理核心知识，构建知识的结构框架。越高水平的知识框架，越能包含不同维度的内容，越能反映学科本质和学科思想方法。

（二）灵性物理教学法与单元教学契合点分析

1.灵性物理教学法中的"三有"——有趣、有用、有创新。

有趣——调动学生学习的积极性；有用——与生活、科技、社会、环境等有关，能够与实际问题接轨；有创新——培养不同层次学生的思维，提升学生的思考力，创新力。

这些都是适应学情，利于核心素养在课堂教学中真实落地。

2. 灵性物理教学法培养学生物理自主学习能力。

有法可循（路径——概念和规律）；有纲可依（高度——物理概念和规律等在头脑中的提炼和升华—逐步形成物理观念）；实用性（有用——面对复杂问题情境学会如何把大任务分解为具体任务，进行解决）；可提升 [目标——通过对物理概念和规律的逐步学习、系统反思和迁移应用，在面对复杂的、不确定的现实生活情境时，能够综合运用特定学习方式下所孕育出来的（跨）学科观念、思维模式和探究技能，结构化的（跨）学科知识和技能，世界观、人生观和价值观在内的动力系统（三维目标的升级版），解决现实复杂问题过程中表现出来的综合性品质，实现发展学生核心素养的要求]。

3. 灵性物理教学法做到三个统一。

知识与思维统一、理论与实验统一（物理学科特点）、单元与部分统一，这也遵循"一核四层四翼"中国高考评价体系。四层、四翼背后的因素：知识结构化、可迁移的认识方式、基于问题情境的高阶思维。

4. 灵性物理教学法的教学设计追求以问题为主线，以实验为载体、以体验为收获、以活动为动力，突出以学生为中心。

（三）以学习策略和有意义学习理论为依据

建构主义学习环境的教学设计模型，强调利用各种信息资源支持学习活动；强调"情境"对意义建构的重要作用。

学生能否获得有意义的学习，关键在于新知识与旧知识之间相互作用。教师要提供熟悉的材料、熟悉的场景、从熟悉的生活引入，学习者必须有有意义学习的心向——要激发学生的动机、兴趣；学习者认知结构中必须有适当的知识基础——采用复习旧知识、联系生活实际的方法，组织活动，这种活动形式多样，包括听，说、读、写、操作、讨论、思考等一切广义的活动。因此，学习内容有意义就不能脱离学生的认知基础；创设情境，激发学生的兴趣与动机是必需的；将新知识与原有旧知识、生活实际联系也是必要的；活动更是必不可少的。

（四）程序

"灵性物理教学法"其实是在以学科知识为基础，以学生的实际获得为最终目标的，借助于课堂中相应的教学设计融入学科素养因素而逐步实现目标所运用的方式方法。

1."亮标"是"灵性物理教学法"的根基。

教学所面对的问题起始状态，是由学生的状态所决定的。

学生特征分析是要了解学生具有哪些影响学习的一般因素，学习某一具体的新知识所需要的初始知识技能，分析学生用原有的认知结构将会怎样地去认识新知识。

消除学生原有的学习结构与理想的学习结构之间的差距，就是教学活动所要实现的目标。这样产生的教学目标是以实现学生认知结构的建构为目的的（思维障碍点和发展点）。

2."创设问题情境"是"灵性物理教学法"的关键。

3."创新实验"是"灵性物理教学法"的核心。

4."物理思维"是"灵性物理教学法"的灵魂。

5."信息技术"是"灵性物理教学法"的有效方法。

6."凝练性语言"是"灵性物理教学法"的点睛之笔。

（五）效果

通过对加德纳的多元智能理论的学习，我学会多角度分析学生特点，采用不同的、多样的教学方法，发挥学生的优势智能；对学生进行评价时，采用多元的标准，用积极的心态评价学生，激励学生的发展，也使学生获得积极心态。

（六）使用

使用这种模式应注意的问题：

1.系统化规划教学过程。

2. 教育理论、教育原则的应用与贯彻，必须解决可系统操作的问题。

3. 科学性（准确）。

所谓符合科学性，就是教师要认真贯彻课标精神，按教材内在规律，结合学生实际来确定教学目标、重点、难点。设计教学过程，避免出现知识性错误。那种远离课标，脱离教材完整性、系统性，随心所欲另搞一套的教学设计的做法是绝对不允许的。一个好设计首先要依标合本，具有科学性。

4. 实效性。

一定从实际出发，要充分考虑从实际需要出发，简繁得当。能让学生在课堂上明确重点知识的应用技巧，教学环节设计能够带动学生愿意随着教师逐步深入思考，实现课堂教学目标。

5. 灵活可调性——针对问题有多种备案。

不同的学生，具有不同的思维方式和能力，会提出不同的问题和看法，教师又不可能事先都估计到。在这种情况下，教学进程常常有可能离开教案所预想的情况，因此教师不能死扣教案，把学生的思维的积极性压下去。要根据学生的实际改变原先的教学计划和方法，满腔热忱地启发学生的思维，针对疑点积极引导。

在备课时，应充分估计学生在学习时可能提出的问题，确定好重点、难点、疑点和关键。学生能在什么地方出现问题，大都会出现什么问题，怎样引导，要考虑几种教学方案。出现打乱教案现象，也不要紧张，要因势利导，耐心细致地培养学生的进取精神。因为事实上，一个单元或一节课的教学目标是在教学的一定过程中逐步完成的，一旦出现偏离教学目标或教学计划的现象也不要紧张，这可以在整个教学进度中去调整。

（七）实例分析

下面简单介绍从单元教学角度进行"灵性物理教学法"的实施。大单元《相互作用——力》之《小口尖底瓶的力学问题初探》。

1. 理念体现上：

此处设计，注重体现社会、生活热点及社会大课堂的相关内容，并把社会主义核心价值观和中华优秀传统文化融入具体题目。采用"小口尖底瓶"
的实际问题，采用项目式学习，是以建构主义理论为指导，以小组合作的方
式进行规划及解决任务的学习方式，激发兴趣，学以致用。学习的过程中，
学习者始终围绕一个或几个具体的问题，选择和利用最优化的学习资源，通
过实践体验、分析讨论、探索创新等环节，获得相应的知识，强化科学探究
的意识，提高科学探究的水平。与常规的课堂教学相比，注重在实际情境中
内化学习动机、掌握学科知识、提升能力。

2. 程序（步骤）：

（1）分析学情：

高一学生具有一定的知识基础，如受力分析、二力平衡等知识的储备对
于学习共点力的平衡有一定的基础；在经过了前两个章节的学习之后，学生
有了一定的实验技能和实验数据处理能力，在实验探究环节可以较快地理解
并完成。

思维障碍点与发展点：

①学生知道共点力是力的作用线相交于同一点的一组力，但现实生活中
存在很多力的作用点虽然不在同一点、但力的延长线交于一点的实例，它们
都是受共点力作用的物体，仍需加深理解。

②在实际应用方面，抽象物理模型的能力还有待提高。

对于创新设计的实验需要教师进行适宜的引导，为学生所接受并内化为
自身的知识。

（2）确定教学方式：

讲授法、实验探究与理论探究、交流分享等方式。灵性物理教学设计追
求：以问题为主线，以实验为载体，以体验为收获，以活动为动力。

①从学生角度，以问题为主线，以体验为收获，以活动为动力，注重学
生的实际获得。

学生表演引入"小口尖底瓶"的运输、放置为主线创设物理情境，由此
引发的一系列实际问题，引导学生建模，应用平衡条件解决问题。运用小口
尖底瓶突出传统文化在物理课堂中的整合，并揭示人生哲理。

②以实验为载体，以体验为收获，以活动为动力（突出实验教学在物理课堂中的重要性）。

注重实验教学对于物理课堂的作用。如，共点力平衡条件实验，教师设计"量角器版圆形坐标纸"快捷地获取所需信息。按需设计合理的实验对学生的创新能力产生潜移默化影响。

（明晰教师自身与所教学科特点进行自己特色的不断发展。物理——实验不断创新，进行提升。）

③与时俱进，随着教育教学要求的变化，随着教师自身教学水平的增长调整教学方式。知识整合，分层教学，进行高阶思维培养。

这节课是对第三章的整合，本节课设计平衡条件、平衡条件应用和稳定平衡问题；对于二力平衡、力的合成与分解都与共点力平衡条件进行整合。在小口尖底瓶放置问题中，进行引导，注重给学生留白，为学生的学习进阶搭建梯度。

整个教学过程符合新课程的教学目标，体现新课程的理念，注意培养学生的自主、合作、探究能力，逐步提升学生的核心素养，对于关键能力的提升很有帮助，具体案例如下。

在问题解决中渗透中华传统文化
——以《小口尖底瓶的力学问题》为例

摘　要：核心素养理念引领下的单元教学中，通过小口尖底瓶融合中华优秀故事，实现立德树人。创设实际问题情境，采用项目式学习方式提出具有概括性、统领性的"大"问题，引导学生经历系统思维过程；结合创新实验设计培养建模能力和创新思维，初步解决力学问题，为深入探究力学问题构建学习进阶平台，有效落实核心素养。

关键词：核心素养；传统文化；问题情境；项目式学习；创新实验探究

在新课程改革过程中落实核心素养，学生不仅要学到物理知识，更要具备解决问题的能力，培养能够适应终身发展和社会发展需要的必备品格和关键能力。

人教版物理必修第一册第三章《相互作用——力》开始逐步培养学生运动与相互作用观，在高中物理教学和培养学生学科核心素养方面都有重要作用。如何设计本章的学习，能真正地关注到学生的实际获得尤为关键。现将笔者通过小口尖底瓶融合中华传统故事创设问题情境，采用项目式学习的课堂教学设计进行呈现。

（一）设计思想

1. 单元整合思想设计《小口尖底瓶的力学问题》，应用平衡条件初步解决力学问题，整合知识学以致用。

2. 在问题解决中渗透中华传统文化，揭示人生哲理，实现立德树人。创设问题情境，激发兴趣。引导学生对小口尖底瓶运输与放置等问题情境建模，培养解决问题能力。

3. 采用项目式学习方式，注重设计创新实验探究活动获取新知。强化科学探究意识，提高科学探究水平。如，教师设计"量角器版圆形坐标纸"应用于"共点力平衡条件实验"，快捷获取所需信息，实现创新思维能力的培养。

（二）"小口尖底瓶力学问题"情境创设

基于大情境聚焦大问题是必要的。从学生核心素养发展的角度看，是否能把大情境中描述情境的文字转化为物理表述，并进一步把需要完成的事情转化为相应的物理问题是物理学科核心素养发展水平的重要标志。笔者采用学生表演情境剧的方式创设小口尖底瓶相关的问题情境，将大问题分解为五个便于操作的小问题后逐一解决，实现核心概念的夯实与解决问题能力的培养。剧本如下：

（三名同学上台表演。人物介绍：同学 1：讲述者兼回答者；同学 2：表

演瓶子的同学；同学 3：提问题带着大家思考的同学）

同学 1：（向前一步，面向大家）

大家好，今天，我给大家讲一个关于瓶子的故事。现在让我们穿越到（小声，神秘的）很久很久以前……（看向表演瓶子的同学处）

同学 2：（向前一步，活泼的）

我，是一个瓶子，拿起无绳的小口尖底瓶（面向观众，举着瓶子，边走边说）。

我的名字叫"小口尖底瓶"，是仰韶文化半坡类型的典型水器（站定，高举瓶子）。

看，我的口小、肚大、底部尖尖。我们当时分布广泛，看起来还有些奇特，比较典型的就是我这种半坡型的，还有庙底沟型和马家窑型。

同学 3：大家猜猜小口尖底瓶是做什么用的器具？（稍停顿）

同学 2：（拿起穿绳的小口尖底瓶）细心的同学会发现，我们都有双系可以用来穿绳。我的口小，不易于溢出液体，还便于控制流量呢。

同学 1：人们用小口尖底瓶来取水、盛水。

同学 3：装好水以后如何运输呢？

同学 1：人们可以用手提，还可以背在背上，既方便运输又节省体力。

同学 2：我装满了水还是很沉的，聪明的人们在背上我的时候，背部成一定倾角（将小口尖底瓶背好，背部倾斜，停顿）。

同学 3：如果处于静止或匀速直线运动时，我们考虑无 f 的情况，物体受到哪些力的作用？绳的拉力和背部的支持力会怎样呢？

同学 1：这回小口尖底瓶受到了三个不共线，但作用线相交于一点的共点力的作用，处于平衡状态。我们如何解决呢？

同学 2：现在啊，我的用处可大啦（作傲娇状），今天我被大家带到物理课堂（双手向外展开），我还要请同学们想想我的底部尖尖，盛满水之后人们如何放置我呢？

同学 3：（将问题 3，4，5 贴在黑板图的下面，贴好小口尖底瓶的图片）请同学们和我们一起解决一下小口尖底瓶的力学问题吧！

（三人行礼，下台）

引课创设项目式学习的具体情境，带给同学们思考如何解决小口尖底瓶蕴含的力学大问题，通过学生参与表演带动全班同学进行具体问题的思考；通过这个故事不仅看到了中国古代人民的聪明才智，还发现很早以前人们就在生活中运用力学知识，激发学生一起研究这种器具使用时的学问的兴趣！

（三）采用项目式学习，任务驱动实现高效课堂

项目式学习（Project-Based Learning）简称 PBL，是一种以建构主义理论为指导，以小组合作方式进行项目规划及解决项目任务的学习方式。学习过程中，学习者始终围绕一个或几个具体研究项目，选择和利用最优化的学习资源，通过实践体验、分析讨论、探索创新等环节，获得相应知识，强化科学探究意识，提高科学探究水平。

《小口尖底瓶的力学问题》与教材重点习题相融合，以问题形式设计可实施的任务群整合本章知识，结合实验探究实现学习目标，本文重点介绍任务 2 与任务 4 的实施过程。

任务 1：明晰共点力和共点力平衡的概念——学习目标：注重基本知识点的理解

任务 2：探究共点力平衡的条件——学习目标：实验探究能力的培养

1. 理论分析平衡条件。

物体在共点力作用下，如果保持静止或匀速直线运动状态，我们就说这个物体处于平衡状态。

几个力如果作用在物体的同一点，或者它们的作用线相交于一点，这几个力就叫做共点力。

思考：　小口尖底瓶

1. 是做什么用的器具？
2. 使用过程中如何运输？
3. 背在背上静止或匀速运输时，忽略摩擦，小口尖底瓶受到哪些力的作用？
4. 绳的拉力和背部的支持力会怎样？
5. 盛满水后如何放置？

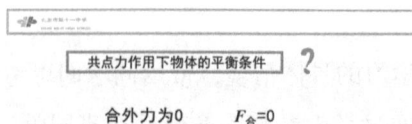

设问：合外力为0，有怎样的理论依据呢？

（1）依据二力平衡与等效替代：将其中两个力等效为一个力（合力），再和另外一个力进行分析。

（2）依据牛顿第二定律：因为 $F_合=ma$，又因为平衡状态 $a=0$，平衡条件为 $F_合=0$ 引导得出共点力平衡条件 $F_合=0$。此处为后续牛顿第二定律的学习进阶做准备。

2.实验研究共点力平衡条件。

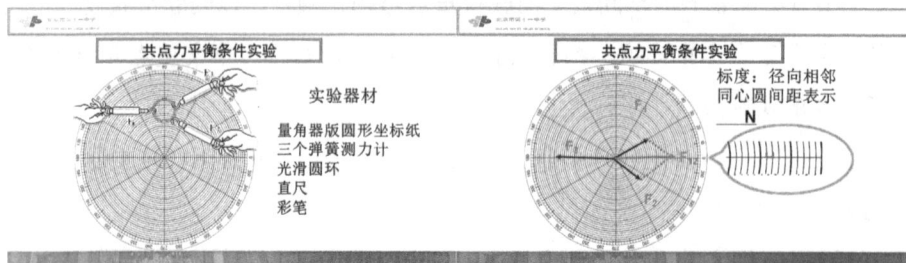

（1）介绍仪器。

量角器版圆形坐标纸，三个弹簧测力计，光滑圆环，直尺和2支彩笔。

（2）介绍自制量角器版圆形坐标纸。

笔者设计的带量角器的圆形坐标纸，外圈是量角器，内圈是一系列等间距同心圆。

（3）引导学生设计实验探究，提升思维能力和知识迁移能力。

设问：固定好坐标纸；光滑的金属环作为研究对象；用三个弹簧测力计，从三个角度去拉金属圆环，使之静止；如何运用创新设计的坐标纸更好实现"探究共点力平衡条件"的实验目标呢？

学生讨论并逐步回答：

找作用点：在平面内给圆环施加三力使之静止，圆环边缘与某一同心圆圆周重合。（弹力垂直于接触面，即沿半径方向，圆心即为共点力的作用点。）

需记录：三个力的大小和方向，选定相邻同心圆的间距为一定标度作力的图示，任何两个力的方向夹角可以通过外圈量角器直接读出。

数据处理方法：按平行四边形定则作任意两个力 F_1F_2 的合力 F_{12}，比较 F_{12} 和另外那个力 F_3 的大小和方向。

（4）学生完成实验。

4 名同学一组，分工合作完成一组实验，并进行具体分析。完成快的组可以换一下力所成角度再做一组。

（5）交流结论。

3. 得出结论：

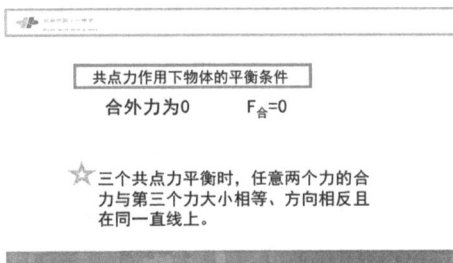

共点力平衡条件是：合外力为 0，即 $F_合=0$。

4. 推论：

任意两个力的合力与第三个力等大反向，作用在一条直线上。

5. 拓展实验：

学生完成两个等大互成 120° 角合力情况，对于变化的实验仪器进行知识迁移能力的培养，也可以看出学生解决问题能力的提升。

结论：两个等大互成 120° 角的情况，合力与分力等大，在其角分线上。

本环节设计意图：

（1）运用自己电脑设计的圆形坐标纸，学会简化问题的思考方法。引导学生分析问题，鼓励学生学习创新精神、合作精神。

（2）知识迁移，并进行知识和习题的整合（人教版教材必修一 75 页第 1

题；76页第4题，等大力的分析）。

任务3：共点力平衡推论——学习目标：注意积累重要信息

任务4：解决小口尖底瓶的运输和放置问题——学习目标：学以致用，提升建模能力

1.运输问题培养建模能力。

运用初中所学二力平衡，易于解决手提运输问题。背着运输时，用手固定好绳端，背部成一定倾角，如果处于静止或匀速直线运动时，考虑无 f 的情况，物体受到哪些力的作用？绳的拉力和背部支持力会怎样？引导学生建模后运用不同方法进行分析，进行知识和习题的整合（73页例1，76页B组1题）。学生从物理视角思考人们背着重物会把腰弯得很低，对应建立斜面上物体模型，理解到人们通过减小倾角来增大背部支持力。

总结凝练解决共点力平衡问题的思路和方法；明确研究对象进行受力分析；选取适当的研究方法，比如说合成法、分解法，分解法还可以用到正交分解和按效果分解；利用共点力平衡条件解决具体问题。

此环节设计意图：

（1）自己寻找解决问题的思路和方法，突破难点。

（2）3D打印小口尖底瓶引起学生对于科技的关注，加深大家对建模思想的理解，培养学生的解决具体问题能力，知识迁移能力。为后续的放置问题做铺垫。

2.放置问题，提升解决问题的能力。

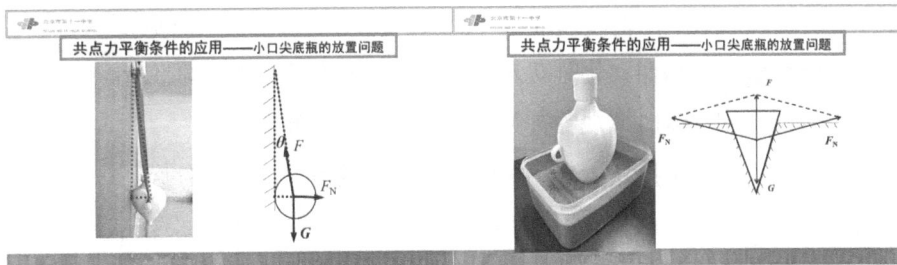

此处设计问题串进行引领，培养解决实际问题能力。

设问1：小口尖底瓶悬挂在墙上，如同通过这个网兜把篮球挂在墙上，（人教版教材必修一75页第2题），此处哪个物理量是不变的？

学生：圆心到墙壁之间的距离都是 r。

设问2：小口尖底瓶此时的受力情况如何？

设问3：此时绳子的拉力和墙壁给这个小口尖底瓶的支持力怎样？

设问4：欲使绳所承受拉力减小，具体办法如何？

学生：改变绳长。

设问5：若不是悬挂放置还可怎样放置？

学生：可以墩在地上，或者放在一个木制楔状支架上，此时小口尖底瓶受重力和两侧的支持力（人教版教材必修一76页第5题）。

设问6：如果想改变支持力的大小如何做？

学生：可以改变楔状支架的夹角。

从解决具体问题情境，深刻理解生活物品越尖锐可以施加更大的力。此环节设计意图：

（1）从问题情境到建模能力培养。

（2）将书中习题情境化，提高学生解决问题能力。

（3）解决生活实际问题，实现课堂教学评价。

（四）渗透中华传统文化，实现立德树人

中华优秀传统文化是涵养社会主义核心价值观的重要源泉。中华文明绵延数千年，有其独特的价值体系。习近平总书记指出："我们生而为中国人，

最根本的是我们有中国人的独特精神世界，有百姓日用而不觉的价值观。"

1. 学生解决了仰韶文化时期人们运输和放置小口尖底瓶的平衡问题。

继续穿越到春秋时期观看有关欹器和孔子的故事：

有一个与小口尖底瓶原理一样的器物叫"欹器"。孔子路过一座寺庙见到欹器，便问，这是什么器物？住持说，这是座右器，灌满了水就翻过去，没有水就倾斜，灌一半水正好能垂直正立。孔子把瓶子放在书案旁，当作座右铭警示自己时刻要谦虚，"虚则欹，中则正，满则覆"。

设计意图：引导学生思考人生哲理，德育渗透"谦受益，满招损"。

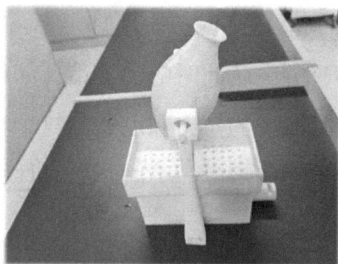

2. 3D打印欹器过程介绍：

欹器只能通过图片和文字来认识它，实物却少之又少。幸运的是，我们学校有几位同学在技术组老师的帮助下把瓶子复原出来，还改进了瓶口，让它更圆滑，方便水流进出，还设计了使用榫卯结构连接的支架和接水装置。

学生在设计时要达到"欹—正—覆"的效果，经过多次尝试，运用物理知识解决了制作关键——找到欹器瓶耳的合适位置，现在不仅颜值很高，在瓶身上还雕刻了孔子画像和"满招损，谦受益"的字样。

期待同学们继续改进，让它更环保，更多用；期待同学们继续研究小口尖底瓶非平衡状态问题；期待感兴趣的同学深入研究欹器的复杂原理，与大家分享！

设计意图：

（1）引导学生学以致用。为后续的牛顿第二定律学习搭建学习进阶。

（2）将知识外延到课下，了解欹器所富含的稳定平衡和不稳定平衡等更加深入的问题。给学生留白，实现分层教学，培养深度学习能力。

本文介绍了在《小口尖底瓶力学问题》解决中渗透中华传统文化的具体课堂设计，采用项目式学习实现单元教学中一个主题设计。以力的合成与分解、共点力平衡条件作为解决问题的工具，以学生为主体，注重留白，为学习进阶搭建梯度。整个教学过程符合新课程教学目标，体现新课程理念，注意培养学生自主、合作、探究能力，逐步提升学生核心素养，对于关键能力的提升均收到很好的效果。

参考文献

[1] 张玉峰. 以大概念、大思路、大情境和大问题统领物理单元教学设计 [A]. 中学物理，1008-4134（2020）05-0002.

[2] 李兴. 挖掘高考情境试题在项目式学习中的价值——以"探究电吉他发声原理"为例 [B]. 物理教学，1002-0748（2019）12-0021.

[3] 中共中央宣传部. 习近平新时代中国特色社会主义思想学习问答. 学习出版社、人民出版社.2021：316.

物理学习诊断在实验教学中的实践研究
——以《光的干涉》实验教学为例

刘克艳 张玉峰 梅永清

摘 要："学习诊断"包括问题描述、因果解释、拓展整合、矫正建议等四个要素。物理学科的实验教学对于知识建构形成物理观念，培养科学思维，提升科学探究能力，形成实事求是的科学态度起到至关重要的作用。本文以《光的干涉》实验教学为例，对物理学习诊断在实验教学中的实践研究进行阐述，实证研究案例为推进物理学习诊断在实验教学中的研究提供实践支撑，也为提升师生的创新力以及核心素养在物理实验教学中真实落地提供实践参考。

关键词：物理学习诊断；实验教学；光的干涉；创新力；探究能力

（一）问题的提出

学科教学承载着立德树人，培养学生核心素养的责任。教师在设计课程时，一方面要关注知识体系的建构，另一方面要关注学生的经验。从学生发展角度出发，做好精准的学习诊断，才能更好地在课堂教学中落实核心素养，提升学生的创新力和探究能力。

中国高考评价体系是根据新时代党的教育方针与国家教育改革相关政策文件构建的、符合素质教育全面发展要求的、用于指导高考内容改革和命题工作的测评体系，包括高考的核心功能、考查内容、考查要求和考查载体等。对关键能力考查内容中，实践操作能力群主要包括：实验设计能力、数据处理能力、信息转化能力、动手操作能力、应用写作能力、语言表达能力等。2017 年 12 月，教育部印发新修订的普通高中课程方案和《普通高中物理课程标准》（2017 年版 2020 年修订）评价建议提出，高中物理学习评价是以学生发展为本、基于物理学科核心素养的评价，其目的主要在于促进学生学习和改进教师教学。物理学习评价应围绕学科核心素养，创设真实而有价值的问题情境，采用主体多元、方法多样的评价方式，客观全面地了解学生物理学科核心素养发展状况，找出存在的问题，明确发展方向，及时有效地反馈评价结果，促进学生全面而有个性的发展。

物理学是基于观察与实验，建构物理模型，应用数学等工具，通过科学推理和论证，形成系统的研究方法和理论体系。实验教学对于知识建构形成物理观念，培养科学思维，提升科学探究能力，形成严谨认真、实事求是和持之以恒的科学态度起到至关重要的作用。学习诊断强调对认知过程的诊断，而不仅仅是对学习结果的检测，诊断功能需要进一步聚焦为促进学生的核心素养。结合物理教学的特点，如何在实验教学中积极实践物理学习诊断，并进行创新实验设计，对于核心素养真实落地、提升师生的创新力有着深远的意义。

本文选择《光的干涉》实验教学为例，基于学习诊断对教学各环节设计进行说明，以期为提升师生的创新力以及核心素养在物理实验教学中真实落地提供实践参考。

（二）《光的干涉》学习诊断

实验教学中进行学习诊断的实践，增加对学生可能存在问题的研究，在具体实践中发现问题并及时纠正；引导学生学会自我诊断，根据学习诊断结果设计教学并实践，可以精准教学，更好地激发学生学习物理的兴趣，突破思维障碍点，切实提升核心素养。

1. 学习诊断路径。

张玉峰老师将"学习诊断"定义为：基于教师经验以及通过测验、访谈等获得的学习数据，发现、描述学生学习中存在的具体问题，并且对问题产生的根源做出因果解释，进而基于问题描述和因果解释拓展整合学生在学习其他内容时可能存在的类似问题，最终对学生的学习状况做出判定并提出改善学习的方案和针对性建议。概括起来，根据学习诊断的概念界定，学习诊断包括问题描述、因果解释、拓展整合、矫正建议等四个要素。

2. 《光的干涉》实验教学的学习诊断。

（1）"问题描述"实践确定实验教学设计原则。

根据教师教学经验和所掌握的学科教学知识，可知光的波动性单元内容抽象，而光的干涉是物理光学的起始课，更不易理解。机械波的相关知识对于学生而言易于接受，采用机械波与光波的类比降低学习难度，明确机械波和光波是不同的。在教学中可以注重创设实验和自然现象的真实情境，从实验现象到运用惠更斯原理分析现象，从而理解光的干涉图样形成的原因。

根据高二学生学习行为的表现和学习结果，可知学生具有知识层面的基础：如干涉与衍射是机械波特有现象，知道这两种现象的发生条件；初步了解惠更斯原理；具备将机械波和光进行类比和深入分析光的干涉实质的知识基础。学生具备一定的实验探究能力、总结归纳能力和小组合作能力。在课上进行充分的实验教学，可以有效突破不易观察到的光的干涉现象这一教学难点，利于从实验现象内化为物理观念。

（2）"因果解释"实践确定实验教学设计原则。

依据"问题描述"，从内隐的素养层面分析学生可能产生的错误及原因如下：

跨学科观念：光的干涉知识与数学联系紧密，很多同学理解干涉的加强区与减弱区有困难。

认识方式：学生对演示实验觉得更容易，但兴趣不足；对于学生的探究性实验虽兴致盎然，但探究新知的能力有待提高。

学科能力：光的干涉成因需借助惠更斯原理，学生整合数学的逻辑推理能力不强。

基于"问题描述"和"因果解释"学习诊断，设计以实验为主线，引导学生结合实验现象进行推理，分析实验信息，挖掘知识背后的隐含因素更利于学习。因此，设计《光的干涉》采用实验教学，依据理论联系实际和科学性与思想性相统一的原则进行具体设计。

理论联系实际原则——从现实生活问题引入教学，比如在讲授薄膜干涉时，举出日常生活中常见的油膜、肥皂膜，蜻蜓的翅膀等在阳光下呈现的彩色条纹，而在学生探究薄膜成因的过程中，则是运用3D打印的自制薄膜干涉实验仪让学生自己去研究在哪一侧面观察更清楚，运用使用完的矿泉水瓶子去观察干涉图样，课的结束则使用自制泡泡液，用不同工具吹泡泡观察表面的彩色图样，在学生玩乐中明确干涉不仅带给了我们七彩的世界，还可以用薄膜干涉来检验物品的平整度或厚度，另外人们还设计了增透膜和反射膜。通过实际问题，从现实生活中的问题出发，引入理论和科学知识的学习。

科学性与思想性相统一原则——教学中关注科学知识以及这些知识的思想价值，情感、态度和价值观的目标就是这种教学原则的体现。这部分可以突出创新实验的功能，微创新实验对学生的创新力产生潜移默化的影响，这也是身为教育者应尽的责任。

（3）"拓展整合"实践设计教学流程。

确定了实验教学设计的原则，即大思路，在实验教学实施之前对可能发生的问题进行预判并给出相应的解决措施或进行相关教学环节的设计使这些可能的错误在具体实验操作或分析中被学生轻松解决。不同的错误类型分析如下。

设计实验层面：如何将现实问题的情境再现。

实施层面：对选择和设计合适的探究实验进行研究；创设能合理调控探究活动问题情境。

交流分享层面：在信息技术环境下如何让学生自主地进行探究实验的研究。由于许多实验可能存在看不清、过于复杂、呈现的时间过短、无法提供器材让学生动手、在教室里根本无法实施等原因，可以利用信息技术进行互补，进行模拟，用计算机辅助物理实验。

总结结论层面：学生主动构建知识，参与到获取知识的过程中，体现探究能力的培养。通过一定的科学探究之后，应该让学生学会依照物理事实，运用逻辑判断来确立物理量之间的因果关系，树立把物理事实作为证据的观念，形成根据证据、逻辑和现有知识进行科学解释的思维方法。结合"拓展整合"确定教学流程图。

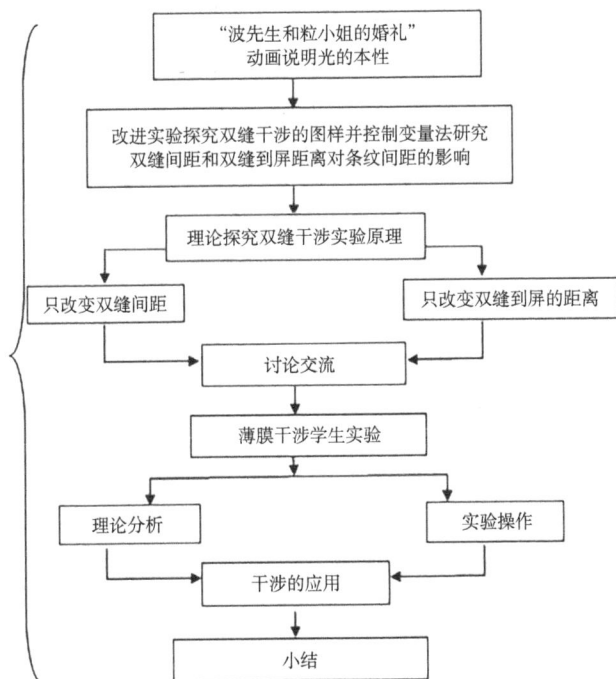

（4）"矫正建议"的实践明确教学意图。

从学生的知识、技能、思想方法、认识方式、能力等方面给出具体的教或学的建议。设计应实现以下教学意图：引领学生深入学习物理实验的相关理论、方法、技能；进一步提高学生的实验素养，激发学生实验探究的兴趣；增强学生的创新意识；培养学生实事求是、严谨认真的科学态度；养成交流与合作的良好习惯；对发展学生的实践能力有非常重要的现实意义。

（三）基于物理学习诊断的教学设计与实践

在实验教学中进行准确学习诊断的意义与研究价值在于有效落实核心素养的同时，教师有具体的抓手、掌握精准的学情、制定教与学适宜的策略、核心素养真实落地有合适的途径。科学的评价工具让学生能够比较充分地表现出已经具备的核心素养；对收集的各类信息进行分析判断，根据证据做出评价，将评价结果用于指导学生学习和教师教学的改进。在物理教学中，实验对于理解物理概念，获取物理规律起到重要作用，精准的学习诊断可以引导学生突破自己的思维障碍，突破难点。在倡导核心素养，更好地进行探究实验的今天，迫切需要一些创新元素来辅助实验，丰富课堂教学，提升学生的创新力。

对《光的干涉》进行学习诊断，确定以实验为主线，引导学生通过认识实验获取信息，并用知识进一步解决实验问题。基于学生认知进行知识的推进，将学生的动手动脑有机结合，体验到动手操作的快乐，学习到类比、猜想、归纳等科学方法，培养学生的观察能力和实验能力。以学生最大限度的实际获得为设计之本，在整节课中，教师注重对学生创新力的培养，多处运用自己对实验的创新成果辅助教学。

1.动画创设情境激发学习兴趣。

光的波动比机械波抽象，光具有波粒二象性非常不易理解，借助动画突破难点，学习光波粒二象性，也激发了学生对光的波动特有现象——光的干涉知识一探究竟的兴趣。

2. 创新实验设计增强学生创新力。

创新 1：介绍实验仪器，强调激光使用安全（不要被激光照到眼睛）。具体说明，将光源换为激光，有一系列的优点，其中就有"强度大"（可达 $1017\,\mathrm{w/cm^2}$）"相干性好"，激光中所有光子的频率是相同的，振动情况也完全相同，是最好的相干光。杨氏双缝干涉实验不宜观察，在教学中将激光光学实验仪的激光光源和杨氏双缝干涉仪的测量头、0.25 mm 双缝和 0.20 mm 双缝，配上一片实验室废弃仪表的毛玻璃屏组装了一台干涉效果很好的实验仪，学生可以清晰地看到干涉图样，并能定性分析缝到屏距离 L 与双缝间距对干涉条纹间距的影响，继而定量探究干涉条纹间距的影响因素。

用测量头组装双缝既省去了遮光板又省去部分遮光筒。学生用手持毛玻璃屏，可以随意移动远近，极大地增大了双缝到屏的距离。通过此处的微创新，将学生只能通过遮光筒一个人看到的图样，展示在课堂上，大家共同分析研究，极大地提高了学生的学习兴趣。

创新 2：讲授薄膜干涉时，利用教师设计的 3D 打印薄膜干涉仪（仪器已获国家专利）：下面是水槽，可放入泡泡液，里面有搅拌棒，将液体刷在立的板面上，即可实现全部实验在实验盒中完成，保障实验桌的整洁。引导学生观察薄膜的色彩，观察在哪个侧面观察条纹更明显，以此突破难点。教室只有前面开着灯，后面同学在背光面几乎看不到条纹，必须能在与光源同侧方向看到清晰条纹，学生切实理解了看到的是反射光的干涉条纹，且明确薄膜由于重力作用形成上薄下厚的楔形模，所以干涉图样也是越到下面越密集。

创新 3：在教师引领下学生创新设计小实验——使用完的矿泉水瓶子去观察干涉图样，课的结束则使用自制泡泡液用不同工具吹泡泡观察表面的彩色图样。

3. 多角度设计落实核心素养。

（1）定性到定量的设计。

学生观察到干涉图样是明暗相间的条纹，而且条纹间距是等间距的，而且与 L 和 d 均有关，对为什么会有这样的规律，有探究的想法。从定性观察图样特点到定量用所学知识进行理论探究图样特点以及条纹间距影响因素，得到思维的提升，并感受自己运用知识解决实际问题的快乐。

类比机械波干涉的分析，形成两列频率相同的光波叠加产生的。

与机械波干涉时出现的加强区和减弱区是一样的，回忆加强区和减弱区的条件：加强区：光程差 $\Delta r=k\lambda$（$k=0$，1，2…）。减弱区：光程差 $\Delta r=$（$2k-1$）$\lambda/2$（$k=1$，2…）。

知识迁移：双缝是水平放置的，而我们实验时是竖直放置的，形成的条纹也是竖直排列的。那么水平放置的双缝则会形成水平方向的条纹。

（2）从物理走向生活的设计。

使学生体会到"物理来源于生活，服务于生活"，激发学生学好物理知识的学习热情。带领学生利用自己使用过的矿泉水瓶制作薄膜干涉小仪器一起看表面薄膜的色彩，吹泡泡看泡泡表面的薄膜干涉，让学生保留一份童心的同时寓教于乐，说明所学光的干涉知识能让我们明确彩色图样的原理，了解人类应用光的干涉进行科技上的深入研究，对生活产生重要的作用。

（3）从物理走向科技的设计。

每个泡泡都呈现出五颜六色，其实是光的干涉图样。光的干涉不仅带给我们七彩的图样，让我们有着这么多的快乐，其实光的干涉还有很多重要的应用，比如：干涉法检测平面的平整度或物体粗细、增透膜和增反膜等。

对科技和生活中实际情境进行研究，使学生明确物理直接关系到科技的发展，生活质量的提高，引导学生努力学好知识，服务于社会的意志品质。

通过物理学习诊断在实验教学中的实践研究，教师由浅入深地设计《光的干涉》知识体系，引导学生从双缝干涉图样、相邻条纹间距、薄膜干涉图样以及形成原因都采用从定性分析——定量探究，实现由感性认识上升到理性认识的物理思维能力的训练，体现"以提升学生思维能力为重点"。设计吹泡泡和制作薄膜的环节，让学生体会学习物理的乐趣，明确物理知识的实用性，意识到物理知识源于生活，又反作用于生活。整个教学过程符合新课程的教学目标，体现新课程的理念，注意培养学生的自主、合作、探究能力，逐步提升学生的科学素养。

物理学习诊断在实验教学中的实践研究是一种积极的尝试，为实验教学的高效性提供了理论依据，也为提升师生的创新力以及核心素养在物理实验教学中真实落地提供实践参考。实验教学作为物理教学的重要部分，对提升学生的创新能力和探究能力有重要意义。精准诊断和物理实验的微创新（包括实验仪器、展现形式等）都能更好地完成实验教学，不断激励学生创新力的提升，在课堂教学中让落实核心素养真实落地。

参考文献

[1]中国高考评价体系说明.人民教育出版社，2-7，19-21.

[2]普通高中物理课程标准（2017年版）[M].北京：人民教育出版社，2018.

[3]李春密.物理教育与创造素质的培养[J].学科教育，1999.9.

[4]张玉峰.为了物理学科核心素养发展的学习诊断：概念、路径与内容框架[J].中学物理，2020.

提升物理思政教学质量的途径与策略*
——以《宇宙航行问题研究》单元教学为例

摘　要：思政教育融入高中物理教学是培养德才兼备的高素质创新人才的重要举措，如何挖掘物理课程中的思政元素，找到提升物理思政教学质量

* 基金项目：本文为北京市教育科学"十四五"规划2021年度重点课题"基于学习诊断的物理大单元教学整合研究"（课题编号：CDAA21053）的阶段性成果。

的途径与策略，是立德树人在物理教学中真实落地的关键。基于物理学科特点，本文以《宇宙航行问题研究》单元教学为例，阐述在教学实践中通过精准诊断，让思政抵达学生"心坎儿"；通过单元贯通，让思政更持续深入，有效提升物理思政教学质量，切实做好学生奉献祖国的引路人，实现价值塑造、知识传授和能力培养相统一。

关键词： 物理思政　学习诊断　单元教学　宇宙航行　航天精神

（一）问题的提出

2018 年 5 月，习近平总书记同北京大学师生座谈时提出："要把立德树人的成效作为检验学校一切工作的根本标准，真正做到以文化人、以德育人、不断提高学生思想水平、政治觉悟、道德品质、文化素养，做到明大德、守公德、严私德。"中共中央办公厅、国务院办公厅印发的《关于深化新时代学校思想政治理论课改革创新的若干意见》中强调，要"深度挖掘高校各学科门类专业课程和中小学语文、历史、地理、体育、艺术等所有课程蕴含的思想政治教育资源，解决好各类课程与思政课程相互配合的问题"。2017 年12 月，教育部印发新修订的普通高中课程方案和《普通高中物理课程标准》（2017 年版 2020 年修订）评价建议提出，高中物理学习评价是以学生发展为本、基于物理学科核心素养的评价，其目的主要在于促进学生学习和改进教师教学。物理学习评价应围绕学科核心素养，创设真实而有价值的问题情境，采用主体多元、方法多样的评价方式，客观全面地了解学生物理学科核心素养发展状况，找出存在的问题，明确发展方向，及时有效地反馈评价结果，促进学生全面而有个性的发展。学科教学承载着立德树人，培养学生核心素养的责任。2019 年，崔允漷教授在《学科核心素养呼唤大单元教学设计》中提出指向学科核心素养的教学变革促使传统"单元"和"课时"教学转变为大单元教学，实际教学要了解课标、教材和学情，创设真实情境培养学生核心素养。教师在设计课程时，坚持以落实立德树人为根本任务，关注知识体系的建构和学生的经验，从学生发展角度出发，做好精准的学习诊断，才能让思政抵达学生"心坎儿"；单元教学能更好地在课堂教学中落实核心素养，让思政更持续深入。

物理与社会、生活、科技和航天技术等的发展有着重要作用。本文以《宇宙航行问题研究》单元教学为例，从核心素养理念出发，基于学习诊断以我国航天史为思政线索，感受钱学森等科学家的航天精神，激发学生的家国情怀，调动学习物理的内驱力；物理学史和万有引力知识并行作为知识线索，探索大单元教学融合下的物理思政。实证研究案例为提升物理思政教学质量的途径和策略提供实践支撑，也为提升学生的科学思维能力以及核心素养在物理教学中真实落地提供实践参考。

（二）提升物理思政教学质量的途径

办中国特色社会主义教育，就是要理直气壮开好思政课，用习近平新时代中国特色社会主义思想铸魂育人，引导学生增强中国特色社会主义道路自信、理论自信、制度自信、文化自信，厚植爱国主义情怀。提升物理思政教学质量途径的探索势在必行。

1. 弘扬中华传统文化和革命文化是提升物理思政教学质量的有效途径。

2017 年 1 月，中共中央办公厅、国务院办公厅印发的《关于实施中华优秀传统文化传承发展工程的意见》明确指出，"文化是民族的血脉，是人民的精神家园。文化自信是更基本、更深层、更持久的力量"。并要求"把中华优秀传统文化全方位融入思想道德教育、文化知识教育、艺术体育教育、社会实践教育各环节，贯穿于启蒙教育、基础教育、职业教育、高等教育、继续教育各领域"。

2. 精准诊断是提升思政教学质量的必要途径。

张玉峰老师将"学习诊断"定义为，基于教师经验以及通过测验、访谈等获得的学习数据，发现、描述学生学习中存在的具体问题，并且对问题产生的根源做出因果解释，进而基于问题描述和因果解释拓展整合学生在学习其他内容时可能存在的类似问题，最终对学生的学习状况做出判定并提出改善学习的方案和针对性建议。只有精准诊断，才能充分了解教材、课标和学情，让思政抵达学生"心坎儿"。

3. 大单元教学是提升思政教学质量的可持续性途径。

2019 年，崔允漷教授在《学科核心素养呼唤大单元教学设计》中提出指向学科核心素养的教学变革促使传统"单元"和"课时"教学转变为大单元教学，实际教学要了解课标、教材和学情，创设真实情境培养学生核心素养。因此，物理思政可以辅助创设真实情境，设计一个完整的任务驱动下联动所有的任务、目标、内容、实施与评价完成单元的学习，这样一个单元的内容便组成一个整体，使学生完整地获取知识与概念，在真实的情境中去学习知识，学会解决问题。

（三）提升物理思政教学质量的策略

以《宇宙航行问题研究》单元教学为例，说明让思政课程在物理教学中真实落地，有效提升教学质量的策略。

1. 弘扬中华传统文化和革命文化实现思政学习目标。

《万有引力与宇宙航行》作为航天主题单元，立德树人目标是重要的学习目标。《宇宙航行问题的研究》作为单元教学中的一节复习主题，注重体现航天相关内容，把社会主义核心价值观和中华优秀传统文化融入具体题目，结合我国在载人航天与太空探究领域的迅速发展，是实践学科育人非常适宜的学科内容。

依据核心素养、课程标准，分析单元所承载的学生学科素养发展中的价值；整合学习内容，结合传统文化故事创设真实情境，将教学目标转化为适合学情的学习目标；设计大任务、大问题，引导学生分解任务、思考问题，帮助他们获得对概念的深入理解，逐步实现学习目标，传统文化与大单元教学融合，让核心素养在物理课堂上真实落地。

该单元教学中主要研究人类宇宙航行问题，通过讲述"万户飞天"的传统文化故事，学生们了解到古时候人类对宇宙的向往和为了探究真理而牺牲的信念。"中国明朝一个官职为万户（称谓，原名为陶成道）的官员，他为了实现自己的飞天梦想，坐在绑上了 47 支火箭的椅子上，手里拿着风筝，飞向天空，但是火箭爆炸了，万户也为此献出了生命。"学生了解到万户为"世界航天第一人"，为纪念万户，国际天文学联合会将月球上的一座环形山以他的名字命名。通过中华传统故事的融合，学生知道我国是进行宇宙探索的第一个国家。接着引导学生观看我国航天发展进程视频，增强民族自豪感，树立文化自信（如图1），产生深入探究宇宙航行问题的兴趣，并有肯付出努力的决心。

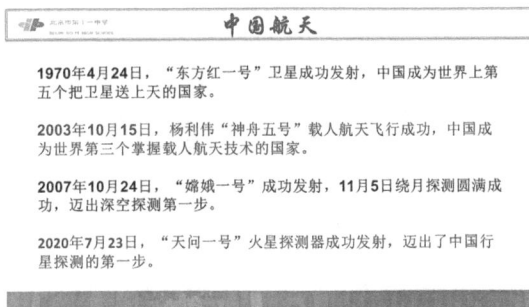

图 1　中国航天部分大事记

以传统故事和中国航天发展设计具体的人类探索宇宙的真实情境，从地心说到日心说，再到开普勒三定律的研究，之后到万有引力定律、月地检验的研究实现力学知识上的"天地统一"，再到具体航天知识的应用，引导学生体会人类对自然界的探索不断深入。

2. 基于精准诊断提升物理思政教学的实效性。

在物理教学中进行准确学习诊断的意义与研究价值在于有效落实核心素养的同时，教师有具体的抓手、掌握精准的学情、制定教与学适宜的策略、核心素养真实落地有合适的途径。精准诊断让思政抵达学生"心坎儿"。

在《万有引力与宇宙航行》单元的前期学习过程中，教师通过经验和访谈的方式了解到，学生重视基本知识和基本规律的学习，弱化规律的得出和解决问题方法的深度思考；重视万有引力提供重力或提供向心力的应用习题，不关注应用规律解决实际问题。

据此，在《宇宙航行问题研究》主题的学习中创设人类探索宇宙的真实情境，循着运动视角的探究（如图2、图3），到力学视角的探究（如图4），凸显科学思维的力量和科学研究中质疑与创新的重要性。

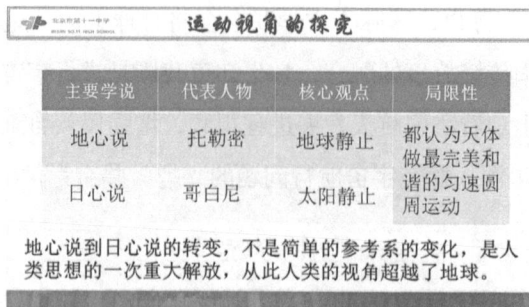

图2　运动视角的探究

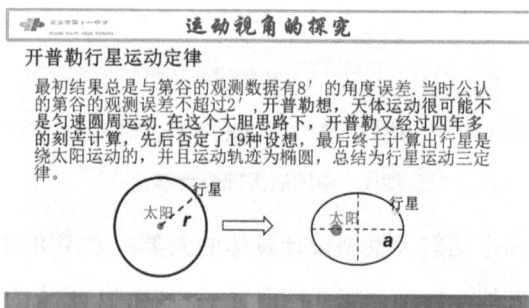

图3　运动视角的探究

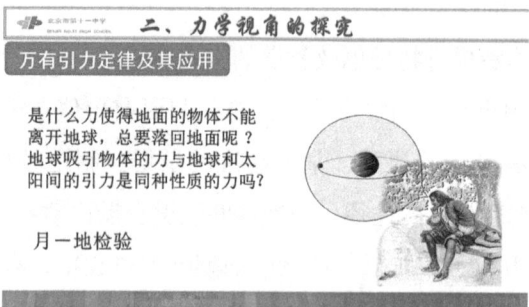

图4　力学视角的探究

3. 大单元教学提高知识与思政融合度。

《宇宙航行问题研究》采用思政与物理单元教学融合方式，以建构主义理论为指导，以小组合作方式进行规划及解决物理中较有难度的推理论证，挖掘物理知识背后科学家的科学方法与思想历程。大胆创新教学方式，在大单元理念下打破节与节之间的界限，围绕从开普勒三定律到万有引力定律的历史进程，选择和利用最优化的学习资源，通过分析讨论、探索创新等环节，获得相应的知识，强化科学探究的意识，提高科学探究的水平，故设计主题思路如图5。

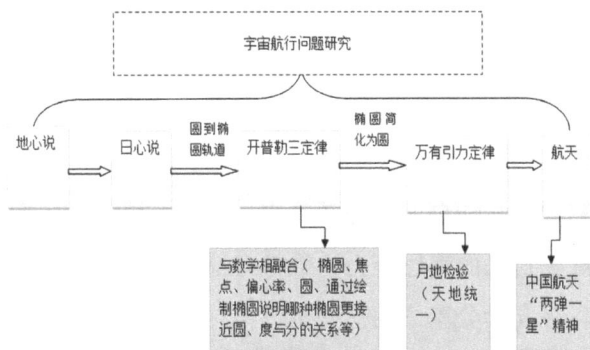

图5 设计主题思路

通过单元教学与思政融合，引导关注物理定律与航天技术等现代科技的联系，了解人类对宇宙天体的探索历程，增加我国航天新成就，进行情感态度教育。在探索宇宙大问题的过程中结合中国航天部分大事记设计成若干子问题：

（1）1970年4月"东方红一号"卫星发射成功，设计思考如何实现卫星发射问题，包含先发射到近地轨道的宇宙速度问题，到达预定轨道之前的变轨问题，以及到达稳定轨道时，不同轨道高度对应的速度变化、能量变化和受力情况分析，很好地融入物理观念中的运动与相互作用观和能量观念；

（2）2003年10月，杨利伟"神舟五号"载人航天飞行，引导思考航天员在宇宙飞船中的超失重问题，初步尝试完全失重下实验的设计，可以设计哪些具体实验；

（3）我国的北斗导航系统成功组网，引导学生思考我国航天人为之努力并取得的丰硕成果，并引导学生自己设计综合宇宙航天问题，培养探究和创新思维；

（4）有了我国航天事业的发展介绍，结合学生查找的丰富的科学史实，自然过渡到我国航天人的航天精神，对学生进行科学态度与责任、科学思想方法的教育。

在单元长链条设计下，结合学习诊断，不仅将大情境分解为若干子问题逐一解决，更能通过情境引导学生自己设计问题，思考问题并进行解决，实现核心概念的夯实与解决问题能力的培养。通过单元教学，在物理知识层面不仅学习了航天与万有引力知识，更从运动与相互作用观和能量观点分析具体的宇宙航行实际问题，实现分层教学，培养深度学习能力。

学生采用小组汇报的方式进行单元复习课的展示与交流，在交流中学生通过小组合作将每一部分的知识做到更加明晰；小组之间实现了有效的资源共享，通过讲解的方式让自己更加明确知识内容，更让别人跟着掌握相关内容的同时，锻炼了自己的表述能力；最令人惊喜的是，学生找资料自发地以诗朗诵形式与班级同学分享"两弹一星"精神的感悟，前后呼应切实做到情感上的升华。学生通过观看中国航天 50 年奋斗历程，从第一朵蘑菇云升腾在罗布泊上空，到《东方红》乐曲第一次响彻寰宇，再到风云、北斗、嫦娥等属于中国的"满天星辰"闪耀太空，天问一号探测器首次传回高清火星影像图，一代代中国航天人用心血与韶华，在航天史上创造出"两弹一星"精神、载人航天精神、北斗精神和探月精神……

学生深切地知道航天事业的发展正在改变着我们的日常生活，激发其爱科学、学科学、用科学的兴趣。以"两弹一星"为起点，中国航天事业的脚步未曾停歇，学生作为祖国的栋梁，更要接过我国科技的重任，努力学好文化知识，为祖国的繁荣昌盛贡献力量！

通过以上论述，可以看出基于灵性物理教学法的大单元教学是以立德树人为核心，以让核心素养在课堂真实落地为目标，切实利于学生发展的教学方式。

"亮标"是灵性物理教学法的根基，更是单元教学中将教学目标转化为学生学习目标以及教师布置作业的作业目标的依据。

"创设问题情境"引课是"灵性物理教学法"的契机，更是大单元教学中大情境的体现，引入大任务，大问题，便于学生将物理知识置于情境中解决具体问题，培养学生的科学思维。

其中，联系热点问题，激发学生学习兴趣，也是培养学生社会责任的好的契机；联系生活实际，体现物理的实用性，使学生体会物理学在生活中的重要作用。

创新实验为"灵性物理课堂教学法"的主干，在大单元教学中，仍然应该关注物理学科的特点，物理实验在教学中有着重要的地位，在课堂中更是将知识与实验与具体问题衔接的桥梁。实验教学既可以有效突破难点，更能突出重点。创新实验，带给物理课堂鲜活的生命力。

物理思维为"灵性物理教学法"的灵魂，物理特有的逻辑思维能力是在不断的课堂学习中积累起来的，也因此，知识本身才变得更有生命力。科学思维是物理核心素养中的关键，如，注重规律应用，突出新课标以物理知识体系为载体的特点。从实际问题抽象物理模型的建模思想，归纳解决问题的基本方法，培养学生归纳总结物理思想方法的能力。再如，注重创设情境，突出研究过程和方法。设计大问题，到子问题的逐步解决，启发学生思考。按照情境展现—建构模型—解决问题—总结方法—联系实际的思路，引导学生思考、讨论、交流自己学习的物理建模思想，提出问题、解决问题。

结束语

提升物理思政教学质量首先应结合学科知识内容选取适宜的立德树人契机；其次应在精准分析学情的基础上设计教学主要思路；再次，结合单元教学中设计大情境聚焦大问题，既能在知识层面给予学生极大的收获，又可以引领学生明确价值取向；最后，从学生核心素养发展的角度看，把大情境中描述情境的文字转化为物理表述，并进一步把需要完成的事情转化为相应的物理问题，在解决具体问题过程中逐步增强民族自信，提升家国情怀。通过提升物理思政教学质量，必将带动物理学科核心素养发展水平的更大提升。

参考文献

[1] 中共中央办公厅、国务院办公厅印发《关于深化新时代学校思想政治理论课改革创新的若干意见》[EB/OL].（2019-08-14）[2020-06-22].http：www.gov.cn/zhengce/2019-08/14/concent_542152.htm.

［2］普通高中物理课程标准（2017年版2020年修订）.人民教育出版社，前言
　　2-3，正文7.

［3］崔允漷.学科核心素养呼唤大单元教学设计［J］.上海教育科研，2019（4）.

［4］乔青安，靳月庆，田倩，蔡红兰，孙立祥.多视角下大学理科教学渗透优
　　秀传统文化的实践初探——以物理化学课程为例［J］.教育观察，2018（15）
　　116-118.

［5］张玉峰.以大概念、大思路、大情境和大问题统领物理单元教学设计［A］.中
　　学物理，1008 — 4134（2020）05 — 0002.

［6］刘克艳，张玉峰，梅永清.物理学习诊断在实验教学中的实践研究——以
　　《光的干涉》实验教学为例［J］.中学物理，2022（9）.

第五部分 基于灵性物理教学法的大单元教学实践案例与实录

我从事二十多年的高中物理教育工作，在教学实践中不忘初心，追寻教育梦想、演绎教育人生。

作为教师，我时刻以学生为中心，以敬业务实的工作精神开拓进取；

作为教师，我不断钻研，课前精准备课，为学生提供高效学法；

作为教师，我立足讲台，向课堂要效益，大幅度提升教学质量；

作为教师，我提升专业技能，开阔视野，感受教师职业的幸福；

作为教师，我必将心怀对教育的初心，用无限的创造力成就学生，发展学校，使自身和学校更具创造性张力。

我坚持与时俱进，立足于对学生的一生负责，从学生长远发展考虑，在高考改革背景下，尊重学习规律，聚焦发展学生的核心素养，结合各年级教育教学内容与学生心理特点，充分分析教材与学情，实践育人价值，通过大单元教学引领学生进行知识整合与知识体系的构建，不断丰富课程资源，满足学生多样化、个性化学习需求。

近几年，我通过积极尝试灵性物理大单元教学，收到很好的教学效果，对教学水平提升也有很大帮助。基于灵性物理教学法的大单元教学是结合学情，依据教材和新课程标准，确定教学目标，转化为学生的学习目标，契合学生核心素养的培养；通过合理"创设情境""创新实验对科学探究的培养""大问题引领下的思维培养""教学辅助性微课"等进行具体实践。现从灵性物理大单元教学中的情境、设问、创新实验与微课四个视角与大家分享个人课堂教学案例与实录。

情境篇

案例 1 采用同课异构的方式进行阐述，自己结合课程思政的设计与杨昆老师（北京市第十一中学物理教师，东城区学科带头人）运用思维导图和 pad 教学的设计进行情境创设的说明，共同说明情境教学可以应用于不同教学方式之中，均可收到较好的效果。

案例 1（大单元同课异构） 单元名称：万有引力与宇宙航行

课时教学设计一：必修二 第四章 第五节 宇宙航行问题的研究（课程思政）

指导思想：

教学单元主要有四种：专题单元、技能单元、主题单元及跨领域单元。跨领域单元涉及两个或更多的内容领域标准，跨领域单元强化了以下观念：生活没有把时间分割成数学、英语、科学，相反，现实世界让学习者所学到的所有主题领域的知识都整合到了一起（特蕾西·K.希尔《设计与运用表现性任务》）。

学科核心素养是学科育人价值的集中体现，是学生通过学科学习而逐步形成的正确价值观念、必备品格和关键能力。物理学科核心素养主要有：物理观念、科学思维、科学探究、科学态度与责任。核心素养的界定是"学生在接受相应学段的教育过程中，逐步形成适应个人终身发展和社会发展需要的必备品格和关键能力"。科学思维中应该具有质疑与创新的品质。因为思维的根本追求是创新，只有创新才能解决新的问题，科学才能不断发展。科学思维学习中既要注意抽象概括、分析综合和推理论证思维方法的学习，同时要注意在这些思维方法学习、科学思维培养中，强调质疑、创新的思维品质。

　　本课时注重体现航天相关内容，把社会主义核心价值观和中华优秀传统文化融入具体题目。采用数学与物理跨学科融合方式，以建构主义理论为指导，以小组合作方式进行规划来解决物理中较有难度的推理论证，感受物理知识背后科学家的科学方法与思想历程。大胆创新教学方式，在大单元理念下打破节与节之间的界限，围绕从开普勒三定律到万有引力定律的历史进程，选择和利用最优化学习资源，通过分析讨论、探索创新等环节，获得相应的知识，强化科学探究意识，提高科学探究的水平。

　　与常规的课堂教学相比，注重内化学习动机、掌握学科知识、提升创新思维能力。根据必修2教材，本单元学习天体知识，整合牛顿运动定律与圆周运动知识，逐步培养学生综合运用知识的能力，在高中物理教学和培养学生学科核心素养方面都有重要意义。

　　《宇宙航行问题的研究》在《万有引力与宇宙航行》单元教学中起到关键作用，结合物理学史设计课程，锻炼学生从学到知识，到会思考、更会推理论证问题。

（一）教材分析

　　单元教学主要内容：

　　以物理学史为载体，引导学生体验建立万有引力定律这一科学探究过程，展现科学发展过程中科学家们富有创造而又严谨的科学思维和科学态度。通过开普勒定律的学习，强化证据意识，学生对万有引力定律的重要意义和作用有更全面的了解，在载人航天与太空探究领域我国航天的快速发展有更深入了解。万有引力定律与任何其他理论一样有其局限性。学生初步了解相对论时空观，关注宇宙起源和演化的进展，体会人类对自然界的探索是不断深入的。

　　与课程标准的关联：

　　2.2.4 通过史实，了解万有引力定律的发现过程。知道万有引力定律。认识发现万有引力定律的重要意义。认识科学定律对人类探索未知世界的作用。

例 3：通过发现海王星等事实，说明科学定律的作用。

例 4：以万有引力定律为例，了解统一性观念在科学认识中的重要意义。

2.2.5 会计算人造地球卫星的环绕速度。知道第二宇宙速度和第三宇宙速度。

例 5：了解牛顿力学对航天技术发展的重大贡献。

2.3.1 知道牛顿力学的局限性，体会人类对自然界的探索是不断深入的。

2.3.2 初步了解相对论时空观。

例 1：初步了解长度收缩效应和时间延缓效应。

例 2：初步了解时空弯曲。

2.3.3 关注宇宙起源和演化的研究进展。

例 3：查阅资料，初步了解典型的恒星演化过程。

与教材的关联：

"太阳与行星间的引力"与"万有引力定律"合编为一节，包括问题的提出、演绎、假设与推理、结论的得出、检验论证等，是一个比较完整的探究过程。现行 2、3 节合并，展现较完整的探究过程；第 5 节增加相对论时空观。

教材设计的第一个主题是回顾过去，介绍人类对行星运动规律的认识过程和牛顿建立万有引力定律的过程，这是落实物理学科素养的好素材。教材介绍了托勒密的地心说、哥白尼的日心说、第谷的观测和开普勒定律，形象、生动地呈现了科学家们实事求是、坚持真理、勇于创新的科学精神。同时体现科学的思维方法，如建立模型的方法——把行星运动轨道简化为圆。在推得太阳和行星相互作用力表达式的基础上，牛顿进一步追求物理规律的普适性，放眼天地和宇宙，建立了适用于自然界中任何两个物体间的万有引力定律。

第二个主题是展示现在，即应用万有引力定律所取得的巨大成就。如称量地球的质量、发现未知天体和宇宙航行问题等。教材增加了哈雷彗星及潮沙、重力探矿等，使学生对万有引力定律的重要意义和作用有更全面的了解。在载人航天与太空探究领域，我国近期发展很快，教材丰富了我国在这一领域的进步与发展。

第三个主题是展望未来，指出万有引力定律与任何其他理论一样有其局限性。"相对论时空观与牛顿力学的局限性"这节的目的是让学生知道牛顿力学只适用于低速、宏观的情况，让他们初步了解相对论时空观，关注宇宙起源和演化的进展，体会人类对自然界的探索是不断深入的。

与学科知识的关联：

通过对万有引力定律的学习，凸显科学思维的力量，通过开普勒定律的学习，认识科学研究中质疑与创新的重要性，体会模型建构的思维过程。引导关注物理定律与航天技术等现代科技的联系，了解人类对宇宙天体的探索历程，从万有引力定律的普适性认识自然界的统一性。通过相对论的初步介绍，引导学生认识牛顿力学的局限性，体会人类对自然界的探索是不断深入的。能用万有引力定律分析简单的天体运动问题，初步了解相对论时空观。从运动和力的视角研究行星的运动，强化运动与相互作用观念，丰富了对时空的理解。通过对行星运动规律和相对论的学习，认识到科学研究包含大胆的想象和创新，科学理论既具有相对稳定性，又是不断发展的，人类对自然的探索永无止境。具有探索自然、造福人类的意识。进行爱国主义教育，帮助学生形成探索自然的内在动力，具有探索自然、造福人类的意识。立德树人是教育的根本任务。

本单元（或主题）的课时分配情况，及每课时的主要内容				
	章节名称	课时分配建议	主要教学环节	设计意图
第1节	行星的运动	1	通过开普勒定律的学习，强化证据意识	体会模型建构的过程
第2节	万有引力定律	1	展示万有引力定律的较完整探究过程	◇提出问题 ◇科学猜想 ◇理论推演 ◇事实检验
第3节	万有引力理论的成就	1	万有引力定律成就	称量地球质量，计算天体质量，发现未知天体增加：预言哈雷彗星回归，解释潮汐现象，指导重力探矿
第4节	宇宙航行	2	宇宙速度，人造卫星	社会态度与责任
第5节	相对论时空观与牛顿力学的局限性	1	相对论时空观	牛顿定律也有局限性

（二）学情分析

学生情况：

高一学生学习过必修一动力学与必修二曲线运动，具有一定的运动与相互作用观念，能熟练运用牛顿运动定律解决动力学问题、运用运动的合成与分解以及圆周运动知识解决曲线运动。学生有一定的推理论证能力，加以引导可较快理解并完成天体运动的认知过程。

思维障碍点与发展点：

学生的数学知识尚未学到椭圆与圆相关更深入的知识，与数学相融合可以加强学生的理解；学生可以进行部分推理，但是将所有信息进行分析，挖掘知识背后的隐含因素，从物理学家的科学方法思考问题的能力有待提高。

（三）单元（或主题）教学目标

单元教学目标：

1.通过史实，了解万有引力定律的发现过程。知道万有引力定律。认识发现万有引力定律的重要意义。认识科学定律对人类探索未知世界的作用。

2.会计算人造地球卫星的环绕速度。知道第二宇宙速度和第三宇宙速度。

3.知道牛顿力学的局限性，初步体会人类对自然界的探索是不断深入的，初步了解相对论时空观。

4.关注宇宙起源和演化的研究进展。

课时教学目标：

第一节　行星的运动　教学目标

1.通过开普勒定律的学习，认识科学研究中质疑与创新的重要性

2.通过开普勒定律的学习，强化证据意识

3.体会模型建构的过程

第二节　万有引力定律　教学目标

1.展示万有引力定律的较完整探究过程，◇提出问题◇科学猜想◇理论推演◇事实检验。

2.体会科学思维的特点：逻辑和想象的结合。

3.增加"拓展学习引力常量的测量"，通过"科学漫步"栏目渗透科学方法。

第三节 万有引力理论的成就 教学目标

1.在万有引力定律成就方面多开几扇窗口。已有：称量地球质量，计算天体质量，发现未知天体。增加：预言哈雷彗星回归，解释潮汐现象，指导重力探矿。

2.进行科学思维教育。

2.1 模型建构："称量"地球 "称量"地球的质量时，我们应选择哪个物体作为研究对象？运用哪些物理规律？需要忽略的次要因素是什么？

2.2 科学推理：计算天体的质量 行星绕太阳做匀速圆周运动，向心力是由它们之间的万有引力提供的，由此可以依据万有引力定律和牛顿第二定律列出方程，从中解出太阳的质量。

第四节 宇宙航行 教学目标

1.增加航天新成就，进行情感态度教育。

2.关于"逃逸速度"的说明。"第二宇宙速度又称为逃逸速度""逃逸速度指物体不再作任何加速也能逃离引力中心的吸引的速度。"——《中国大百科全书（第二版）》逃逸速度是比第二宇宙速度更广泛的概念，第三宇宙速度不是太阳的逃逸速度。

第五节 相对论时空观与牛顿力学的局限性 教学目标

1.简要介绍相对论时空观。

2.增加栏目"宇宙起源与演化"。

物理学史在单元教学中起到学以致用作用，将本章知识用于推理论证问题，椭圆近似为圆，简化问题研究。

《宇宙航行问题的研究》课时教学目标：

1.了解人类对行星运动规律的认识历程，知道开普勒行星运动定律及其科学价值。

2.知道行星绕太阳运动的原因，知道引力提供了行星绕太阳做匀速圆周运动的向心力。

3. 认识到科学研究一般从最基本的观念开始，凭借对现象的观测、模型的构建以及模型与事实之间的相互作用，不断修正原有的观念和模型，使其逐步接近真实，获得物理规律。

4. 认识到相信自然的简单和谐是科学家研究的动力之一，尊重客观事实、坚持实事求是科学研究的基本态度和社会责任。

5. 培养学生获取资料、分析资料、合作交流的素养；在大单元背景下实施教学，有利于提高学生的认知水平。

思维障碍点与发展点：

本节知识内容本身很难进行探究，但包含十分丰富的科学史料。因此，本课时的教学设计立足对学生进行科学态度与责任、科学思想方法的教育。学生通过了解科学家关于天体运动问题的研究历史，感悟科学家求真、求简的科学思想方法和科学精神。学生对有关科学家的事例可能略知一二，但对科学家发现规律、创造性思维过程还缺乏系统的了解。

本课时采用学生先阅读（查询），师生再共同总结归纳的方法。在单元学习的基础上，先让学生交流各自获得的资料，再让学生提出仍需讨论的问题，教师依据学生的主要问题选择需要深入讨论的问题，学生通过师生共同归纳人类认识天体运动的大致进程，对整个单元有一个整体认识。

（四）教学重难点

教学重点：单元整合知识，把握万有引力定律的发现历程。

教学难点：了解科学家关于天体运动问题的研究史，感悟科学家求真、求简的科学思想方法和科学精神。

（五）教学流程

单元教学过程设计：

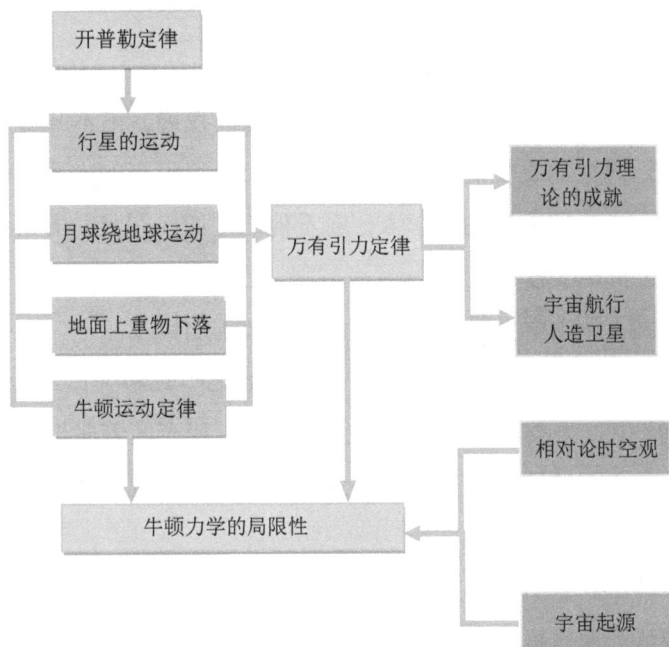

主题教学过程设计：

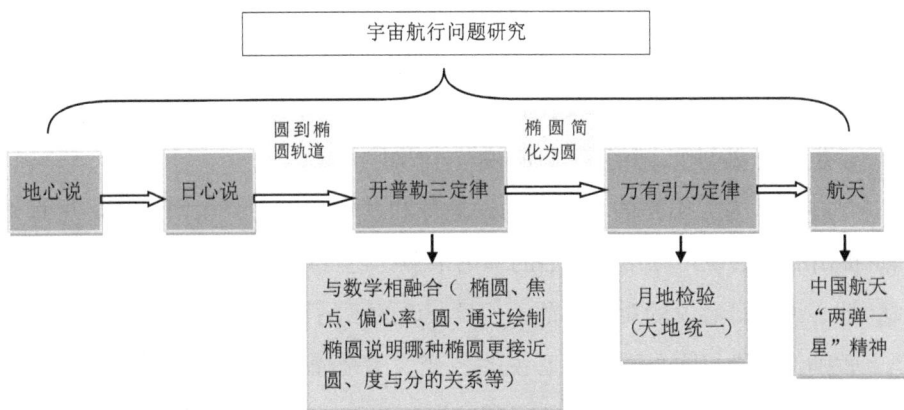

（六）课时教学过程

环节一：中国航天 50 年来的壮阔历程　情境引课

教师活动 1：今天，我们先来通过一个短片回顾一下中国航天 50 年来的壮阔历程。

学生活动 1：观看中国航天 50 年历程视频。

设计意图：学生活动激发兴趣，引发思考。

教师活动 2：我国的航天事业有如此迅速的发展，离不开很多科学家的发现与创造。同学们查找资料，今天我们通过小组汇报的方式来一起走近为天体运动付出辛勤努力的物理学家，看看他们是如何在当时的条件下对于宇宙航行问题进行科学思考的吧！

设计意图：调动学生积极性，学生是课堂的主体。

环节二：从运动的视角的探究（托勒密的地心说和哥白尼的日心说）

教师活动 1：人类对行星运动规律的认识过程充满着曲折与艰辛，人们的宇宙观代表着与这个时期社会大背景相适应的主流观念和意识。我们来看地心说和日心说小组的汇报。

学生活动 1：第一小组："地心说"小组汇报：

地心说认为地球是静止不动的，太阳、月球及其他行星围绕地球运动。

在哥白尼之前，欧洲流行的是以地球为中心的"地心说"：地球位于天体的中心，月球、水星、金星、太阳、火星、木星、土星等都围绕地球旋转。虽然地心说在解释火星的逆行现象时需要用到复杂的本轮、均轮，但由于它符合宗教教义，因此得到了教会的支持。

学生活动 2：第二小组："日心说"小组汇报：

日心说认为太阳是静止不动的，地球和其他行星围绕太阳运动。尽管哥白尼提出的日心说可以用更简洁的理论来解释逆行现象，却遭到禁止。

地心说与日心说的对比问题，如日心说的不足等。

教师活动 2：地心说到日心说的转变，不是简单的参考系的变化，这是人类思想的一次重大解放，从此人类的视角超越了地球。引导学生分析问题，并鼓励增强学生合作精神。

日心说虽然战胜了地心说，但仍保留了人们认为的完美图形——圆，这在一定程度上代表了古代人的审美观。

设计意图：问题是思维的发动机和导航器。寻找人类认识行星运动的历史事实与学生认知的契合点，引导学生的探究与思维。PPT 辅助学生对思路的理解，培养学生分析能力。引导学生分析问题，并鼓励学生合作精神。

环节三：从力的视角的探究——开普勒三个定律

教师活动1：开普勒为什么会将行星做匀速圆周运动的观念修改为做椭圆运动？

学生活动1：第三小组："椭圆"小组汇报

介绍开普勒三定律，并说明椭圆与圆何时可视为近似相等。

（1）开普勒第一定律：所有行星绕太阳运动的轨道都是椭圆，太阳处在椭圆的一个焦点上。（说明行星运动的轨道特征。）

（2）开普勒第二定律：对任意一个行星来说，它与太阳的连线在相等的时间内扫过的面积相等。说明行星运动速度变化的规律，靠近太阳的时候行星运动得快，远离太阳的时候行星运动得慢。（开普勒第二定律还蕴含着行星与太阳之间的相互作用力在行星与太阳的连线上这一结论。）

（3）开普勒第三定律：所有行星轨道的半长轴的三次方跟它的公转周期的二次方的比都相等。（这个定律的得出比前两个要晚一些，需要通过对所有行星围绕太阳运动的轨道半长轴与公转周期的比较，才能得出 $a^3/T^2=k$。这个公式蕴含着行星运动的动力学关系，是牛顿得出万有引力定律的基础。

开普勒三个行星运动定律是一个整体，它对行星运动规律的描述有一个从定性到定量的过程，开普勒第一定律是其余两个定律的基础。但三个定律描述的内容又是各自独立的，并不重复。

开普勒用了20年的时间研究了丹麦天文学家第谷的行星观察资料，发现行星运动的规律。

在他对火星轨道的研究中，70余次尝试所得的结果都与第谷的观测数据有至少8′的偏差。是第谷测量错了吗？开普勒对第谷数据的精确性深信不疑。他想，这不容忽视的8′也许正是因为行星的运动并非匀速圆周运动。

教师活动2：从附件1各行星的离心率分析此时椭圆与圆非常近似，开普勒行星运动定律对地球卫星的运动同样适用。可见，在开普勒三定律得出过程中"体现了科学探究中的'证据、解释'"素养。

设计意图：开普勒三个定律，又有对行星运动原因的探究，强化了运动与相互作用观。

法国著名科学方法论学者阿雷说过："科学基本活动就是探究和制定模型。"行星运动模型的建立、修正与发展的历史，是培养学生科学思想方法与物理建模的极好材料。开普勒能够最终放弃这一世世代代为人们所信奉的完美图形，不仅与他坚信第谷观测数据的精确有关，也与他把观察数据放在首位有关。这体现了实证的思想，也就是科学态度和科学精神。

教师活动3：问题：教材通过画图说明"行星绕太阳的轨道十分接近圆"，到底有多接近呢？

附件1：（PPT出示，以Excel表格现场做 $a3/T2=k$ ）质量地球假设为1，与半长轴由近到远排名相同，顺序1—8，冥王星被排除在大行星之外的原因：

作为行星，要满足三个条件：

（1）以近似圆形的轨道围绕恒星运转。

（2）质量足够大，能依靠自身引力使天体呈圆球状。

（3）能逐渐清除其轨道附近的天体。

冥王星因为第三条不符，且冥王星的卫星（冥卫一）过于巨大，形成了双行星系统，所以根据这个定义，冥王星被除名为矮行星。

简单记法：五行（金木水火土）+ 海陆空（海王、地球、天王）

其他记法是：水金地火木土天海。虽然有些长但是很好记。

学生活动2：学生绘制椭圆，观察不同离心率的椭圆与圆周的相似度。

教师活动4：引导思考（教材48页第4题）无法在实验室验证的规律就是开普勒第三定律。

天体运动是无法在实验室中重现的，而第谷的长期精确观测记录的数据为人们揭示天体的运动规律奠定了基础，第谷的数据和开普勒的数据几何化，终于清晰地呈现了行星运动的规律。在科学探究中实验、观察、分析、逻辑推理等都是得出规律的要素。引导学生体验万有引力的发现过程，体会科学定律对人类探索未知世界的作用。

设计意图：根据开普勒第三定律，所有行星轨道的半长轴的三次方跟它的公转周期的二次方的比值都相等。实际上行星的轨道十分接近圆，在中学阶段的研究中我们按圆轨道处理。即所有行星轨道半径的三次方跟它的公转周期的二次方的比值都相等。

环节四：从力的视角的探究——万有引力定律及其应用

教师活动 1：当时并没有认识到运动和力的关系；没有牛顿第一定律和惯性概念，对科学家当时面临的情况进行思考与探究。历史上真实的万有引力定律的推导过程是高中生很难理解的。先构建了行星绕太阳做匀速圆周运动的模型，再根据圆周运动知识，确定力的方向，结合向心力与开普勒第三定律和牛顿第三定律（因天文观测难以直接得到行星运动的速度 v），最后推导万有引力大小的表达式。

学生活动 1：第四小组"月地检验"小组汇报（通过 6 个逐层递进的问题进行交流汇报）：

问题 1. 假设地球对月球的作用力与太阳对行星的作用力是同一种力，其表达式是怎样的？

问题 2. 月球在这个力的作用下做什么运动？其向心加速度的表达式是怎样的？

问题 3. 假设地球对地面上的苹果的力也是同一种力，其表达式是怎样的？

问题 4. 苹果在这个力的作用下做什么运动？其加速度的表达式是怎样的？

问题 5. 这两个加速度之比是多少？

问题 6. 已知月球与地球之间的距离 $r=3.8 \times 10^8 \text{m}$，月球公转周期 $T=27.3 \text{d}$，重力加速度 $g=9.8 \text{m/s}^2$，$a_月/g$ 是多少？它与理论推导值相等吗？

我们是在圆周运动公式、牛顿运动定律和开普勒行星运动定律的基础上进行推理，但仅仅靠推理是得不到万有引力定律的。要得到这一规律，还需要大胆假设。

如从相互作用的角度，太阳与行星的地位是相同的（从运动的角度地位并不相同），太阳对行星的引力与行星对太阳的引力应具有相似的关系式，这体现了牛顿的科学智慧。牛顿是一位对概念、规律的普遍意义极其敏感的大科学家，从研究太阳与行星之间的引力，想到天上与地上引力的统一，再到万有引力，他一直不满足于一个具体规律的发现，而是在探寻自然界的和谐与统一。

教师活动2：在牛顿的时代，自由落体加速度已经能够比较精确地测定，当时也能比较精确地测定月球与地球的距离、月球公转的周期，从而能够算出月球运动的向心加速度，进行"月—地检验"。

教师活动3：进行近地点速度大的万有引力推导；$R^3/T^2=k$ 的说明，实现单元整合目标。

设计意图：从学生发展核心素养的角度，引导学生经历必要的推导过程，获得思维素养的提升。从行星运动规律到万有引力定律的建立过程，是本章的重要内容，是极好的科学探究。用数据说明上述设想的正确性，牛顿的大胆设想经受了事实的检验。至此，平方反比律已经扩展到太阳与行星、地球与月球、地球与地面物体之间。

上述想法有一定的观察事实作为依据，也有一定的假设和猜想，这些想法的正确性要由事实来检验。

教师活动4：万有引力定律的发现，是17世纪自然科学最伟大的成果之一。它把地面上物体运动的规律和天体运动的规律统一了起来，对以后物理学和天文学的发展具有深远的影响。

环节五：开普勒三定律与万有引力定律应用的整合

教师活动1：思考：58页第3题。某人造地球卫星沿圆轨道运行，轨道半径是 R（$6.8\times10^3\mathrm{km}$），周期是 T（$5.6\times10^3\mathrm{s}$），已知万有引力常量 G（$6.67\times10^{-11}\mathrm{N\cdot m^2/kg^2}$）。试从这些物理量算地球的质量。从万有引力的应用我们看到万有引力可以求中心天体质量，可以得到行星或卫星的环绕物理量，分小组，研究一下行星的环绕速度/角速度/周期与半径的关系。

学生活动1：第五小组"万有引力定律的应用"小组汇报：着重行星部分。

教师活动2：研究一下人造卫星的环绕速度/角速度/周期与半径的关系。

学生活动2：第六小组"人造卫星"小组汇报：着重卫星部分。

设计意图：自己寻找解决问题的思路和方法。突破难点。进行知识和习题的整合（58页第3题，通过测中心天体质量整合习题和开普勒第三定律；58页第4题，融入开普勒第二定律）。

教师活动3：我们应选择哪个物体作为研究对象？运用哪些物理规律？需要忽略的次要因素是什么？说明：越高越慢与开普勒第二定律对应；开普勒第二定律应用行星或卫星半径与周期比来说明比值与中心天体质量有关。

学生活动3：能够利用已有知识和能力解决的问题，采用"思考与讨论"的方式，鼓励学生自己解决。"称量"地球的质量时，对这些问题的思考和讨论其实就是模型建构的过程。知道从运动和受力分析入手，用万有引力定律和牛顿第二定律进行求解。

教师活动4：启发学生自己先进行运动和受力分析。在学生思考之后，指出"物体在地球附近绕地球运动时，太阳的作用可以忽略"。

教师活动5：万有引力定律的发现过程犹如一部壮丽的科学史诗，它歌颂了前辈科学家的科学精神，也展现了科学发展过程中科学家们富有创造而又严谨的科学思维，牛顿时代的科学家们围绕着万有引力的研究，经历了大量曲折而又闪烁智慧的科学实践。

设计意图：引导学生明确科学总是在不断发展的，在研究过程中应实事求是，有坚强的意志品质。以教材64页第2题，我国首次载人航天的"神舟五号"为背景材料；教材64页第3题，同步卫星要满足"同步"的要求，就要限定卫星的运行高度、速度、轨道平面等参数，学生体会物理量在遵循规律时的相互制约条件。

环节六：中国航天"两弹一星"精神

教师活动1：前面，我们观看了中国航天50年奋斗历程。从第一朵蘑菇云升腾在罗布泊上空，到《东方红》乐曲第一次响彻寰宇，再到风云、北斗、嫦娥等属于中国的"满天星辰"闪耀太空，天问一号探测器首次传回高清火星影像图，一代代中国航天人用心血与韶华，在航天史上创造出"两弹一星"精神、载人航天精神、北斗精神和探月精神……我们来看一下第七小组的"两弹一星"精神的汇报。

学生活动1：第七小组"两弹一星"小组汇报：追溯中国的航天发展史，要从"两弹一星"说起。（附件2）

教师活动2：以"两弹一星"为起点，中国航天事业的脚步未曾停歇。这一座座丰碑已经成为中华民族的宝贵精神财富，激励着一代又一代科技工作者爱国奉献、砥砺前行。

设计意图：发挥教育的立德树人功能，引导学生思考科学家的精神。德育渗透STSE：航天事业改变着人类的生活。航天事业正在改变着我们的日常生活。学生拓宽视野，激发爱科学、学科学、用科学的兴趣。

环节七：板书设计

万有引力与宇宙航行

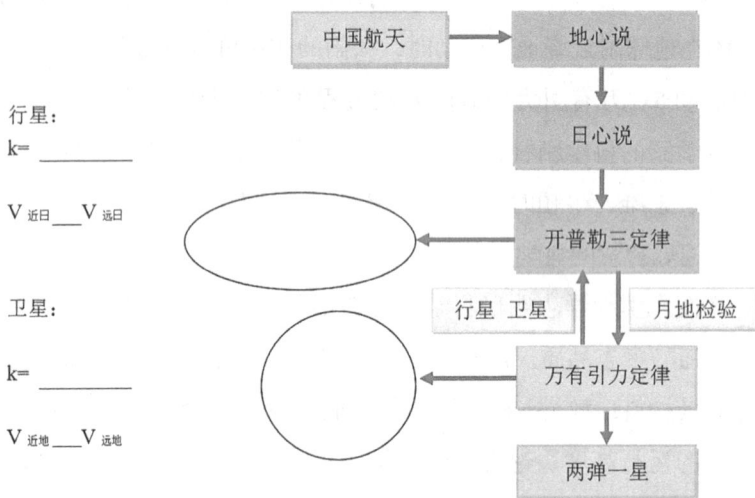

设计意图：用人类研究天体历程为顺序，帮助学生理清思路；用行星和卫星结合开普勒第三和第二定律进行对比分析，引导学生明确周期定律中的比例系数与中心天体有关，有效突破难点。

环节八：学习效果评价及结果分析

评价目标：

汇报展示，运用查找的资料，通过交流方式进行交互式学习科学史，增强责任感；运用学过知识正确解决实际问题，增强推理论证能力；通过小组

PK 方式实现单元知识整合。

评价内容：

1.小组查找资料，并做交流展示，锻炼学生的语言和逻辑能力。

2.小组 PK 方式，找到科学发展过程中科学家的思考方式及创新点，培养实事求是的科学精神。

3.运用万有引力定律与开普勒第二第三定律的整合，掌握天体运动的规律，做到学以致用，整合单元内容。

4.对"两弹一星"精神的演绎，感受到中国航天人的精神，立德树人，增强责任感，为国育人为党育才。

评价方式：

理论探究过程，物理模型解决问题能力，互动学习。

评价结果及教学质量分析：

学生从物理学史角度深入学习本章内容，学习科学家实事求是的态度，能够有责任感。

附件 1：

质量地球假设为 1，与半长轴由近到远排名相同，顺序 1—8。

行星	质量	公转	半长轴	轨道偏心率	环境	K（AU^3/d^2）
水星	0.05	87.9 d	5791 万 km（0.38 AU）	0.206	温差太高	7.1×10^{-6}
金星	0.82	224.7 d	108,208,930 km（0.72 AU）	0.0019 45315807	表温极高	7.39×10^{-6}
地球	1.00	1 a	149,600,000 km（1 AU）1 天文单位	0.0167	完全适合生物生存	7.5×10^{-6}
火星	0.11	1.9 a	227,940,000 km（1.52 AU）	0.093	可以经过人类改善	7.3×10^{-6}
木星	317.94	11.8 a	778,330,000 km（5.20 AU）	0.0487 75		7.58×10^{-6}
土星	95.18	29.5 a	1,429,400,000 km（9.54 AU）	0.0557 23219		7.49×10^{-6}
天王星	14.63	84.0 a	2,870,990,000 km（19.218 AU）	0.0444 05586		7.55×10^{-6}
海王星	17.22	164.8 a	4,504,000,000 km（30.06AU）	0.0112 14269		7.5×10^{-6}

附件 2：

1 号同学：20 世纪 50 年代，为抵制帝国主义的武力威胁和核讹诈，维护国家安全，党中央高瞻远瞩，果断做出研制"两弹一星"的战略决策。大批归国精英与国内科技骨干响应党和国家的召唤，怀着强烈的爱国情感，奔赴核工业建设和核武器研制第一线。由于中苏关系突然变冷，仅一个晚上，苏联专家就带着资料全部撤走。

2 号同学：20 世纪 50 年代末，在苏联留学 7 年后，"两弹一星"功勋科学家孙家栋登上了归国的列车。孙家栋回忆道：我们看着做到半截、即将完成的导弹，当时的心情可想而知。但这个事情也刺激、教育了我们——搞"两弹一星"，必须独立自主、自力更生。

3 号同学：被誉为"中国航天之父"的钱学森，在青年时期就成为世界著名的火箭与导弹专家，取得了常人难以企及的成绩和荣誉。他先后获航空工程硕士学位和航空、数学博士学位。1949 年 5 月，钱学森收到了一封来自万里以外的信件，邀请他回到中国，领导航空工业的建设。当新中国成立的消息传遍全世界时，钱学森迫切希望回国参加祖国的建设，但却遭到美国司法部移民局的百般阻挠。历时 6 年多，1955 年 10 月，钱学森终于冲破阻力回到了祖国。勇敢承担起创建我国航天事业的重任，带领科技人员克服重重困难，仅用 8 年时间，先后完成了近程导弹、中近程导弹的研制，实现了我国航天开创时期一个质的飞跃。在中央的领导下，钱学森引领中国航天人走出了一条独立自主的技术创新、发展之路。

4 号同学：1950 年，邓稼先获得美国普渡大学物理学博士学位后，毅然回国，在中国科学院近代物理研究所（后改名为原子能研究所）负责人钱三强的推荐下，义无反顾地投身于核武器研制事业。作为中国第一颗原子弹的理论设计负责人，他在北京郊区的高粱地里兴建研究所，在去罗布泊国家试验场的路上颠簸，在云雾缭绕的山区指挥核弹研制……

5 号同学：20 世纪 60 年代初，王淦昌从苏联回国受命参与核武器研制。年过半百的他义无反顾："我愿以身许国。"由于核武器研制任务的高度机密性，王淦昌化名王京，断绝了一切海外联系，在物理学界整整"消失"了

17 年。

1 号同学：1961 年的一天，中国科学院近代物理研究所的年轻人于敏被钱三强叫到办公室，受命参加氢弹理论的预研工作。核武器研究任务重、集体性强，这意味着他必须放弃已有的学术前途，隐姓埋名。尽管感到突然，但他没有犹豫。"这次改变决定了我的一生。"于敏生前说，"中华民族不欺负旁人，也不能受旁人欺负。核武器是一种保障手段，这种民族情感是我的精神动力。"

2 号同学：1960 年 11 月 5 日，"东风一号"导弹在大西北戈壁滩成功命中目标——标志着中国在掌握导弹技术的道路上迈出了关键一步，为后续航天型号的研制奠定了人才、技术和管理等方面的基础。随后，1964 年 10 月 16 日，中国第一颗原子弹研制成功；1970 年 4 月 24 日，中国第一颗人造地球卫星"东方红一号"发射成功。

3 号同学：东风破晓，气贯长虹。改革开放后，特别是进入新时代以来，中国航天事业迎来了崭新天地。新的历史条件下，年轻人面临的挑战和任务更加艰巨而光荣，更应该继承和弘扬航天精神，尤其是"热爱祖国、无私奉献，自力更生、艰苦奋斗，大力协同、勇于登攀"的"两弹一星"精神。

齐说：

"两弹一星"精神的核心是爱国。一个人只有有了爱，才会把最宝贵的东西奉献出来；而最大的爱，就是爱国家、爱团队、爱岗位。

环节九：设计反思

本单元具有大量物理学史内容，物理规律的学习需要许多归纳及演绎推理过程，为思维培养提供大量素材。因此在教学中尽量做到：突出规律获得的过程，注重推理，关注学生的实际获得；注重知识的应用，引导学生多角度思考问题，运用理论探究得出结论，培养学生的探究能力；注重知识整合，能够做到知识的温故知新；在处理问题时积极选用科学的处理方式，锻炼思维能力。

万有引力定律虽然是本章的重点知识，但万有引力定律的理解并不困难。从培养学生科学思维、科学探究素养的角度，对引导学生经历万有引力定律的推导过程是最有价值的。避免自己边讲边推导的教学方式，通过问题引导，激励学生根据已有的知识经历推理的过程。

本课时设计从学生实际情况出发，通过课堂学习有所收获，实现核心素养的提升，是教学设计过程中的难点，经过深入思考后将教学主线放在物理学史上，重点通过推理论证解决当时的实际问题，总结具体思路和方法，通过中国科学家与航天的事迹，立德树人，培养学生的爱国情怀。从单元教学角度，从物理学史角度设计单元复习课，将本单元知识进行融合，学生在具体应用中感受科学家在当时的环境下追求真理，不断探索。

因此，在具体设计中，先从运动学的角度描述天体的运动，介绍托勒密的地心说到哥白尼的日心说，提出开普勒的行星运动定律。按照人类认识天体运动的发展历史学习本节内容，较符合学生认知发展的规律。历史上牛顿是在椭圆轨道情形中推导出万有引力定律，但考虑学生的知识基础不够，在中学阶段只能将椭圆轨道近似为圆形轨道才能导出万有引力定律。

本课时结合高一学生的学习特点，设计小组合作的学习方式，激发兴趣，学以致用。主要特点如下：

1.从学生角度，注重学生的实际获得。

学生查找资料，以物理学史为主线创设物理情境，学生循着物理学家的步伐，感受万有引力定律的发现历程。注重学生是课堂的主体。本节课采用小组汇报形式进行推进，学生参与其中。设计的创新之处，引领学生不断激发创新思维。

2.注重知识整合，将教材问题和习题置于其中，实现单元教学。

本节课设计物理学史为主线，对于牛顿运动定律、圆周运动和开普勒三定律、万有引力定律进行整合。在万有引力应用中侧重测量中心天体质量和行星或卫星运转过程中各物理量与半径的关系，与开普勒三定律整合，为学生的学习进阶搭建梯度。

整个教学过程符合新课程的教学目标，体现新课程的理念，从单元整合角度培养学生的自主、合作、探究能力，逐步提升学生的核心素养，对于关键能力的提升很有帮助。

课时教学设计二：人造卫星宇宙航行（智慧课堂 Pad 教学）

杨昆　东城区学科带头人

（一）单元（或主题）指导思想与理论依据

新课程理念指出要促进学生自主学习，让学生积极参与、乐于探究、勤于思考、不再勤于做题，而是更加擅长解决真实的问题。本节课我设计从准备的学习资料开始，让学生在调研中发现问题，建立模型，利用已有知识进行方案设计、理论探究，层层递进，注重学前诊断、知识的迁移。

（二）单元（或主题）教学背景分析

1. 教学内容分析及课时分配。

本章作为圆周运动的一个应用实例，是曲线运动的基本概念和规律在理解和应用上的进一步加深。通过学习，学生了解人类对天体运动认识的发展过程和牛顿发现万有引力的认识过程以及思考和研究问题的方法，达到学习知识的同时，培养学生分析问题的能力，强调人类万有引力的发现及其对人类生产生活的意义。本章所涉及描述天体运动的物理量之间的逻辑关系复杂，如向心力、万有引力、向心加速度、线速度、角速度、周期、轨道半径、机械能、势能。

单元划分为四个专题，7 个课时。第一个专题，第 1 课时，学习开普勒关于行星运动的观测与描述；第二个专题，第 2、3 课时，探究万有引力定律，掌握天体运动的规律；第三个专题，第 4、5 课时，用万有引力定律和圆周运动相关知识，建立天体运动模型，探究运动规律；第四个专题，第 6、7 课时，万有引力的实际应用，研究卫星的运行、发射与航行。

2. 学生情况分析。

学生完成了必修 1 的学习，建立直线运动的观念和常见的相互作用观念，能够比较熟练地应用牛顿定律处理实际问题，在必修 2 前续章节学习了抛体、圆周两类曲线运动，初步掌握了向心力的概念。

本章将学习一种非接触力，学生需要进一步加深对相互作用的理解，还要学习和研究一种新的曲线运动（椭圆），利用物理学化繁为简的思维方法，建立模型，并联系前一章所学圆周运动的内容解决问题。

（三）单元（或主题）教学目标

课程目标：

1.通过史实，了解万有引力定律的发现过程。

2.知道万有引力定律。

3.认识万有引力定律的重要意义。

4.认识科学定律对人类探索未知世界的作用。

5.会计算人造卫星的环绕速度。

6.知道第二、第三宇宙速度。

核心素养培养目标：

1.物理观念：运动观上认识椭圆运动；相互作用观上学习一种非接触力——万有引力；动力学观上加深匀速圆周运动、向心、离心运动理解。

2.科学思维：模型建构上学会建构天体环绕模型、近地模型；科学推理上体验万有引力定律的发现过程；科学论证上完成牛顿的月—地检验；质疑创新上联系我国航天事业的实例，了解变轨。

3.科学探究：开普勒第三定律、万有引力定律；环绕天体运动特征；卫星的运行、发射。

4.科学态度与责任：联系祖国航天事业的发展，增强民族自豪感和四个自信；理解认知源于实践，又将反作用于实践，指导人们具体实践。

（四）单元（或主题）教学过程设计

万有引力定律单元教学设计表

课时	内容	问题设计	任务设计	设计意图
第一课时	天体运动	1. 开普勒定律的依据 2. 偏心率含义 3. 行星轨道可以怎样近似？	1. 阅读资料，了解开普勒定律 2. 在 Excel 中录入书 44 页数据探究开普勒第三定律	1. 从学史上知道科学规律源自观测数据 2. 同属数据分析，为寻找规律提供重要科学证据
第二课时	万有引力定律——天体运动的规律	1. 天体做匀圆运动的条件？ 2. 引力与哪些因素有关？	基于开普勒定律和牛顿定律探究万有引力定律	根据运动学数据和动力学思考推导万有引力定律，加深物理观念的理解
第三课时	万有引力定律	1. 月亮与苹果受到的引力是同一种力吗？ 2. 引力常量如何测量？	1. 引入牛顿的思考，探究月地检验 2. 阅读资料，了解卡文迪许扭秤	沿着牛顿的思考，研究万有引力定律的适用范围
第四课时	万有引力的应用	1. 用已掌握的规律，探索未知，应建构怎样的模型？ 2. 如何测量某天体的质量与密度？	1. 建构环绕模型 2. 探究太阳质量与密度	掌握规律，研究实际问题
第五课时	万有引力的应用	基于模型我们可以研究哪些问题？	1. 探究环绕天体的运动特征 2. 探究开普勒第三定律的 K 值	探究天体运动学各量特点和规律，为人造卫星打下理论基础
第六课时	人造卫星宇宙速度——运行、发射	1. 人造卫星如何运行？ 2. 人造卫星如何发射？	1. 探究卫星的发射与运行 2. 推导第一宇宙速度	以航天工程实例为任务，研究卫星的运行与发射
第七课时	人造卫星宇宙速度——变轨	1. 卫星在太空如何航行？ 2. 如何实现变轨？	1. 同步卫星的特点和轨道高度 2. 探究变轨方案	以北斗系统的同步卫星"吉星"为研究任务，研究一个完整的卫星发射、航行、变轨的过程

流程图

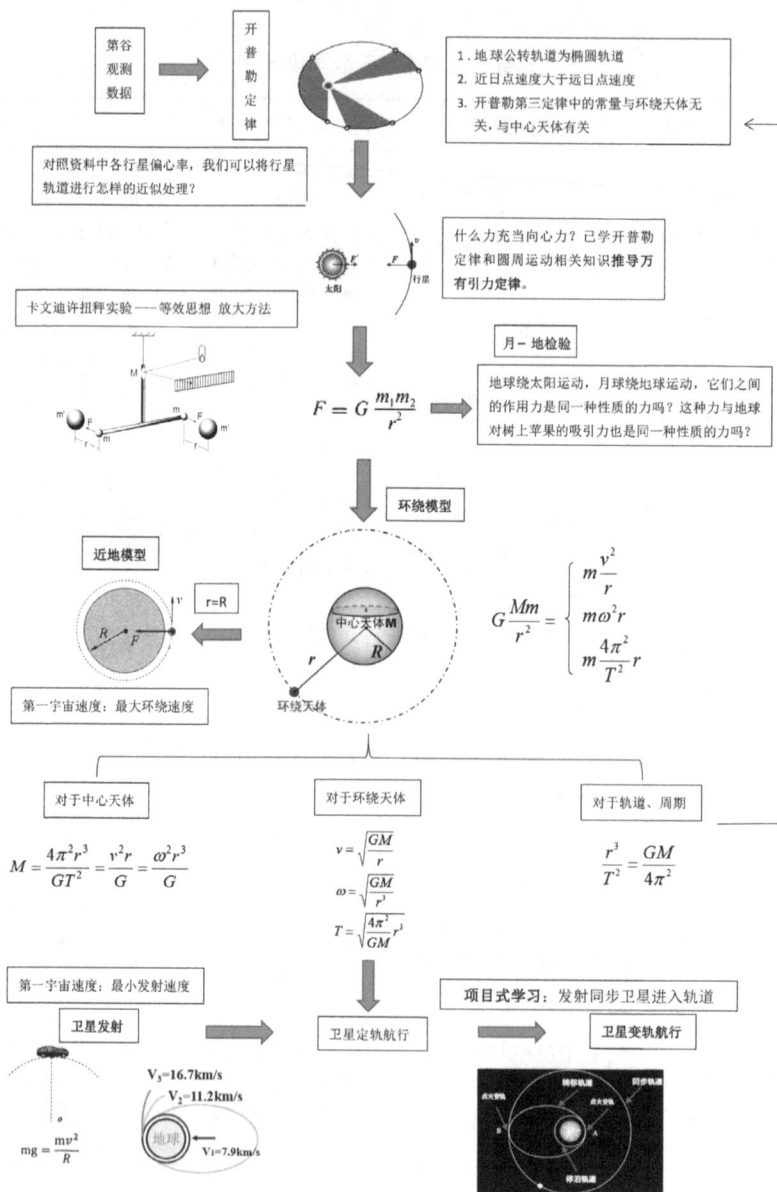

第谷观测数据 → 开普勒定律

1. 地球公转轨道为椭圆轨道
2. 近日点速度大于远日点速度
3. 开普勒第三定律中的常量与环绕天体无关，与中心天体有关

对照资料中各行星偏心率，我们可以将行星轨道进行怎样的近似处理？

什么力充当向心力？已学开普勒定律和圆周运动相关知识推导万有引力定律。

卡文迪许扭秤实验——等效思想 放大方法

月－地检验

$$F = G\frac{m_1 m_2}{r^2}$$

地球绕太阳运动，月球绕地球运动，它们之间的作用力是同一种性质的力吗？这种力与地球对树上苹果的吸力也是同一种性质的力吗？

环绕模型

近地模型

r=R

第一宇宙速度：最大环绕速度

中心天体 M

环绕天体

$$G\frac{Mm}{r^2} = \begin{cases} m\dfrac{v^2}{r} \\ m\omega^2 r \\ m\dfrac{4\pi^2}{T^2}r \end{cases}$$

对于中心天体

$$M = \frac{4\pi^2 r^3}{GT^2} = \frac{v^2 r}{G} = \frac{\omega^2 r^3}{G}$$

对于环绕天体

$$v = \sqrt{\frac{GM}{r}}$$

$$\omega = \sqrt{\frac{GM}{r^3}}$$

$$T = \sqrt{\frac{4\pi^2}{GM}r^3}$$

对于轨道、周期

$$\frac{r^3}{T^2} = \frac{GM}{4\pi^2}$$

第一宇宙速度：最小发射速度

卫星发射

$$mg = \frac{mv^2}{R}$$

$V_3 = 16.7km/s$
$V_2 = 11.2km/s$
$V_1 = 7.9km/s$
地球

卫星定轨航行

项目式学习：发射同步卫星进入轨道

卫星变轨航行

（五）单元（或主题）学习效果评价及结果分析

课前学生通过学前资料的学习完成一定问题，基于学前诊断完成教学，课堂上运用 Pad 记录学习过程中的个人情况，教师做出教学评价以及学生个体质量分析。以《人造卫星宇宙航行》为例，详见《基于 Pad 教学后台数据的量化评估与反思》。

（六）本单元（或主题）教学特色分析

1. 本单元引导学生沿着人类对天体运动的认知、探索、应用的过程完成一次探究式学习。

2. 学生经历观察、测量、数据分析、规律思考与总结、定量探究、实践应用、探索宇宙的完整过程。

3. 根据本章课前学习资料，基于学前诊断提升教学有效性。

4. 利用 Pad 进行教学，提高教学效率的同时，可以对学生的学习过程进行量化评估。

（七）《人造卫星　宇宙航行》课时的教学目标、教学重点和难点

教学目标：

1. 物理观念：通过解决卫星变轨问题，进一步加深对离心、向心运动的认识；通过对其原因的探究，加深对力和运动关系在曲线运动中的动力学观念的理解。

2. 科学思维：学生在阅读资料和观看视频中发现可探究的问题，基于此，通过开放式问题的讨论，学生在解决问题的同时，提升其模型建构、质疑创新、科学论证的科学思维。

3. 科学探究：在形式上进行小组合作探究；在内容上进行定量探究同步卫星轨道高度和定性探究卫星变轨方案。

4. 科学态度与责任：通过阅读资料和观看视频，了解祖国航天事业的发展，激发民族自豪感和对航天事业的热情，对航天工作者的敬佩之情；在应用万有引力和动力学解决变轨问题，学生理解认知源于实践，又将反作用于实践，知道人类实践的哲学观点。

教学重难点：

1.教学重点：探究同步卫星特点及其轨道；设计卫星变轨的方案；卫星变轨过程中各轨道上特殊位置的物理量的比较。

2.教学难点：探究同步卫星特点及其轨道；学生通过材料阅读建立环绕模型并解决问题；卫星变轨过程中各轨道上特殊位置的物理量的比较；开放式问题的设计应基于学生兴趣、能力，降低学生探究的心理难度。

（八）课时教学过程

教学阶段	教师活动	学生活动	设计意图
温故知新	提问：探秘宇宙的历程	回忆认知、探索	发现可探究问题，思维起点
创设情境	播放"吉星"卫星介绍	观看视频，思考同步卫星特点并演示其运行	总结同步卫星的轨道和运行特点
分享交流	组织交流、点评总结	探究同步卫星轨道高度	卫星环绕模型的应用
探究方案	推送同步卫星资料，发送探究从低轨到高轨的设计任务	阅读资料，选择发射中心，知道发射形式，用 Pad 画方案设计图	了解发射形式和我国主要卫星发射中心
问题讨论	总结方案，提出开放式问题	讨论轨道上特殊点的各物理量	开放探究
归纳总结	汇总加速度、速度、周期等量的变化	汇报并阐述理由	离心、向心、圆周运动的区别与辨析
拓展提高	Pad 上点击推送网络地址，提出发展性问题	体验"嫦娥（四号）奔月"并截图"留念"	课后思考：嫦娥四号从发射到在月球着陆经历的航行过程

基于 Pad 教学后台数据的量化评估与反思

杨昆

掌握课堂基础数据，比如考勤、每个教学环节的完成情况，知道未完成同学的名单，全面掌握学生课堂参与程度，反映课堂听讲效果。

⊜	截屏提问–20190423-1	高一 7 班	04–23　15:32	97%
⊠	选择你认为最优的同步	高一 7 班	04–19　17:42	94%
⊡	建立模型　拍照上传	高一 7 班	04–18　20:34	59%
▣	模拟嫦娥奔月	高一 7 班	04–18　20:30	97%
⊛	讨论任务	高一 7 班	04–18　20:28	34%

更重要的是，基于后台数据的量化，有助教师及时反思，提升教学质量。数据反映课堂学生的学习情况，同时也是教师反思的依据，提升教学能力的信息基础。仍以《人造卫星宇宙航行》一课为例。

1. 学生 Pad 拍照上传"探究同步卫星轨道高度"的任务结果，完成率是 59%，其实有相当一部分学生意识到自己的推导不完善，没有使用 $GM=gR^2$ 这个代换式来表达 M，删除提交，修改时，任务时间终止。此环节是本节课需要落实的基础内容，以此为证据（仅 1 人做错），教师可以判断，学生已经基本掌握处理方法，但细节落实还需要加强。

2. 投票选择同步卫星发射的最佳发射场的数据显示，90% 的学生都选对了，仅有 4 人选择有误，课后可以采访学生选错的原因是地理知识造成的，还是物理上没掌握同步卫星的特点。

3. 在 Pad 截屏提问，学生画图设计变轨方案环节的数据显示，全部提交，画出正确示意图的 14 人，分布在 6 个小组。我们发现教学设计安排，有效地突破了该节课的难点，46.7% 的学生设计出合理的方案，而且相对均匀地分布在各个小组。我们也反思如果将教学设计调整，多给一些时间在此环节进行小组讨论，小组内就可以优化、统一方案，让更多的学生能够收获成就感。

4. "讨论任务"的开放性问题，本意是鼓励学生自己发现问题，发散思维。而后台数据显示只有 34% 的学生提交。除了时间因素以外，也表明我们的学生还是习惯"老师问，我回答"的流程。学生创新思维的培养，需要我们日后坚持多问开放性问题。但可喜的是学生研究方向有速度、周期、加速度、势能等方面，非常全面。同时也发现没有想法的同学（未提交的同学）都积极评价其他提交成果，有疑问、有求解释、有批判，这正体现该功能达到我们所期待的充分讨论与交流。

案例 2（纵向跨学段大单元设计） 单元名称：从物理观念视角研究电磁炮情境下的电磁场综合问题（自拟）

课时教学设计一：导轨式电磁炮初探

案例 2 采用纵向贯通的跨学段大单元教学设计，在电磁炮情境下落实物理观念，将电磁场知识进行整合，培养学生解决问题的能力。这部分离不开带电粒子在电磁场中的运动，因此案例 2 选用我的五个课时的教学设计，也采用了梅永清老师（北京市第十一中学物理教师，东城区学科带头人）的《带电粒子在电场和磁场中的偏转（电磁场综合单元）》，共同进行说明。

（一）单元基本信息

1. 课程标准模块：

物理必修 3.1 静电场　3.2 电路及其应用　3.4 能源与可持续发展

选择性必修 2.1 磁场　2.2 电磁感应及其应用

2. 使用教材：

人教版　必修 3

第十章　静电场中的能量　第四节　电容器的电容　第五节　带电粒子在电场中的运动

选择性必修 2

第一章　安培力与洛伦兹力　第一节　磁场对通电导线的作用力　第二

节　磁场对运动电荷的作用力

3. 单元课时：6课时

（二）单元教学规划

1. 主题名称：

导轨式电磁炮初探

2. 主题概述：

（1）核心概念：物理观念　电磁场

（2）内容结构：

（3）呈现方式：通过项目式学习，以电磁炮为核心任务，从电磁炮的原理出发到设计电路。从电磁炮的基本组成和原理出发，从电容器和磁场对通电导线的作用力两个角度分析电容器系列知识和导体棒受力等问题。在设计中注重从物理观念角度引导学生分析问题。

（4）教学课时：6课时

高二学段

第一课时：电容器的应用——物质观

第二课时：示波器问题初探——运动与相互作用观

第三课时：磁场对通电导线的作用——运动与相互作用观

高三学段

第四课时：电容器的充放电——能量观

第五课时（主课时）：导轨式电磁炮初探——运动与相互作用观、能

量观

第六课时：能量问题的微观解释——运动与相互作用观、能量观

（5）育人价值：创设电磁炮具体情境，深入分析相关物理知识，对知识进行整合。在探究、合作与思考过程中，逐步形成"物理观念"，构建"科学思维"、提升"科学探究"能力、树立"科学态度与责任"，在学习过程中让物理学科核心素养真实落地。

通过项目式学习，在任务驱动下深入分析电容器在科学、技术、社会和环境等方面有着重要的应用；深入分析通电导体棒因电而动和因动而电问题中受力与能量转换的宏微观分析。

学生是社会的一员，关注社会发展，培养学生全面发展的核心素养，包括社会责任、家国情怀和国际视野等，是物理学科立德树人核心素养的体现。

3. 主题学情分析：

高二学生感性思维活跃，理性思维初步提升。对于概念和规律的理解不够深入，理论与实践结合能力方面显得力不从心，空间想象和抽象思维能力较薄弱等。面临新课程改革，电场学习对于学生难度较大。通过学习基础知识，学生对匀强电场有一定的了解，具备初步分析问题的能力；知道电容器可以储存电荷、储存能量。结合电容器在生活实际中的应用，深入理解电容器快速充放电的特点和电容影响因素，有助于学生核心素养的提升。

高三学生一轮复习感性思维活跃，对于概念和规律的理解尚可，理论与实践结合能力方面有一定的基础，空间想象和抽象思维能力、特别是从微观角度认识宏观问题，从物质观到能量观的建立，有助于学生核心素养的提升。

4. 开放性学习环境：

实验设备多样，可供不同需求选用；学生课桌整齐紧凑，便于小组合作氛围下，轻松愉悦地进行讨论交流；黑板和电脑均可以完成交流展示时进行书写；合作完成实验设计与操作课堂以学生为主体，教师引导式教学；学生充分表达自己的观点和设想，课堂活络有序，交流随意而有法。

5. 单元学习目标：

通过创设电磁炮大情境，分析研究电磁炮系统模型的结构、原理及性能。解决电磁炮发射速度与节能为大问题，电容器和磁场对通电导线的作用力为两个二级任务。从物理观念角度进行大单元整合，从两个角度分析电容器系列知识和导体棒受力等问题，为电磁炮模型设计做学习进阶准备。逐步提升运用运动与相互作用观和能量观分析问题和解决问题的能力，关注核心概念的落实、科学思维的培养和过程性评价。

（1）分析超级电容公交车应用电容器快速充放电特点，能够设计电容器与蜂鸣器电路；观察电容器的充放电现象。能举例说明电容器的应用。在探究的过程中认识电容器充放电现象和电容的影响因素，做到学以致用。

（2）设想示波管的基本构造，运用运动和相互作用观点分析波形得出原理。

（3）明确电容器充放电对应图像问题，会结合具体问题进行分析。

（4）通过实验，认识安培力。能判断安培力的方向，会计算安培力的大小。了解安培力在生产生活中的应用。

（5）通过电磁炮任务驱动，引导学生分析在实际应用中电容器的重要作用，培养学生环保理念和实事求是的科学态度。通过电磁炮原理，物理与生活、科技和军事等方面的联系，提高学生社会责任感，培养必备品质和关键能力。

（6）引导分析磁场对通电导线的作用力，从宏观与微观角度深入分析力与能量。

6. 教学过程：

挑战性学习活动 / 任务（方案 1：以课时为单位规划）

课时	活动 / 任务序号	教学过程	评价建议
第 1 课时	知道电容器储存电荷和能量；理解电容器快速充放电的特点和电容影响因素在生活实际中的应用	见图 1	学业质量 1 （1）能说出一些所学的简单的物理模型；知道质疑和创新的重要性 （2）具有问题意识：能对数据进行初步整理：具有与他人交流成果、讨论问题的意识
第 2 课时	掌握运用左手定则探究安培力方向和大小，能够分析直流电动机的原理	见图 2	（3）认识到物理学是对自然现象的描述与解释；知道学习物理需要实事求是，有与他人合作的意愿；知道科学、技术、社会、环境存在相互联系
第 3 课时	能设计示波管的基本构造；能用运动与相互作用观分析带电粒子在电场中运动；会分析示波器展示图形的原理	见图 3	学业质量 2 （1）能观察物理现象，提出物理问题；能撰写简单的报告，陈述科学探究过程和结果 （2）有学习物理的兴趣，具有实事求是的态度，能与他人合作，认识到物理研究与应用会涉及道德与规范问题，了解科学、技术、社会、环境的关系
第 4 课时	掌握电容器充放电过程中 Q、电压和电流随时间变化情况；了解电容器充放电在生活、科技、军事等方面的应用，并能进行分析	见图 4	学业质量 3 能在熟悉的问题情境中根据需要选用所学的恰当的模型解决简单的物理问题；能对常见的物理问题进行分析，通过推理，获得结论并做出解释；能恰当使用证据表达自己的观点；能对已有观点提出质疑；从不同角度思考物理问题
第 5 课时	掌握导轨式电磁炮的基本原理；会设计轨道炮电路；能够分析最大速度影响因素；能从宏观和微观角度分析能量转化与效率问题	见图 5	学业质量 4 有较强的学习和研究物理的兴趣，能做到实事求是，在合作中能尊重他人 学业质量 5 （1）能将实际问题中的对象和过程转换成所学物理模型
第 6 课时	建构立体模型和抽象思维能力；能从微观和宏观角度分析同一问题，逐步从物质观建立能量观	见图 6	（2）能分析相关事实和结论，提出并准确表述可探究的物理问题

第一课时　电容器的应用

教学流程图：

知识上线：

```
┌─────────────┐      ┌─────────────┐
│ 电容器快速充放电 │      │  电容影响因素  │
└─────────────┘      └─────────────┘
```

活动上线：

```
┌─────────────┐      ┌─────────────┐
│ 教师演示和学生体验 │      │ 学生探究实验和认识 │
│ 实验       │      │ 电路中的电容    │
└─────────────┘      └─────────────┘
```

生涯上线：

```
┌──────────────┐      ┌──────────────┐
│ 通过超级电容公交车与 │      │ 理论联系实际，树立实 │
│ 电磁炮等应用了解物理 │      │ 事求是的科学态度，培 │
│ 使生活更美好     │      │ 养科学思维能力    │
└──────────────┘      └──────────────┘
```

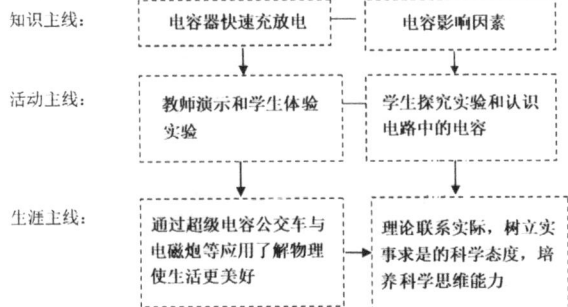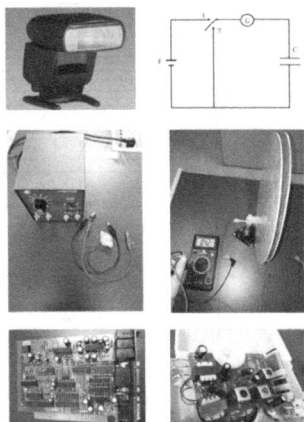

图1

第二课时　示波器问题初探

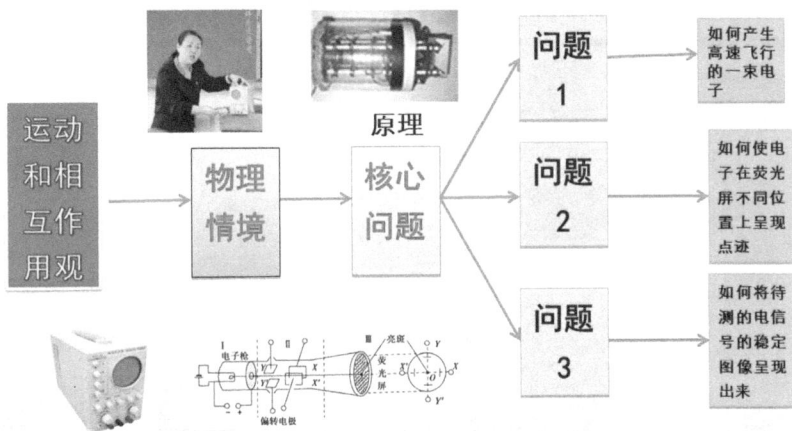

运动和相互作用观 → 物理情境 → 原理 核心问题

问题1 → 如何产生高速飞行的一束电子

问题2 → 如何使电子在荧光屏不同位置上呈现点迹

问题3 → 如何将待测的电信号的稳定图像呈现出来

图2

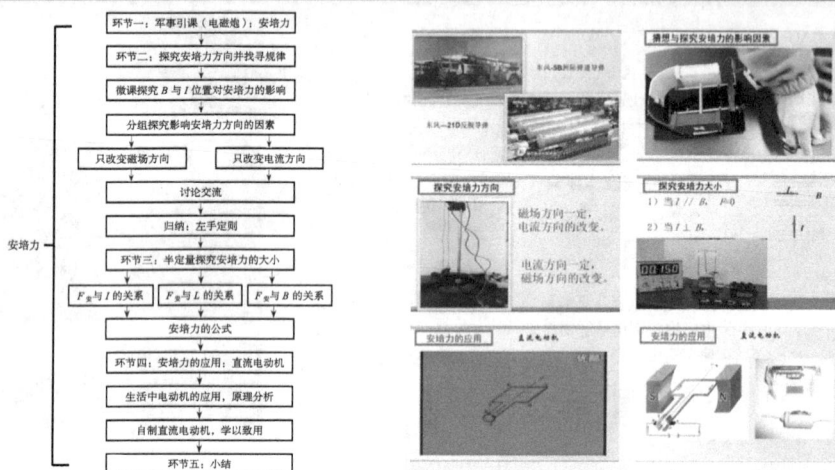

图3

第四课时　电容器的充放电

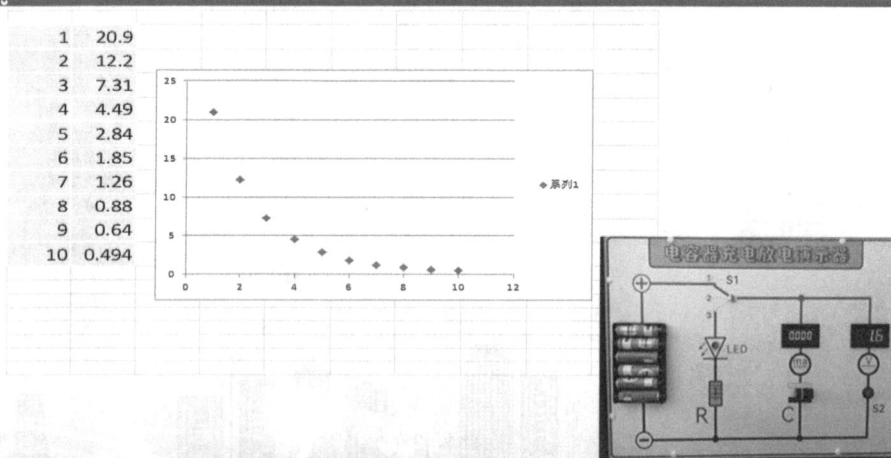

1	20.9
2	12.2
3	7.31
4	4.49
5	2.84
6	1.85
7	1.26
8	0.88
9	0.64
10	0.494

图4

第五课时　导轨式电磁炮初探

主题教学思路与流程

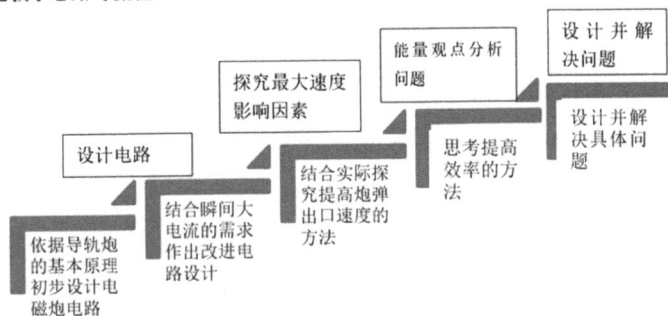

设计并解
决问题

能量观点分析
问题

探究最大速度
影响因素

设计电路

结合实际探
究提高炮弹
出口速度的
方法

设计并解
决具体问
题

思考提高
效率的方
法

依据导轨炮
的基本原理
初步设计电
磁炮电路

结合瞬间大
电流的需求
作出改进电
路设计

图5

第六课时　磁场中的宏微观联系

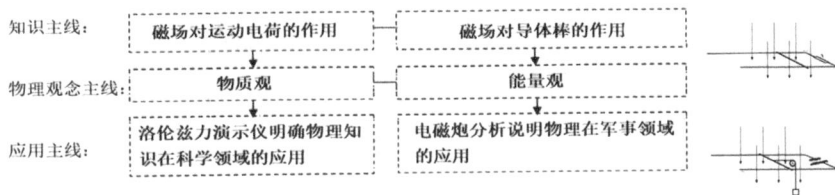

知识主线：	磁场对运动电荷的作用	磁场对导体棒的作用
物理观念主线：	物质观	能量观
应用主线：	洛伦兹力演示仪明确物理知识在科学领域的应用	电磁炮分析说明物理在军事领域的应用

建立从单一
电荷到导体
棒模型

图6

7.评价建议：

评价内容：

（1）电容器的快速充放电特点。

（2）生活中闪关灯、快速充电公交车的电容的作用。

（3）导轨式电磁炮的基本原理。

（4）运用安培力相关知识解决问题。

评价指标：

明确电容器的快速充放电特点；了解生活中闪关灯、快速充电公交车的电容的作用；明确导轨式电磁炮的基本原理；会运用安培力相关知识解决问题；有攻克物理难题的品质、有为祖国强盛而努力学好知识的决心。

8.反思性教学改进：

（1）注重核心概念的落实。

从学生角度出发，突出以学生的认知程度进行知识的推进，并将学生的动手动脑有机结合，以学生获得最大限度的收获为设计之本，逐步加深学生对于电容器和安培力的深入了解，从而提升物理知识，学以致用。

（2）结合物理学特点，通过实验探究培养学生的科学思维。

教学环节上注重从实际出发，注重实验教学对于物理课堂的作用。从学生思考，到逐步应用原理具体操作，激发兴趣，打破原有的知识认知基础，有新的学习主动性。按需设计合理的实验势必对学生的创新能力产生潜移默化的影响，这也是身为教育者应尽的责任。

（3）注重物理与生活、科技、社会的联系，在学生学习过程中注重立德树人。

对于科技发展方面注重引导，同时注重给学生留白，为学生认识进阶搭建梯度。

在"教—学—评"一致性设计上，更多的是一些定性评价（学生回答、小组交流展示等方式）的设计，偶有习题或具体问题的考查，但是对于量化技术自己还是掌握得不够，也是我想积极解决的问题。

做这种尝试是有意义的。以往在教学中会将电容器和安培力的知识在讲授的基础上直接进行习题的训练，在新课改的教学中，特别是提倡深度学习与单元教学的过程中，尝试从纵向进行大单元教学的整合，是培养学生核心素养落地可尝试的一种教学方式的变革。结合目前中高考中"让测评发生在知识处于生成状态或应用状态的情境之中"，命题坚持的原则是"无应用情境就无知识测试"和"无应用即无学习"教学原则完全一致的背景下更显优势。

9. 单元作业 / 测试（自选项）：

（1）请网上查阅在生活、生产和科技与军事等方面利用电容器快速充放电特性的电子设备 1—2 种，并简单说明其原理。

（2）完成课上设计电磁炮问题并完成以下问题：

电磁炮是利用电磁发射技术制成的一种先进动能杀伤武器。与传统大炮将火药燃气压力作用于弹丸不同，电磁炮是利用电磁场产生的安培力来对金属炮弹进行加速，使其达到打击目标所需的动能，与传统的火药推动的大炮相比，电磁炮可大大提高弹丸的速度和射程。

电磁炮的原理如下图所示，装置左侧为一电压 $U=3 \times 10^3 \text{V}$ 的高压直流电源，电容 $C=2\text{F}$ 的电容器与单刀双掷开关相连，右侧是一匀强磁场区域，磁感应强度 $B=10\text{T}$，导轨宽 $L=0.2\text{m}$，炮弹为质量 $m=2\text{kg}$ 的光滑导体。

发射前，先将开关扳至 a，对电容器进行充电，充满后扳至 b，炮弹随即发射。不计导轨中电流产生的磁场对炮弹的作用。

第一部分：自己设计问题与解答。

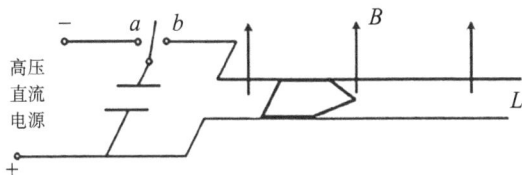

第二部分：完成以下相关问题。

1. 某一次试验发射中，电容器放电量 $\Delta Q=1 \times 10^3 \text{C}$

a. 本次炮弹离开导轨时获得的速度 $v=$ ？

b. 忽略电磁辐射。若已知电容器储存的电能 $E_C = \frac{1}{2}CU^2$，求本次发射炮弹因电路生热所损失的能量 $E= ?$

c. 若将炮弹离开导轨时的动能与电容器所释放能量的比值定义为能量转化率，求本次发射炮弹过程中的能量转化效率 $\eta= ?$

2. 若导轨足够长，足够使炮弹达到最大速度

a. 求该炮弹能够获得的最大速度 $V_{max}= ?$

b. 炮弹在运动时会产生反电动势，使炮弹中大量定向移动的自由电子受到一个阻力作用。请分析计算炮弹运动过程中这个阻力所做的总功 $W= ?$

3. 电磁弹射技术是一种新兴的直线推进技术，适宜于短行程发射大载荷，在军事、民用和工业领域具有广泛应用前景。我国已成功研制出用于航空母舰舰载机起飞的电磁弹射器。它由发电机、直线电机、强迫储能装置和控制系统等部分组成。

电磁弹射器可以简化为如图所示的装置以说明其基本原理。电源和一对足够长的平行金属导轨 M、N 分别通过单刀双掷开关 K 与电容器相连。电源的电动势 $E=10V$，内阻不计。两条足够长的导轨相距 $L=0.1\,m$ 且水平放置，处于磁感应强度 $B=0.5T$ 的匀强磁场中，磁场方向垂直于导轨平面且竖直向下，电容器的电容 $C=10F$。现将一质量 $m=0.1\,kg$、电阻 $r=0.1\,\Omega$ 的金属滑块垂直放置于导轨的滑槽内，分别与两导轨良好接触。将开关 K 置于 a 使电容器充电，充电结束后，再将开关 K 置于 b，金属滑块会在电磁力的驱动下运动，不计导轨和电路其他部分的电阻，且忽略金属滑块运动过程中的一切阻力，不计电容充放电过程中该装置向外辐射的电磁能量及导轨中电流产生的磁场对滑块的作用。

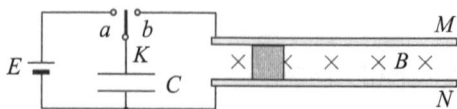

（1）在电容器放电过程中，金属滑块两端电压与电容器两极间电压始终相等。求在开关 K 置于 b 瞬间，金属滑块的加速度的大小 a；

（2）求金属滑块最大速度 v；

（3）a. 电容器是一种储能装置，当电容两极间电压为 U 时，它所储存的电能 $A=\frac{1}{2}CU^2$。求金属滑块在运动过程中产生的焦耳热 Q；

b. 金属滑块在运动时会产生反电动势，使金属滑块中大量定向运动的自由电子又受到一个阻力作用。请分析并计算在金属滑块运动过程中这个阻力所做的总功 W。

结合自己学习电磁炮相关问题进行分析：

思维障碍点	解决策略或相关知识梳理

（三）第 5 课时（主课时）教学设计《导轨式电磁炮初探》

1. 课时教材分析：

电容器是电学中重要的元件，几乎所有电子产品都有应用，因此是联系电场和电路的重要知识；安培力是磁场对通电导线的作用力，是磁场对宏观物理作用力易于测量的知识；通过电磁炮背景可以有效地将这部分知识进行整合，引导学生在具体应用中认识物理概念和规律，落实核心素养。

引领学生通过可测的物理量（电流、电压）推断抽象且不易测量的物理量（电荷量与能量）。课上设计演示实验，学生观察电压与电流的变化。通过电磁炮场景体会具体的电容器充放电的应用。

2. 课时学情分析：

高三学生在一轮复习过程中，具备大单元整合的能力，但是对于实际情境的建模能力仍可以再提升。知道电容器可以储存电荷、储存能量。结合电容器在生活实际中的应用，深入理解电容器快速充放电的特点和电容影响因素，有助于学生核心素养的再提升。

3. 课时学习重点：

通过原理分析设计导轨式电磁炮电路，探究最大速度的影响因素。

4. 课时学习难点：

能从微观和宏观角度分析能量转化与效率问题。

5. 开放性学习环境：

课前学习任务单（小组讨论）、电磁炮、电容器充放电实验、闪光灯等实验（学生体验）、PPT（展示小组合作任务单）

6. 课时学习目标：

通过电容器的概念和结构，了解其电容值改变的方法，明确其主要功能是储存电荷和储存能量。分析在实际应用中电容器的重要作用，了解电容器，培养学生环保理念和实事求是的科学态度。通过物理与生活、科技和军事等方面的联系，深切体会"国强民安"。引导学生认识到作为社会的一员，明晰责任，提高学生社会责任感，培养必备品质和关键能力，培养学生的理想信念与家国情怀，坚定学好知识，逐步树立社会因我而美好的志向。

7. 教学过程：

环节一：电磁炮发射情境导入，明确任务

教师活动1：（电容 100 V 1000 μF—电源2节干电池3 V，带电量 3×10^{-3} C，全充满电容器储存 $E_c = \frac{1}{2} CE^2 = 27 \times 10^{-3}/2$ J）—有电池—取出电池—说明电容器储存能量并可以快速放出能量。电磁炮研制后可以用于军事，我国已经将其应用于消防，未来可用于部分或完全替代运载火箭，甚至用于实现未来航天器的天地往返。

学生活动1：进行小型电磁炮发射。

教师活动2：电磁炮分为线圈炮、轨道炮、电热炮、重接炮，这个小型电磁炮是线圈炮，目前各国争相研制的是导轨式电磁炮，简称为轨道炮。我们今天就来共同探究导轨式电磁炮的相关内容。

学生活动2：学生介绍电磁炮的优点。

电磁弹射器。更重要的是，使用电能作为动力能源，借助电磁弹射器的电磁力可以将导弹以更高的速度平稳推离发射平台，在距离发射平台更远的位置进行发动机点火，完成导弹的电磁弹射，无疑是开创性的技术。与传统的火药发射相比，导弹电磁发射是一种在速度、射程、杀伤力、隐身能力、反应能力等诸多方面都具有革命性的技术，可对未来导弹武器的发展产生深远影响。随着科学技术的不断发展和新材料、新器件的涌现，电磁弹射技术将持续向着提高弹射质量和出口速度的方向发展。未来还可以部分或完全替代运载火箭，利用电磁力加速卫星、飞船等有效载荷穿过大气层进入太空，从而实现新型航天器的低成本重复发射，甚至用于实现未来航天器的天地往返。

电磁炮是利用电磁发射技术制成的一种先进动能杀伤武器。与传统大炮将火药燃气压力作用于弹丸不同，电磁炮是利用电磁场产生的安培力来对金属炮弹进行加速，使其达到打击目标所需的动能，与传统的火药推动的大炮相比，电磁炮可大大提高弹丸的速度和射程。

电容器的快速充放电以及环保特性在军事上的应用。

设计意图：创设情境，提出大问题引导学生深度学习。

环节二：电磁轨道炮的初步设计

问题1：依据电磁炮原理设计轨道式电磁炮的电路并不断修正，明确电容器的重要作用。

教师活动1：结合学生任务单引导学生分析设计并明确电磁炮的主要部件电容器的作用，以及从能量观念理解电磁炮原理。

教师活动2：提出电磁炮的设想。

人们运用电磁学知识中因动而电设计了发电机，因电而动设计了电动机。在军事上，人们也想借助于电磁弹射环保和费用低等特点来研制电磁炮和电磁导弹。（初速度极快、加速度可调、命中率高、重量轻、作为动能武器时没有爆炸物，对发射系统磨损轻。）

下图是导轨式电磁炮实验装置示意图，两根平行长直金属导轨沿水平方向固定，其间安放金属滑块（即实验用弹丸），滑块可沿导轨无摩擦滑行，且始终与导轨保持良好接触。电源提供的强大电流从一根导轨流入，经过滑块，再从另一导轨流回电源，滑块被导轨中的电流形成的磁场推动而发射。在发射过程中，该磁场在滑块所在位置始终可以简化为匀强磁场，方向垂直于纸面，其强度与电流的关系为 $B=kI$，比例常量 $k=2.5\times10^{-6}$ T/A。已知两导轨内侧间距 $l=1.5\,\mathrm{cm}$，滑块的质量 $m=30\,\mathrm{g}$，滑块沿导轨滑行 5 m 后获得的发射速度 $v=3.0\,\mathrm{km/s}$（此过程视为匀加速运动）。

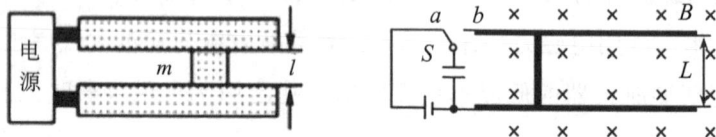

学生活动 1：思考问题答案：发射过程电源提供的电流强度；$a=9\times10^{5}\mathrm{m/s^2}$

$F=BIL=kI^{2}L=ma$ $I=6\times10^{5}\mathrm{A}$

设计意图：建模解决问题。

学生活动 2：说明改进思路：分析普通电源无法提供瞬间大电流的原因，如何提供瞬间大电流？提出如何提供瞬间大电流（电池是用化学形式存储电能的，每次放电，都需要从化学能转换到电能，所以放电比较慢。如果用短路方式放电的话，还会因为过热损坏、爆炸）。

教师活动 3：演示闪光灯实验。

能够瞬间产生强光的是电容器，它具有可以快速释放出大电流的特点。（电容器和电池有一点很大的不同，但是电容器是完全用电场存储能量的，没有转换过程，电能直接释放，所以可以在一瞬间把存储的能量释放出来，产生巨大的电流。）

问题 2：将炮弹运动建立成导体棒在匀强磁场中运动模型，通过最大速度的分析提出如何提高出口速度问题。

学生活动 3：说明为了提高出口初速度，可以考虑哪些做法？

（1）用电容等快速放电装置提供瞬时大电流。更大的电流对供能，放电，安全等装置都提出了更高的要求，这也是现代军用电磁炮的技术瓶颈之一。

（2）外接平行匀强磁场。通过带铁芯的马蹄形磁铁等结构外加匀强磁场可以在不依赖过度地向导轨提供电流的情况下获得更大的加速磁场。

（3）增长磁轨。

（4）采用轻质的弹丸。动能相同的情况下，终点速度与弹丸质量的平方根成反比。

学生活动 4：利用电容器放电提供瞬间大电流情况，对炮弹（导体棒）的发射过程中相关问题分析。

思考：若已知电源电动势 E，内阻为 r。电容器电容为 C，导体棒质量为 m，有效长度 L

受力特点：

导体棒在安培力作用下开始加速运动

电流特点：

电容器放电时，导体棒在安培力作用下开始运动，同时产生阻碍放电的反电动势，导致电流减小，直至电流为零，此时 $U_C = Blv$

运动特点：

a 逐渐减小的加速运动，轨道足够长，最后匀速射出

最大速度：

匀速运动，$I=0$，此时电容器带电量不为零。最大速度应用动量定理分析

$$mv_m = B\bar{I}l \cdot \Delta t = Bl\Delta Q \qquad \Delta Q = Q_0 - Q = CE - CBlv_m \qquad v_m = \frac{BlCE}{m + B^2l^2C}$$

影响因素：B　L 是有确定值的；C　m　E 是单调的。

问题3：如何提高电容器充电过程中的效率？

教师活动4：电容器充电可以将电能以电场能储存，放电可以将电场能转化为巨大的机械能。同时也伴随着能量的损失。

用如图所示的电路研究电容器的充放电过程，其中电压传感器相当于一个理想电压表，可以显示电阻箱两端电压随时间的变化关系，C 表示电容器的电容，E 表示电源的电动势，r 表示电源内阻的阻值。

学生活动5：小组展示交流。

充电过程：

（1）充满电时电容器储存的电能 $E_C = \frac{1}{2}CE^2$。

（2）求在电容器充电过程中电源内部产生的热量，及电容器的充电效率。

电源总电能 $E_总 = Q_m E = CE^2$

能量守恒有 $Q_内 = E_总 - E_C = \frac{1}{2}CE^2$ 电容器充电效率为50%

（3）若用两节电动势为 E，电源内阻为 r 的电池为电容器充电，设想以下两种充电过程：

a. 将两节电池串联后，直接给电容器充电；

b. 先用一节电池给电容器充电，等充满后，再将两节电池串联给电容器充电。

请问两种充电过程中，电容器最终储存的电能是否相同？电源内部产生的热量是否相同？

结论：可以采用第二种方式对电容器充电提高充电效率。第一种是第二

种损失的 N 倍。

这部分区别电源非静电力做功转化的电能、电容器储能和电源内部产生热量。

设计意图：明确充电能量转化：电容器充电过程，将电子从一个极板被拉到电源，并从电源被推到另一个极板上去。被拉出电子的极板带正电，推上电子的极板带负电。充电完毕时电容器极板上带电量的绝对值达到 Q。完成这个过程要靠电源做功，从而消耗了电源的能量，使之转化为电容器储存的电能。（电荷的电势能增加。电容器所存的电能，可以理解为是电荷的电势能，也可理解为中间电场的电场能。）

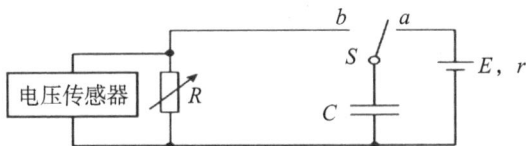

问题4：电容器放电过程效率问题：（为分析问题方便，将自由电荷视为正电荷——受力如图）

（短路放电的时候电容角落还有一部分电解液没有发生反应）

教师活动5：演示实验说明：电容器放电过程中通常放电不完全，因此如何解决放电效率问题？

设计意图：了解快速充放电，并明确充电与放电过程中电流均减小，而且变化率也逐渐减小。

学生活动6：电容器所释放的能量不能完全转化为金属导体棒的动能，将导体棒离开导轨时的动能与电容器所释放能量的比值定义为能量转化效率。若某次发射结束时，电容器的带电荷量减小为充电结束时的一半，不计放电电流带来的磁场影响，求这次发射过程中的能量转化效率 η。

学生活动7：交流讨论结果。设从电容器开始放电至导体棒离开导轨的时间为 t，放电的电荷量为 ΔQ，平均电流为 $\bar{I}$，导体棒离开导轨时的速度为 v。

以导体棒为研究对象，根据动量定理有 $BL\bar{I}t=mv-0$（或 $\Sigma BLi\Delta t=\Sigma m\Delta v$）

根据电流定义可知：

$\bar{I}t=\Delta Q$（或 $\sum i\Delta t=\Delta Q$）根据题意有 $\Delta Q=\frac{1}{2}Q=\frac{1}{2}CE$

联立解得 $v=\dfrac{BLCE}{2m}$

导体棒离开导轨时的动能 $E_k=\dfrac{1}{2}mv^2=\dfrac{(BLCE)^2}{8m}$

电容器释放的能量 $\Delta E=\dfrac{1}{2}CE^2-\dfrac{1}{2}C\left(\dfrac{E}{2}\right)^2=\dfrac{3}{8}CE^2$ 联立解得能量转化效率 $\eta=\dfrac{EK}{\Delta E}=\dfrac{B^2L^2C}{3m}$

教师活动 6：辅助分析从微观角度阐述能量转化。

f_1' 做负功，阻碍自由电荷的定向移动，宏观上表现为"反电动势"，这个阻力的作用导致在金属块中形成了跟原电动势相反方向的电动势，即反电动势的产生根源于洛伦兹力的一个分力，消耗电容器的电能；f_2' 做正功，宏观上表现为安培力做正功，使其动能增加，也就是将一部分电能转化为了动能即：$\dfrac{1}{2}mv^2$。大量自由电荷所受洛伦兹力做功的宏观表现是将电能转化为等量的机械能。在此过程中洛伦兹力通过两个分力做功起到"传递"能量的作用。电子克服与原子实碰撞的阻力 f_1 做功，将一部分电能转化为焦耳热即 Q。

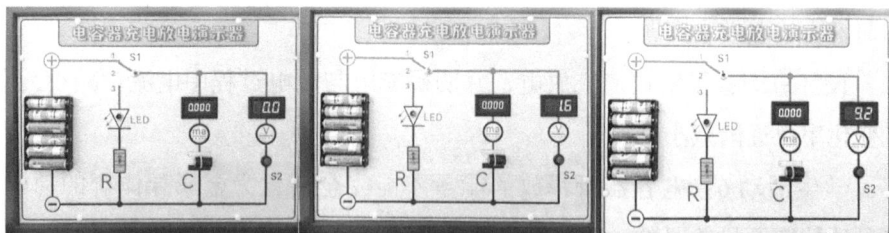

设计意图：引导学生从宏观到微观，不同视角分析解决问题。

环节三：学以致用（课上形成性学习评价）

展示学生设计的问题：

结合电磁炮的原理，依据以下装置和相关物理量：左侧为一电压 $U=3\times10^3$V 的高压直流电源，电容 $C=2$F 的电容器与单刀双掷开关相连，右侧是一匀强磁场区域，磁感应强度 $B=10$T，导轨宽 $L=0.2$m，炮弹为质量

m=2kg 的光滑导体。设计 1~2 个相关的电磁炮中关于电容器充电和放电发射炮弹过程的物理问题，并给出解答。

环节四：课堂小结

学生了解了电容器结合电磁炮问题中需要用运动与相互作用观点和能量观点解决具体问题，明确电容器快速充放电有很多用途。

环节五：板书设计

导轨式电磁炮的初探

电容器储存的电能 $E_C = \dfrac{1}{2} CE^2$

电源总电能 $E_{总} = Q_m E = CE^2$

能量转化效率 $\eta = \dfrac{E_K}{\Delta E}$

探究最大速度 $v_m = \dfrac{BlCE}{m + B^2 l^2 C}$

8. 课时作业设计：

完成课上设计电磁炮问题并完成以下问题：

电磁炮是利用电磁发射技术制成的一种先进动能杀伤武器。与传统大炮将火药燃气压力作用于弹丸不同，电磁炮是利用电磁场产生的安培力来对金属炮弹进行加速，使其达到打击目标所需的动能，与传统的火药推动的大炮相比，电磁炮可大大提高弹丸的速度和射程。

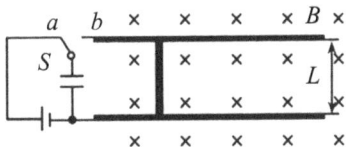

电磁炮的原理如上图所示，装置左侧为一电压 $U = 3 \times 10^3 \text{V}$ 的高压直流电源，电容 $C = 2F$ 的电容器与单刀双掷开关相连，右侧是一匀强磁场区域，磁感应强度 $B = 10\text{T}$，导轨宽 $L = 0.2\text{m}$，炮弹为质量 $m = 2\text{kg}$ 的光滑导体。

发射前，先将开关扳至 a，对电容器进行充电，充满后扳至 b，炮弹随即发射。不计导轨中电流产生的磁场对炮弹的作用。

第一部分：自己设计问题与解答

第二部分：完成以下相关问题

（1）某一次试验发射中，电容器放电量 $\Delta Q = 1 \times 10^3 C$

a. 本次炮弹离开导轨时获得的速度 v=？

b. 忽略电磁辐射。若已知电容器储存的电能 $E_C = \frac{1}{2} CU^2$，求本次发射炮弹因电路生热所损失的能量 E=？

c. 若将炮弹离开导轨时的动能与电容器所释放能量的比值定义为能量转化率，求本次发射炮弹过程中的能量转化效率 η=？

（2）若导轨足够长，足够使炮弹达到最大速度

a. 求该炮弹能够获得的最大速度 V_{max}=？

b. 炮弹在运动时会产生反电动势，使炮弹中大量定向移动的自由电子受到一个阻力作用。请分析计算炮弹运动过程中这个阻力所做的总功 W=？

9. 课时教学反思（实施后填写）：

首次尝试纵向大单元设计，课上坚持从学生实际情况出发，让学生通过课堂学习有所收获，实现核心素养的提升，是教学设计过程中的难点，在不同学段经过深入思考后将电磁炮作为大情境，重点落在电容器的快速充放电和安培力上，而对于实验设计则是引导学生用创新、严谨的思路去分析和总结。

（1）前期完成了核心概念的落实。

从学生角度出发，突出以学生的认知程度进行知识的推进，并将学生的动手动脑有机结合，以学生获得最大限度的收获为设计之本，逐步加深学生对于电容器和安培力的深入了解，从而提升物理知识，学以致用。

（2）结合物理学特点，通过实验教学培养学生的思维能力。

从教学环节上注重从实际出发，注重实验教学对于物理课堂的作用。从学生思考，到逐步应用原理具体操作，激发兴趣，打破原有的知识认知基础，有新的学习主动性。按需设计合理的实验势必对学生的创新能力产生潜移默化的影响，这也是身为教育者应尽的责任。

（3）注重物理与生活、科技、社会的联系，在学生学习过程中注重立德树人。

在对于科技发展方面注重引导，但同时注重给学生留白，为学生的认识进阶搭建梯度。

但是，在"教、学、评"一致性设计上，更多的是一些定性评价（学生回答、小组交流展示等方式）的设计，偶有习题或具体问题的考查，但是对于量化技术自己还是掌握得不够，也是我想积极解决的问题。

另外，对于微观分析在课上完成得并不充分，后续仍要对这部分在磁场中导体棒问题再整合，也可以将这种分析应用在磁流体发电机的能量转化问题中。

10. 学生反馈：

（1）得到了交流锻炼的机会。（2）通过小组合作和交流，自己对这部分知识的把握更好了。（3）逻辑思维得到提升。

同行及专家评价：

做这种尝试是有意义的。以往在教学中会将电容器和安培力的知识在讲授的基础上直接进行习题的训练，在新课改的教学中，特别是提倡深度学习与单元教学的过程中，尝试从纵向进行大单元教学的整合，是培养学生核心素养落地可尝试的一种教学方式的变革。结合目前中高考中"让测评发生在知识处于生成状态或应用状态的情境之中"，命题坚持的原则是"无应用情境就无知识测试"和"无应用即无学习"教学原则完全一致的背景下更显优势。

第1课时　教学设计：电容器的应用

融合课型	□学科绪论课　☑生涯微融课　□职业体验课　□选择指导课　□学法指导课
学科融合背景	年级：高二　　　　　　　教材版本：人教版 所属章节：物理必修3　第十章静电场中的能量 第四节 电容器的电容 融合素材：通过电容器的应用，体会物理让科技更强大，让我们的生活更美好，渗透国强民安！引导学生明晰责任，培养理想信念与家国情怀。探究中形成体验，渗透"变废为宝"的环保理念，提升实事求是的必备品格和解决问题的能力。 教材分析：电容器是电学中的核心元件，本节课内容位于《电场》一章的末尾，是对本章所学知识的重要应用，下一章《恒定电流》中在直流电路中电容器有着重要的应用，因此说电容器在教学中起到承上启下的作用。
融合教学目标	学生生涯发展核心素养 生涯意识与信念　　自我认知与发展　　社会适应与责任　　生涯规划与行动 ☑生涯好奇　　□自我分析　　☑信息收集　　□决策能力 ☑积极态度　　□多元发展　　☑环境探索　　□生涯规划 □机遇意识　　□自尊自信　　☑责任担当　　☑自主学习 融合教学目标： 通过观察常见电容器，认识电学元件；分析在实际应用中电容器的重要作用，了解电容器的电容。培养学生环保理念和实事求是的科学态度。 通过"超级电容公交车"这条主线，引导分析电容器特点，在探究的过程中认识电容器充放电现象和电容的影响因素，做到学以致用。 通过物理与生活、科技和军事等方面的联系，提高学生社会责任感，培养必备品质和关键能力。
生涯融合内容	☑职业行业　　☑专业　　　□人物　　☑学科价值　　☑学科应用 ☑学科前沿　　□时事　　　□学法　　□选择　　　　□其他： 融合素材： 随着社会经济的发展，人们对于绿色能源和生态环境越来越关注，电容作为一种新型的无污染储能器件，有无可替代的优越性，越来越受到人们的重视，《电容器的应用》是理论联系实际的一个重要枢纽。 高一学生具有感性思维活跃，对于概念和规律的理解不够深入，理论与实践结合能力方面显得力不从心，空间想象和抽象思维能力较薄弱等特点。面临新课程改革的第一年，电场提前到高一学习对于学生难度较大。通过学习基础知识，学生对匀强电场有一定的了解，具备初步分析问题的能力；知道电容器可以储存电荷、储存能量。结合电容器在生活实际中的应用，深入理解电容器快速充放电的特点和电容影响因素，有助于学生核心素养的提升。

续表1

教学 思路与 流程	融合教学思路： 1.通过实验探究活动，小组合作分析、设计、探究并讨论交流实验过程与结果，形成体验，理论联系实际，培养学生应对各种问题的解决能力和团队合作能力，是学生进行生涯选择时所应具有的关键能力。 2.通过电容在社会、环境、生活和军事上的应用，深切体会"国强民安"。引导学生认识到作为社会的一员，明晰责任，培养学生的理想信念与家国情怀。坚定学好知识，逐步树立社会因我而美好的志向。 3.通过生活中的废弃键盘、收音机、声卡、显卡等实际物品识别电容器，体现了"变废为宝"的环保理念，培养学生实事求是的必备品格。 教学流程图： 知识主线：电容器快速充放电　电容影响因素 活动主线：教师演示和学生体验实验　学生探究实验和认识电路中的电容 生涯主线：通过超级电容公交车与电磁炮等应用感受物理使生活更美好！理论联系实际，树立实事求是的科学态度，培养科学思维能力。
教学 过程与 方法	融合教学方式 □提供学案手册　□自我评估　☑建构成就经验　☑实作探索　□角色体验 ☑提供生涯信息　☑榜样示范　□提供个体反馈　□个人意义建构 ☑小组协作　□展示报告　□其他： 教学过程： 环节一：超级电容公交车创设情境 教师活动：设问1未来的车辆。 设问2生活中快速充放电。 学生活动：思考并回答：电动、太阳能…… 观看视频 理解：超级电容公交车就是快速充放电特点的应用。 思考：电容在实际生活中的例子：手机或相机的闪光灯。 展示：照相机闪光灯的瞬间充放电。（图1）  图1　闪光灯充放电 设计意图：创设生活中的情境引导学生思考环保的重要性，将所学知识应用于解决具体问题。 环节二：学生体验与学以致用 任务1：电容器的充放电。 演示实验： 1.实验说明电流计指针偏转方向与电流方向的关系。 2.完成电容器的充放电，引导观察电流计的指针偏转情况，分析实验表格中的问题。 学生活动：共同分析思考并完成实验单 得到充电现象和放电现象的结论 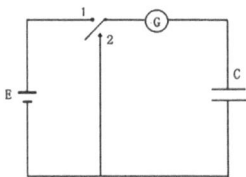 图2　探究电容器充放电

续表 2

教学过程与方法	设计意图：学生自主探究实验，培养分析问题解决问题能力。希沃授课投影使用与信息技术结合。 学生活动：体验电容器的充放电 实验器材：学生电源、6.3 V 电容器和蜂鸣器 学生活动： 1. 设计实验。 2. 学生说明实验方案。 小组合作体验并理解电容器充放电。 图 3　体验电容器的充放电 设计意图：通过分组实验，锻炼学生的抉择能力、团队合作能力与沟通能力。 任务 2：电容的影响因素。 教师活动：思考超级电容公交车的超级电容如何制作？平行板电容器进行探究说明 多用电表电容档使用方法。 学生活动 实验仪器： 平行板电容器、电容表和导线。 1. 每个小组自主设计实验、填写实验单，对应表格分析电容影响因素。 2. 交流。 3. 总结结论： 极板间距、正对面积和电介质为影响因素。 观看视频学习超级电容的制作。 图 4　探究平板电容器影响因素实验图 设计意图：以实验探究形式，将书本知识与实际相联系，提升探究能力和思维能力，培养实事求是的科学态度。 任务 3：电容器的应用——电容式传感器。 教师活动：超级电容就是通过改变电容的影响因素来改变电容器的 电容器在科技领域也有重要的贡献，引导学生分析电容式传感器，对应量转换为电信号就是通过改变电容的影响因素实现的。 学生活动：观察电容式传感器的图片，分析电容式传感器的应用原理 设计意图：学以致用，引导学生理论联系实际，学会解决具体问题。 任务 4：电容器的应用——认识电容器。 教师活动：生活中电容的应用分析，引领学生 认识实际电容器。 学生活动：学生观察并说明键盘内部薄片构造， 认识真实器件中的电容器。 设计意图：通过电容器的实际应用，实现学以致用。

教学过程与方法	任务5：电容器的应用——军事领域。 教师活动：电磁炮模型展示。 学生体验：电容器的快速充放电以及环保特性 在军事上的应用。 教师活动：观看《厉害了我的国》视频片段。 学生活动：思考电容在生活、科技、环境和 军事等方面的应用。 设计意图：电磁炮激发学生好奇心，认识到国强民安， 说明物理对生活、科技、环境等方面的重要作用。 环节三：小结 教师活动：我国在科技、航天和军事各领域都处于 领先地位，我们也要创新，我们的国家才会更强大！ 学生活动：明确物理对于生活的作用，增强学好物理 的斗志，树立为国家和社会而发奋图强的信心。 设计意图：增强学生社会责任感和家国情怀。 图5 电磁炮模型
作业与拓展学习	1.电容器充放电实验研究。 （1）电流计指针偏转与电流方向的关系： （2）观察开关接1或2时电流计的指针偏转情况，分析并完成实验表格。 表格与电路图见下 结论： 2.电容影响因素的实验研究。 实验记录表： 结论： 超级电容如何获得？ 电容器有哪些应用？ 物理学与哪些领域密不可分？

	开关接1	开关接2
充放电状态		
电流计偏向		
电流方向		
电容器作用		

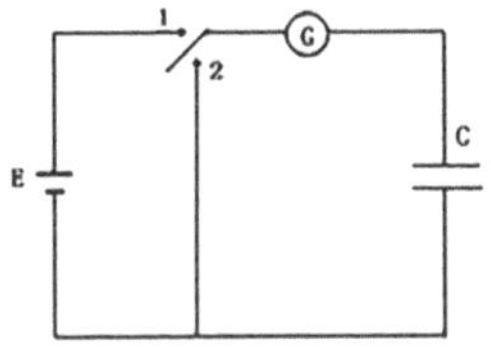

图6 电容器充放电实验电路图

教学评价	电容器是电学中的核心元件，本节课内容位于《电场》一章的末尾，是对本章所学知识的重要应用，下一章即是《恒定电流》在电路中电容器有着重要的应用，因此本节课从电容器的应用入手。引导学生了解随着社会经济的发展，人们对于绿色能源和生态环境越来越关注，电容作为一种新型的无污染储能器件，有无可替代的优越性，通过学习学生能够学以致用，对于知识有更好的引领作用。 面临新课程改革的第一年，在高一的第二学期学习电场知识，难度较大。学生已经学习了电场基础知识，对匀强电场有一定的了解，具备进行综合问题学习的初步基础。高一学生具有感性思维活跃，理论与实践相结合的能力不足，空间想象和抽象思维能力较薄弱的特点，对于概念和规律的理解不够深入；在利用规律解决实际问题方面显得力不从心。通过前面的学习，学生知道电容器可以储存电荷、储存能量，在此基础上，学生需要进一步理解电容器的突出特点是快速充放电和电容影响因素在生活实际中的应用，做到巩固知识，学以致用是一项关键能力。 通过作业的完成实现对电容器基本知识的了解和掌握，通过电容器的应用外延到课外可以实现学生对于科技离不开物理，物理可以使生活更美好的理解。

第2课时　教学设计：示波器问题初探

（一）单元教学过程设计

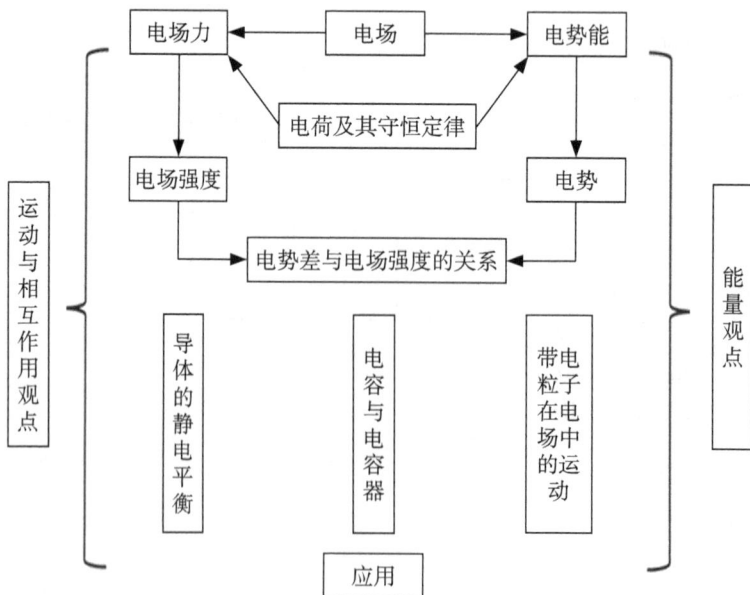

（二）主题课标要求

3.1.5 能分析带电粒子在电场中的运动情况，能解释相关的物理现象。

（三）教学目标

1. 理解带电粒子在电场中的运动规律，并能分析解决加速和偏转问题。

2. 能分析实际生活中带电粒子的加速和偏转问题，并解释相关物理现象。

3. 通过对示波管基本构造的研究，体会从运动和力的观点、能量观点分析带电粒子在匀强电场中的加速和偏转问题，培养抽象思维能力和解决实际问题的能力。

4. 通过分析了解示波管的工作原理，熟练应用电场知识解决具体问题，体会静电场知识对科学技术的影响。

（四）教学重点：示波器的工作原理

教学难点：分析实际生活中带电粒子的加速和偏转问题，解释相关物理现象。

（五）教学方法：情境分析法、建模法

教学媒体：PPT（示波器）。

（六）教学过程

环节一：创设情境提出示波器问题

教师活动 1：调试示波器，出现点、直线、曲线，提出问题：

问题 1：如何产生高速飞行的一束电子？

问题 2：如何使电子在荧光屏不同位置上呈现点迹？

问题 3：如何将待测电信号的稳定图像呈现出来？

学生活动 1：回顾单元内容

设计意图：从单元角度分析问题。

教师活动2：应用物理知识（带电粒子的加速）解决具体问题1

分析带电粒子加速问题的两种思路：

（1）利用牛顿第二定律结合匀变速直线运动公式来分析。

（2）利用静电力做功结合动能定理来分析。

根据动能定理得 $eU = \frac{1}{2}mv^2$ 解得电子的末速度 $v = (2eU/m)^{\frac{1}{2}}$

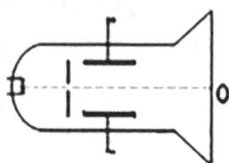

示波管的内部结构　　　　示波管结构示意图　　　　示波管建模

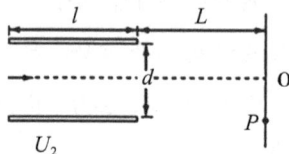

学生活动2：明确示波器是用来观察电信号随时间变化情况的电子仪器。

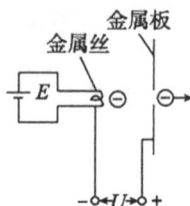

应用物理知识（带电粒子的偏转）解决具体问题2：电子枪中，从炽热的金属丝不断放出的电子进入电压为 U 的加速电场，设其初速度为零，获得速度。已知电子的电荷量为 e、质量为 m。

设计意图：巩固电场中加速问题，建模，简化问题。

环节二：示波管的结构

教师活动1：构造：示波管主要由电子枪、偏转电极（XX' 和 YY'）、荧光屏组成，管内抽成真空。

方法梳理：

方法1 设电子射出偏转电场时偏移距离为 y，偏转角为 θ，则在加速电场加速的过程中，由动能定理 $eU_1 = \frac{1}{2}mv_0^2$，且偏转位移 $y = \frac{1}{2}at^2 = \frac{1eU_2}{2dm}\left(\frac{1}{v_0}\right)^2$

偏角 θ 满足 $\tan\theta = \dfrac{v_y}{v_0} = \dfrac{at}{v_0} = \dfrac{eU_2 l}{mv_0^2 d}$

联立以上各式解得 $y = \dfrac{U_2 l^2}{4dU_1}$，$\tan\theta = \dfrac{U_2 l}{2U_1 d}$

所以 $OP = y + L\tan\theta = \dfrac{U_2 l^2}{4dU_1} + L\dfrac{U_2 l}{2U_1 d}$

（1）$y = y_0 = L\tan\theta$（L 为屏到偏转电场的水平距离）；

（2）$y = \left(\dfrac{1}{2} + L\right)L\tan\theta$（$L$ 为屏到偏转电场的水平距离）；

（3）$y = y_0 + v_y \cdot \dfrac{L}{v_0}$；

（4）根据三角形相似 $\dfrac{y}{y_0} = \dfrac{\frac{l}{2} + L}{\frac{l}{2}}$

方法 2　根据（类）平抛运动的规律，电子射出电场时，速度方向的反向延长线与 v_0 方向的交点在 $\dfrac{l}{2}$ 处。根据比例关系：$\dfrac{OP}{y} = \dfrac{\frac{l}{2} + L}{\frac{l}{2}}$，所以

$OP = \dfrac{2L + l}{l} y = \dfrac{U_2 l^2}{4dU_1} + L\dfrac{U_2 l}{2U_1 d}$。

设计意图：引导学生进行方法梳理，培养科学思维。

环节三：示波管的原理

学生活动 1：应用物理知识解决具体问题 3（质疑与创新）

（1）给电子枪通电后，如果在偏转电极 XX' 和 YY' 上都没有加电压，电子束将打在荧光屏的中心 O 点。

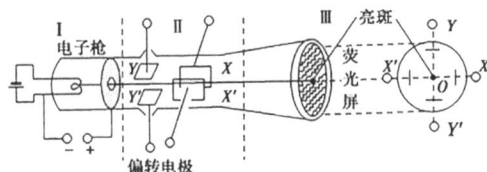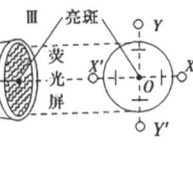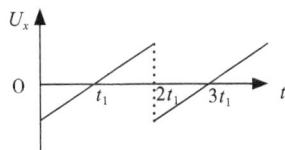

甲　示波管的结构　　　乙　荧光屏　　　丙　扫描电压

（2）示波管的 YY' 偏转电极上加的是待测的信号电压，使电子沿 YY' 方向偏转。

（3）示波管的 XX' 偏转电极上加的是仪器自身产生的锯齿形电压（如图所示），叫作扫描电压，使电子沿 XX' 方向偏转。

分析 1. 如果电极 $U_{XX'}$ =0，但 $U_{YY'}$ >0 且恒定，（有时说这种情况是"Y 正、Y' 负"），电子将打在荧光屏的什么位置？

分析 2. 如果 $U_{YY'}$ =0，而 $U_{XX'}$ >0 且恒定（X 正、X' 负），电子将打在荧光屏的什么位置？

分析 3. 如果 $U_{XX'}$ =0，而 YY' 所加的电压按图所示的规律随时间变化，在荧光屏会看到什么图形？

分析 4. 如果 $U_{YY'}$ =0，而在 XX' 之间所加的电压按图所示，在荧光屏会看到什么图形？

分析 5. 如果 YY' 之间的电压仍然如图所示，而在 XX' 之间所加的电压按图所示，在荧光屏会看到什么图形？

如果信号电压是周期性的，并且扫描电压与信号电压的周期相同，就可以在荧光屏上得到待测信号在一个周期内随时间变化的稳定图像。

设计意图：引导学生举一反三，学会偏转电场的问题的分析方法。情境中建模，解决具体问题。

环节四：作业设计

思考：

1. 若扫描电压周期为 $2T$，信号电压周期为 T，荧光屏上得到几个周期内待测信号随时间变化的稳定图像？

2. 若扫描电压周期为 T，信号电压周期为 $2T$ 呢？

3. 请自己完成 P 点到 O 点的距离（即偏移量）推导，并说明偏移量与哪些因素有关？

设计意图：学习进阶与学习诊断。

环节五：板书设计

一、示波器

二、示波管的构造

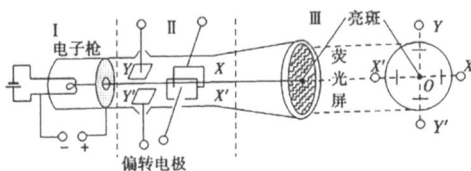

三、示波管的工作原理

环节六：课后反思

在带电粒子在电场中运动的分析时，感受运动与相互作用观点和能量的观点。

对力学、电学知识的综合能力有较高要求，要求有一定的空间想象力。学生学习有难度，从自己设想示波管的基本构造入手，交流讨论，解决问题，逐步提高学生综合分析能力。

本节课既是对带电粒子在电场中运动规律的巩固，更是对综合运用知识解决问题能力的培养，引导学生将所学知识进行整合，自己设计示波管的主要结构，对掌握知识更有好处，利于思维能力的提高，是大单元教学的综合应用。

第3课时 教学设计：磁场对通电导线的作用力

选择性必修二 第一章 第一节

（一）指导思想与理论依据

磁场对通电导线的作用力安培力在磁场一章乃至整个电磁学均占据重要地位，因为磁感应强度的定义是建立在安培力的基础上。为突出重点内容——安培力大小计算公式和安培力方向的判断，采用从定性探究到半定量探究逐步提升的实验教学顺序，引课采用安培力在科技上的应用——电磁炮模型的运用，激发兴趣和学生的爱国情怀；结课采用生活中应用的实例——直流电动机的工作原理分析，学生逐步体会到从"生活走向物理，物理走向社会"的特点。这节课注重引领学生揭示科学发展规律，有机渗透社会主义核心价值观教育。培养学生热爱科学、勇于探究、追求真理、实事求是的科学精神和态度，学习科学探究方法，理解科学、技术和社会的关系，增强社会责任感。注重课改理念引领下的"学生的实际获得"，学生在学习新知识和动手体验的过程中，思维能力、分析与解决问题的能力、观察能力和实验能力均得以提升，并能学以致用。

（二）教学背景分析

教学内容：本节课为人教版高中选择性必修二第一章　安培力与洛伦兹力　第一节　磁场对通电导线的作用力，安培力是学好磁场和理解与掌握洛伦兹力的基础，是高中电磁学重要内容。本节课以学生探究安培力的大小和方向为主线，逐步体会物理学研究方法，培养学生能力、激发思考和探究规律，通过生活与科学技术中的实例分析，让学生学会应用物理知识解决实际问题，体现从"生活走向物理，物理走向社会"的新课程理念。

学生情况：

1.学生对磁场对电流的作用力的大小与方向有初步了解，知道磁场与电流垂直时受磁场力，二者平行时不受磁场力，对直流电动机工作原理有初步理解。

2.对安培力与电流和磁场的具体关系并不明确；对于安培力大小的计算公式没有明确认识；对安培力方向判断方法不明确。

（三）教学目标（内容框架）

1.教学目标。

（1）知道什么是安培力，通过探究实验得到安培力大小的公式，掌握定量分析安培力的方法。

（2）通过实验，培养学生从实验中建立物理模型的能力，理解 B、I 和 F_A 方向三者之间的关系，掌握左手定则，培养学生观察、思考、归纳等能力。

（3）通过电磁炮和电动机学习，培养用物理原理和研究方法解决实际问题的能力和严谨的科学态度。

（4）引领学生揭示科学发展规律，有机渗透社会主义核心价值观教育，激发学生的家国情怀。

2.教学重点和难点：

（1）教学重点：安培力的大小定量计算公式和左手定则判断安培力方向。

（2）教学难点：安培力大小、方向的制约因素。

（四）教学流程示意（可选项）

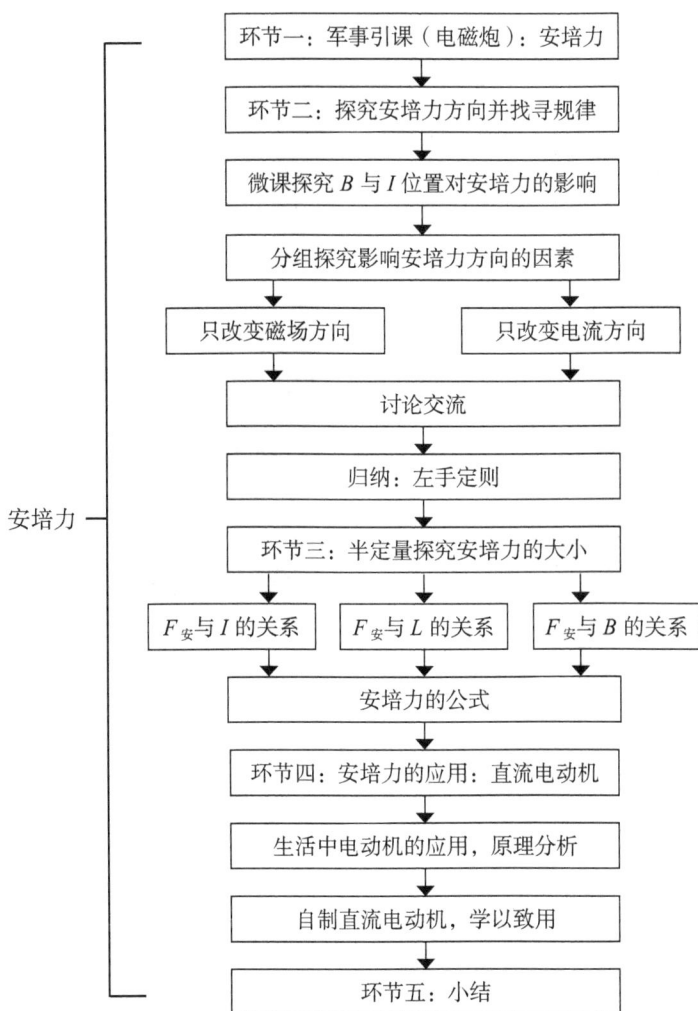

教学阶段	教师活动	学生活动	设置意图
创设情境引入课题	用电磁炮模型发射电磁炮引入新课。这里还有一张打靶纸，一枚炮弹，谁来试发射一下呢？ 今天，老师这里也准备了一个各国争相研制武器的模型，它的威力比武器要小得多。 师：其实电磁炮的发射全部是由电脑控制的，弹头上有精确制导系统，保证杀伤力的同时也是非常精准的。 电磁炮是利用电磁发射技术制成的。其中，轨道炮就是利用磁场与电流相互作用，产生强大的作用力推动弹丸，达到很高的速度。	 图1　电磁炮模型 学生：发射炮弹 学生1发射失败，学生2炮弹射到靶上收获成功喜悦 图2　电磁炮图片 图3　学生回答并说明武器功能	说明物理对科技的重要作用，渗透社会主义核心价值观。创设情境，激发学生好奇心，引发学生思考；激发探究安培力的求知欲，体会从科技到物理。
一、安培力 1.安培力的方向 探究安培力的方向	现在我们来共同学习磁场对通电导线的作用——安培力。安培力是矢量，既有大小又有方向。 环节一：猜想 安培力可能与哪些因素有关呢？ 设计：运用控制变量法 环节二：教师演示 （1）当I⊥B时， 【现象】导体运动。 （2）I∥B时，（微课展示） 【现象】导体棒不动 环节三：学生实验探究 安培力的方向与电流方向和磁场方向究竟有怎样的关系呢？每组的实验桌上都摆放着方线圈，磁铁，电池开关和导线，我们亲自来试一试吧。	 图4　教师演示图 生：电流的方向、磁场的方向有关。 …… 生：观看视频，思考问题。 图5　学生实验图（可加滑变）	

教学阶段	教师活动	学生活动	设置意图
一、安培力 1.安培力的方向 探究安培力的方向	请四个小组分别先完成第一组实验,第二组……速度快的继续完成后续的实验。 请各小组同学做好分工,记录,操作实验,并做好小组内部的交流。 完成后,请每组一名同学将大家认同的受力方向画在对应的图上。 师:安培力又有怎样的规律呢? 肯定学生们的实验结果。 师:总结提升学生实验结论: 1.安培力的方向既跟磁场方向垂直 $F \perp B$,又跟电流方向垂直 $F \perp I$,故安培力的方向总是垂直于磁感线和通电导线所在的平面,即:$F \perp BI$ 平面。 2.B 反向,安培力反向;I 反向,安培力反向;B 和 I 同时反向,安培力方向不变。 环节四:左手定则 人们通过大量的实验研究,总结出通电导线受安培力方向和电流方向、磁场方向可以用左手定则来判断。 内容:伸开左手,使大拇指跟其余四个手指垂直,并且都和手掌在一个平面内,把手放入磁场中,让磁感线垂直穿入手心,并使伸开的四指指向电流的方向,那么,大拇指所指的方向就是通电导线在磁场中所受安培力的方向。	 图6 学生记录结果 生总结: 1.安培力的方向既跟磁场方向垂直 $F \perp B$,又跟电流方向垂直 $F \perp I$. 2.B 反向时,安培力也反向。 分组展示 图7 左手定则 生:运用左手定则与实验结论对应分析并明确: 1.安培力的方向和磁场方向、电流方向有关系。 2.安培力的方向既跟磁场方向垂直,又跟电流方向垂直,也就是说,安培力的方向总是垂直于磁感线和通电导线所在的平面。$F_A \perp B$ $F_A \perp I$ 3.B 和 I 一个量反向,安培力反向;二者同时反向,安培力方向不变。	板书中画出剖面图,培养学生建模能力,培养学生的观察能力,抽象思维能力和严谨的科学态度。 学案中立体图与剖面图结合培养学生立体感和建模能力。培养学生逻辑思维能力。 体现教师引导,学生主体的教学方式。 感受自己运用知识解决实际问题的快乐。

续表 2

<table>
<tr><th>教学阶段</th><th>教师活动</th><th>学生活动</th><th>设置意图</th></tr>
<tr>
<td>2. 安培力的大小半定量

探究安培力的大小

探究安培力的大小影响因素</td>
<td>安培力的方向可以由左手定则进行判定。那么安培力的大小又与 B 和 I 有怎样的规律呢?
我们共同来研究一下电流与磁场方向垂直时的情况。
探究安培力的大小的方法：控制变量法。
环节一：介绍实验仪器
问题 1. 如何改变通电导体的电流大小?
问题 2. 如何改变通电导体的长度?
问题 3. 如何改变磁场的磁感应强度?
环节二：实验操作
<table>
<tr><th>I(A)
B, L一定</th><th>F_A(格)</th><th>L（I_0）
B, I一定</th><th>F_A（格）</th><th>B（强弱）
I, L一定</th><th>F_A（格）</th></tr>
<tr><td>0</td><td>0</td><td>3</td><td></td><td>强</td><td></td></tr>
<tr><td>0. 05</td><td></td><td>2</td><td></td><td>弱</td><td></td></tr>
<tr><td>0. 1</td><td></td><td>1</td><td></td><td></td><td></td></tr>
<tr><td>0. 15</td><td></td><td></td><td></td><td></td><td></td></tr>
<tr><td>0. 2</td><td></td><td></td><td></td><td></td><td></td></tr>
<tr><td>0. 25</td><td></td><td></td><td></td><td></td><td></td></tr>
<tr><td>0. 3</td><td></td><td></td><td></td><td></td><td></td></tr>
<tr><td>0. 35</td><td></td><td></td><td></td><td></td><td></td></tr>
</table>
表 1 实验记录表
师：绘制散点图并拟合说明 F 与 I 成正比。
大量实验证实：
当电流方向与磁场方向垂直时，通电导线受到的安培力大小与电流成正比，与通电导线的长度成正比，与磁场的磁感应强度成正比。
$F_{安}=BIL$
拓展：
当 I 与 B 有夹角 q 时，
（将 B 分解成 $B_{\perp}$ 和 $B_{//}$，其中 $F=B_{\perp}IL=BIL\sin\theta$ ）</td>
<td>
图 8　探究安培力大小与 B 和 I 的半定量关系

图 9　不同接线柱改变长度
生：电阻箱阻值的调整，改变电流。
生：接在不同接线柱间
生：磁极距离远近调整改变磁场
师生共同探究
生得出初步结论：
结论 1：I 增大，F 增大
结论 2：L 增大，F 增大
结论 3：B 增强，F 增大

图 10　B 与 I 成一定角度</td>
<td>培养学生观察分析能力、逻辑思维能力。
培养学生进行实验数据记录能力，引导学生思考问题、解决问题。</td>
</tr>
</table>

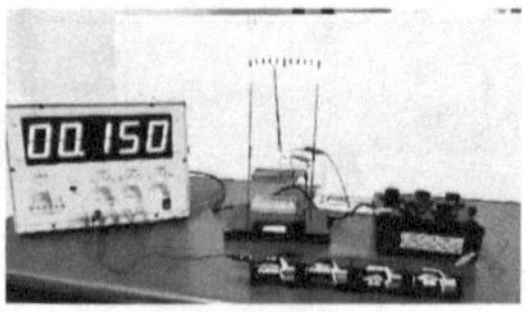

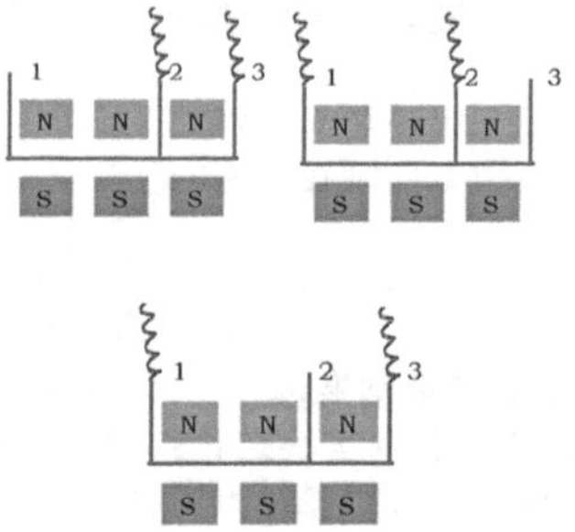

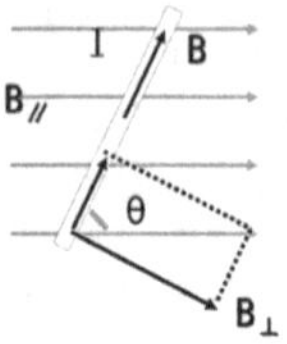

续表3

教学阶段	教师活动	学生活动	设置意图
二、安培力的应用直流电动机	生活中电风扇、面包机、打蛋器和从小到大的玩具电动车里的小马达其实就是电动机，来看看它的构造和原理。 环节一：直流电动机原理 电动机的工作原理如下： 对结构进行介绍，借助实物拍摄图片进行分析。 强调：直流电动机构造中最大的特点就是在蹄形磁铁和铁芯间的磁场是均匀地辐向分布的（即沿直径方向分布）。这样的构造使得线框在转动过程中，其平面始终与磁场平行，即受到安培力的线框中的两边始终与磁场垂直，时刻受到大小恒定 $F=BIL$ 的安培力。 环节二：电动机原理剖面图分析（板书说明） 问题：转过180°后，如何继续转动？ 播放原理视频	 图 11　展示电动机实物图（实验室拍摄） 图 12　电动机原理图 学生观看视频并思考 了解半环状的接口和电刷的作用，并明确惯性在这里的作用。	培养学生逻辑分析能力、合作交流意识和总结能力。 使学生体会到"物理来源于生活，服务于生活"，激发学生学好物理知识的热情。
小结	今天我们学习了磁场对通电导线的作用——安培力，我们了解了安培力的方向可以由左手定则判定，安培力的大小计算公式，知道它在军事和生活中都有应用。	学生思考。 课后完成未完成的电动机制作	首尾呼应，实现从科技到物理，从物理到生活认知的过程。培养学生的分享意识，锻炼学生的归纳能力

磁场对通电导线的作用——安培力
一、安培力
方向　　左手定则
大小　　$F=0$（I//B）
$F=BIl$（I⊥B）
二、应用　电动机

第6课时　教学设计：磁场中的宏微观联系

（一）指导思想与理论依据

2017 年版课程标准中指出"物理观念"主要包括物质观念、运动与相互作用观念、能量观念等要素。"科学态度与责任"是指在认识科学本质，认识科学、技术、社会、环境关系的基础上，逐渐形成探索自然的内在动力，严谨认真、实事求是和持之以恒的科学态度，以及遵守道德规范、保护环境并推动可持续发展的责任感。"科学态度与责任"主要包括科学本质、科学态度、社会责任等要素。

必修 3 学业要求，通过对电磁学及能源相关内容的学习，认识科学对技术的推动作用，体会科技进步对人类生活和社会发展的影响，认识科学、技术、社会、环境的关系，知道保护环境、节约能源、促进可持续发展的重要意义。

对能源和可持续发展的要求是，知道不同形式的能量可互相转化，在转化过程中能量总量保持不变，能量转化是有方向性的。

对于同一物理问题，常常可以从宏观与微观两个不同角度进行研究，找出其内在联系，从而更加深刻地理解其物理本质。因此本节课从磁场对运动电荷的作用、宏观的磁场对通电导体棒的安培力，引导学生认识其物理本质。从洛伦兹力对空间的积累，从能量的观点说明能量转化与守恒，电磁感应在科学、技术、社会和环境等方面有重要的应用。在探究、合作与思考的过程中，逐步形成"物理观念"，构建"科学思维"和提升"科学探究"能力，树立"科学态度与责任"，是物理学科核心素养的要求。学生是社会的一员，关注社会发展，培养学生全面发展的核心素养，包括社会责任、家国情怀和国际视野等，是物理学科立德树人的核心素养。

（二）教学背景

电磁学是物理学习中一个重要的部分，磁场在电磁感应中主要通过对自由电荷的作用实现对导体棒的作用，从而实现从微观到宏观，从物质观到能量观的认识。本节课选用此部分内容进行单元整合教学，对高三二轮复习有着重要的作用，从物理本质上有很大的意义。

高三学生一轮复习之后具有感性思维活跃，对于概念和规律的理解尚可，理论与实践结合能力方面有一定的基础，空间想象和抽象思维能力仍需加强等特点。面临新课程改革的第一年，知识的整合对于学生难度较大，特别是从微观角度认识宏观问题，从物质观到能量观的建立，有助于学生核心素养的提升。

（三）教学目标

1.通过观察洛伦兹力演示仪，从实验现象和原理入手，学会解决实际问题。

2.通过对一个电荷到导体中大量电荷的分析，实现学生从微观到宏观认识的提升，从物质观到能量观的建立。

3.通过电磁炮的环保和高速等要求设计电容器的加入，将动量观念与能量观相结合。培养学生环保理念和实事求是的科学态度。

4.通过磁场的作用这条主线，引导分析电磁感应中导体棒的类型特点，在探究的过程中认识电磁感应的实质以及相应能量转化，做到学以致用。

5.通过物理与生活、科技和军事等方面的联系，提高学生社会责任感，培养必备品质和关键能力。

教学重点和难点

1.教学重点：分析洛伦兹力的特点和能量问题

2.教学难点：应用磁场知识解决分析具体问题，抽象物理模型，提升解决实际问题的能力。

（四）教学思路和流程

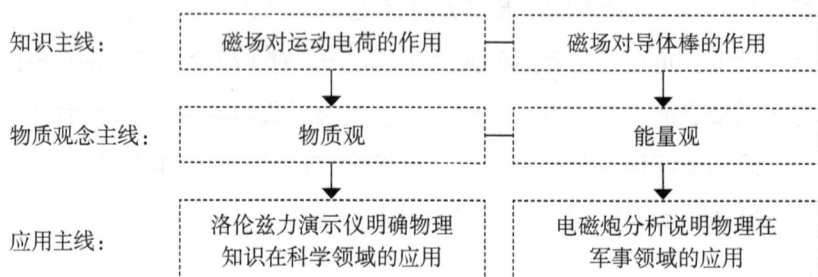

知识主线：
┌─────────────────────────┐   ┌─────────────────────────┐
│   磁场对运动电荷的作用   │───│   磁场对导体棒的作用   │
└─────────────────────────┘   └─────────────────────────┘
              ↓   ↓
物质观念主线：
┌─────────────────────────┐   ┌─────────────────────────┐
│   物质观   │───│   能量观   │
└─────────────────────────┘   └─────────────────────────┘
              ↓   ↓
应用主线：
┌─────────────────────────┐   ┌─────────────────────────┐
│   洛伦兹力演示仪明确物理   │   │   电磁炮分析说明物理在   │
│   知识在科学领域的应用   │   │   军事领域的应用   │
└─────────────────────────┘   └─────────────────────────┘

知识主线：磁场对运动电荷的作用　　磁场对导体棒的作用

物理观念主线：物质观　　能量观

应用主线：洛伦兹力演示仪明确物理知识在科学领域的应用；电磁炮分析说明物理在军事领域的应用

环节一：引课：极光引课

垂直进入匀强磁场的电子在无束缚时的运动情况

带电粒子垂直进入匀强磁场中做怎样的运动？

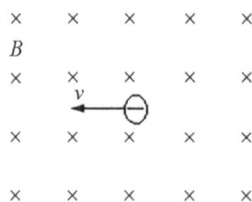

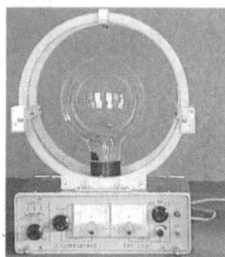

环节二：实验观察电子的圆周运动

我们之前用洛伦兹力演示仪看过这种情况。介绍：由电子枪产生电子束，电子速度的大小可以通过电子枪的加速电压 U 适当调节，加速电压 U 可由面板上的电压表直接读出。前后两个励磁线圈之间可认为是匀强磁场，磁场方向与两个线圈中心的连线平行，在两线圈轴线上磁感应强度大小可以由公式计算，其中 k 为已知的常量，I 为励磁线圈的电流。电子枪产生电子束平行于线圈平面射入匀强磁场。玻璃泡内充有稀薄的惰性气体，在电子束通过时能够显示电子的径迹。$B=kI$ 回顾原理后，思考：

问题 1.若要增大两励磁线圈之间的磁感应强度，下列做法可行的是

A.增大励磁线圈的电流 I　　　B.减小励磁线圈的电流 I

C.增大电子枪的加速电压 U　D.减小电子枪的加速电压 U

（意图培养学生分析新情境的能力，说明励磁线圈近似提供匀强磁场）

问题 2.某同学想利用洛伦兹力演示仪所显示的电子圆运动径迹来测量电子的比荷，请推导电子比荷 $\dfrac{e}{m}$，与磁感应强度 B、电子加速电压 U、电子运动半径 r 之间的关系表达式，并写出实际需要测量的物理量有哪些？

（意图能够从实际问题中回归带电粒子在匀强磁场中做匀圆的模型）

问题 3.测量电子比荷的系统误差主要来自

A.电子圆周运动的直径测量　　　　B.电压、电流表的读数误差

C.两线圈之间磁感应强度不是处处相同　D.电子由于与稀薄的惰性气体分子碰撞而减速

（意图明确实际问题中需要关注的仪器或原理所带来的误差，培养实事求是的科学态度）

环节三：建立从单一电荷到导体棒模型

情境创设：将电子束缚在一个导线之中，令其与导线共同以垂直于匀强磁场的速度运动

问题 1：此时电子所受洛伦兹力如何？（分方向看力）

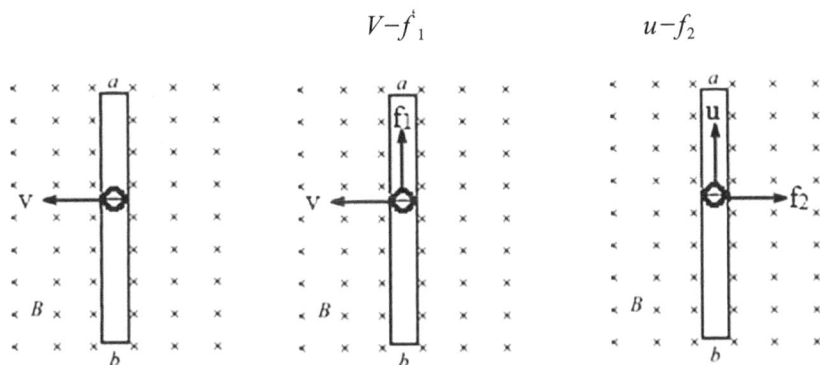

问题 2：洛伦兹力对运动电荷不做功。那么，导体棒 ab 中的自由电荷所

受洛伦兹力是如何在能量转化过程中起到作用的呢？从微观角度看，导体棒ab中的自由电子所受洛伦兹力在空间上的积累起着怎样的作用？

设自由电子电荷量为e，沿导体棒定向移动的速为u。

如图所示，沿棒方向的洛伦兹力$f_1=evB$，做正功

$W_1=f_1u\Delta t=evBu\Delta t$

垂直棒方向的洛伦兹力$f_2=euB$，做负功

$W_2=-f_2v\Delta t=-euBv\Delta t$

所以$W_1+W_2=0$，即导体棒中一个自由电荷所受的洛伦兹力做的总功为零。

沿导体棒方向，f_1做正功，使自由电荷定向移动，宏观上表现为"感应电动势"，生成电能；f_2做负功，宏观上表现为安培力做负功，使机械能减少。大量自由电荷所受洛伦兹力做功的宏观表现是将机械能转化为电能，在此过程中洛伦兹力通过两个分力做功起到"传递"能量的作用。

［机械能转化为电能——发电机模型（因动而电）］

问题3：电动机模型中思考洛伦兹力在能量转化过程中的作用（因电而动）

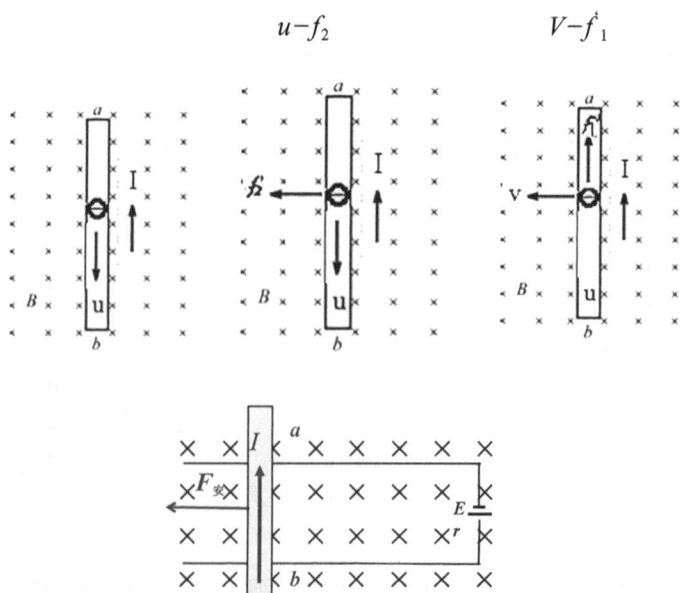

设自由电子电荷量为 e，沿导体棒定向移动的速率为 u。

如图所示，沿棒方向的洛伦兹力 $f_1' = evB$，做负功

$W_1 = -f_1' u\Delta t = -evBu\Delta t$

垂直棒方向的洛伦兹力 $f_2' = euB$，做正功

$W_2 = f_2' v\Delta t = euBv\Delta t$

所以 $W_1 + W_2 = 0$，即导体棒中一个自由电荷所受的洛伦兹力做的总功为零。

f_1' 做负功，阻碍自由电荷的定向移动，宏观上表现为"反电动势"，消耗电源的电能；f_2' 做正功，宏观上表现为安培力做正功，使机械能增加。大量自由电荷所受洛伦兹力做功的宏观表现是将电能转化为等量的机械能，在此过程中洛伦兹力通过两个分力做功起到"传递"能量的作用。

环节四：电磁炮的设想

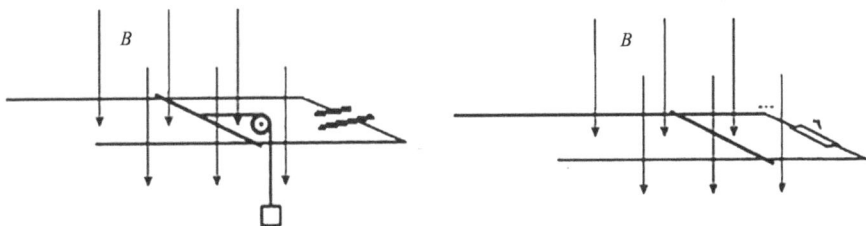

人们运用电磁感应中因动而电设计了发电机，因电而动设计了电动机，在军事上人们也想借助于电磁感应环保和费用低等特点来研制电磁炮和电磁导弹。

初速度极快、加速度可调、命中率高、重量轻、作为动能武器时没有爆炸物，对发射系统磨损轻。

电容器充电过程：将正电荷从负极板搬运到正电极板（实际是自由电子运动），电荷的电势能增加。电容器所存的电能，可以理解为是电荷的电势能，也可理解为中间电场的电场能。

电容器放电过程：f_1' 做负功，阻碍自由电荷的定向移动，宏观上表现为"反电动势"，消耗电容器的电能；f_2' 做正功，宏观上表现为安培力做正功，

使机械能增加。大量自由电荷所受洛伦兹力做功的宏观表现是将电能转化为等量的机械能。

电容器可以快速充放电是它的一个突出特点，被人们广泛地应用于其他领域，比如飞机开舱门需要快速释放大电流也应用到电容。

武器需要有精良的技术。其实电磁炮的发射全部是由电脑控制的，弹头上有精确制导系统，可以非常精准地射击目标。

目前试验初速度已达 4km/s 即音速 10 倍以上，目标是达到 25 倍音速以上，可以将卫星直接发射入轨。

电磁炮发射卫星需要解决的问题：

1.人只能承受 3g 长时间加速，电磁炮加速度太大，所以只能延长加速时间，轨道需要变长（L 对应 1000km），所以目前只考虑做货运。

2.方向因素，水平方向会很快减速，难以达到环绕地球轨道速度，所以需将出口设置在珠峰海拔 8848 米。

3.目前能够发射的炮弹质量不大，是因为加速能力不足（磁场不够强，所以只能通过大电流）；大电流发热和炮身腐蚀等问题。

物理让我们的科技更先进，让我们的国家更加强盛。观看电磁炮发射视频片段。

环节四：小结

我们的国家在科技、航天和军事各领域都处于领先地位，而这些都离不开物理，物理已经成为我们每个人应该具有的科学素养，有了物理知识，我们的国家才更加强大，国强则民安，物理让我们的生活更美好！我们努力学好知识，为我们的美好生活做出我们的贡献。

正如中高考命题目标中提到的"让测评发生在知识处于生成状态或应用状态的情境之中"，"强化对思维过程、探究过程和做事过程的测量与评价"。——教育部张卓玉。基于灵性物理教学法的大单元教学，在具体实践过程中注重情境创设，创设大情境，引导学生在具体情境中建模，并从会做题到会解决问题，逐步落实核心素养。

课时教学设计二：带电粒子在电场和磁场中的偏转（电磁场综合单元）

梅永清　东城区学科带头人

（一）指导思想与理论依据

高中新课程理念的关键在于构建优质高效课堂，应明确物理课堂应该干什么，怎么干？物理教育到底会给学生留下什么东西？因此，本节课依据以下几个方面进行设计：

1. 关注知识教学的同时，注重科学思想和方法。

本节内容为高三的单元复习课，难度较大，学生对带电粒子在电场和磁场中偏转的实际例子没有感性认识，只知道它们应用于示波管和显像管，然而实际情况究竟如何，学生并不了解。因此本节课从示波器中示波管和电视机中显像管的内部真实结构入手，引导学生通过观察，获得了第一手的感性认识材料。继而体验探究知识的全过程，用比较的方法将两部分较难掌握的知识轻松地通过学生的体验得以完成。让学生讨论偏转位移可能与哪些因素有关，并证明自己的猜想，突出学生的主体活动，对培养学生科学的思维、研究方法，发展学生智力有着特殊的意义。有效突出"带电粒子在电磁场中偏转问题"这一教学重点。

教师在教学过程中注重随时渗透"数学知识与物理知识""生活实例与物理知识"和"电偏转与磁偏转"之间的关联，注重提高学生对知识体系整合的能力。并使用类比的方法使学生明确电偏转与磁偏转的区别与联系，使学生最终明确二者在实际应用上的问题，使知识得以学以致用，便于知识迁移，体现了物理源于生活，又应用于生活。通过解决实际问题，来加深学生对物理规律的理解。

2. 突出物理教学基本特征。

本节课在教学中用示波器中的示波管引入电偏转，用电视机中的显像管引入磁偏转，注重"以创设问题情境为切入点"。理论探究电偏转及磁偏转位移特点，体现"以培养学生探究能力为核心"。采用感性认识——理论探究——类比电偏转与磁偏转的逐步上升的物理思维训练方式，体现"提升学生思维能力为重点"。

3.课堂教学注重体现以学生为本。

教师幽默的教学风格，使学生在愉快、轻松的过程中融入物理情境、语言情境、问题情境，在活动中，充分调动学生学习的积极性。教学设计遵循心理发展的规律，通过创设情境，让学生明确实际问题所应用的物理知识，并充分利用已有的知识来解决问题，提高学生的迁移能力，同时建构新的知识结构。

课堂教学中，教师时刻注意教师为主导，学生为主体的教学原则，同时不断结合启发式教学方法，提升课堂教学效果，课上师生活动达30处之多，有学生动手动脑的、学生上台展示的，还有学生谈自己的猜想的，充分调动学生的积极性。最后教师给予更深入知识的引导，使教学内容得到理论上的升华。

（二）教学背景说明

技术准备：电视机、示波器、示波管、PPT课件、电脑和电子白板。

（三）教学目标

1.通过学习使学生认识到电和磁在日常生产、生活中的普遍应用，提高学生的学习兴趣和探究的欲望，变被动接受知识为主动获取知识。通过带电粒子在电场和磁场中的偏转位移的求解过程，使学生掌握求解此类问题的基本思路。

2.通过实例分析，培养实事求是的科学态度，形成严谨的思维习惯，锻炼科学推理能力。引导学生对示波管和显像管基本构造及原理的分析，使学生能正确区分带电粒子在电场和磁场中的偏转。

3.通过引导学生对示波管和显像管中带电粒子偏转位移的分析，培养学生建立物理模型的能力，使学生掌握应用物理规律分析和解决实际问题的基本思路和方法。

（四）教学流程示意

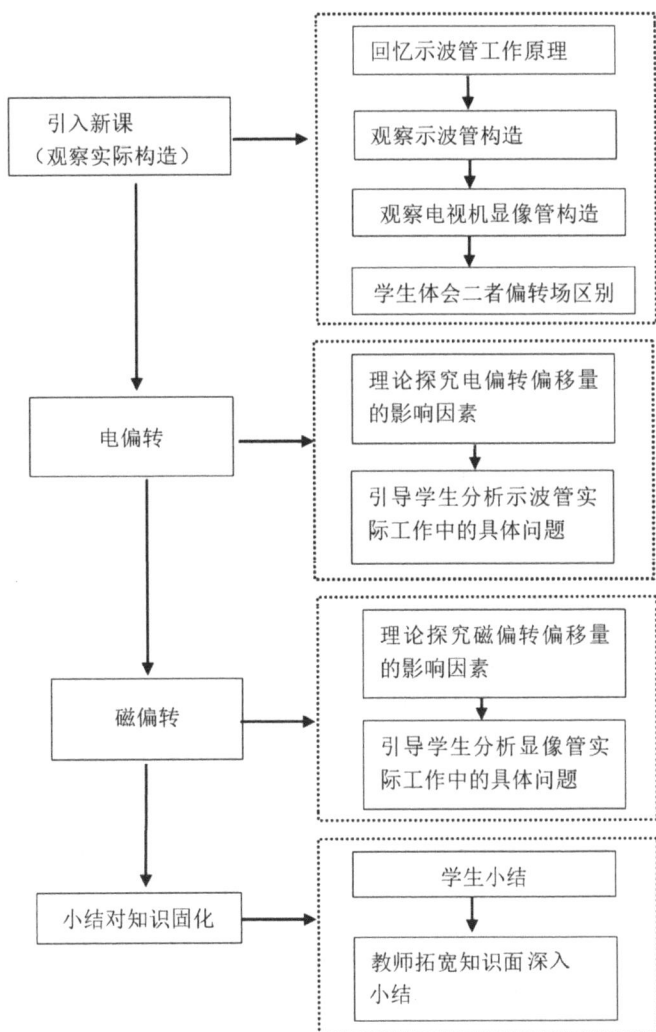

```
引入新课
（观察实际构造）  ──→  ┌─────────────────────┐
                        │  回忆示波管工作原理  │
                        │  观察示波管构造      │
                        │  观察电视机显像管构造 │
                        │  学生体会二者偏转场区别 │
                        └─────────────────────┘

电偏转  ──→  ┌─────────────────────────┐
              │ 理论探究电偏转偏移量     │
              │ 的影响因素               │
              │ 引导学生分析示波管实     │
              │ 际工作中的具体问题       │
              └─────────────────────────┘

磁偏转  ──→  ┌─────────────────────────┐
              │ 理论探究磁偏转偏移量     │
              │ 的影响因素               │
              │ 引导学生分析显像管实     │
              │ 际工作中的具体问题       │
              └─────────────────────────┘

小结对知识固化  ──→  ┌─────────────────────┐
                      │ 学生小结             │
                      │ 教师拓宽知识面深入   │
                      │ 小结                 │
                      └─────────────────────┘
```

（五）教学重难点

教学重点：

1.电偏转和磁偏转的偏转位移分别与哪些因素有关；

2.电偏转和磁偏转的区别。

教学难点：

1.加交变电压时在示波器屏幕上呈现的波形；

2.电子在环形电磁铁产生的磁场中的偏转方向。

重、难点突破措施：

引导学生从基础问题出发，逐步加深，层层推进，突出探究过程和方法；突出学生为主体，培养学生的探究意识，有效突破教学难点。

（六）教学过程说明

教学环节	教师活动	学生活动	教学资源	设计意图
一、观察实物创设问题情境	师1：这里是一台实验室常用示波器，我们回忆一下它的工作原理。 师2：那么偏转电场是由什么装置提供的呢？ 师3：我们来看一下示波器的核心部件示波管，我们看到的只是电子枪和加速电场，偏转场看不到。 师4：实验室有一个废弃的示波管，我们来看一下它的内部构造吧。（图1） 师5：电视机是利用带电粒子在磁场中的偏转制成的，那么是什么装置提供的磁场？我们一起来看一下这台电视机的内部构造吧（截图2）。 过渡：那么示波管和显像管中带电粒子的偏转量和哪些因素有关呢？我们今天就来深入地研究一下。	生1：带电粒子在电场中的偏转；示波管…… 生2：平行板电容器。 生3：观察示波器中的示波管（图1）。 生4：看到内部是两对金属板作为偏转电极。 生5：观察到它的核心部件是显像管，由电子枪、加速电场和偏转磁场组成，我们看到这是导线绕制成的电磁铁，磁场区域是圆形的（图2）。	 图1 示波管的内部结构 图2 电视机的显像管的内部结构	通过学生对实物的研究和认识过程，激发学生的求知欲和探究兴趣。体现物理与生活实际息息相关。

续表1

教学环节	教师活动	学生活动	教学资源	设计意图
二、电偏转 环节一：理论探究	师1：刚刚看过了示波管的内部构造，它由哪几部分组成？（图3） 师2：谁来分析一下电子在各组成部分中的运动？ （引导1　忽略电子初速度和重力的影响，可用动能定理求解加速后的速度。 引导2　可利用平抛运动的规律：水平匀速和竖直方向的匀加速求解。） 师3：P点到O点的距离（即偏移量）会与哪些因素有关？（讨论一分钟） 师4：根据电子在各阶段的运动，我们从理论上来推导一下OP距离（如图4） 师5：从式中可以看出Y与以上因素有关，但l与d均已确定，所以只能调节加速电压和偏转电压。那么我们看偏移量与电量和质量有关吗？	生1：电子枪，加速电场，偏转电场，荧光屏。 生2：分析电子在各组成部分中的运动（忽略电子初速度和重力的影响）。 加速电场：电子做加速运动； 偏转电场：电子做类平抛运动； 出电场后：沿着电子飞出电场时速度方向匀速直线运动。 生3：加速电压，偏转电压，板长，板间距，屏到板的距离，还与带电粒子的电量和质量有关。 根据所给物理量推出OP距离。 生4：学生板书。 生5：与q和m无关	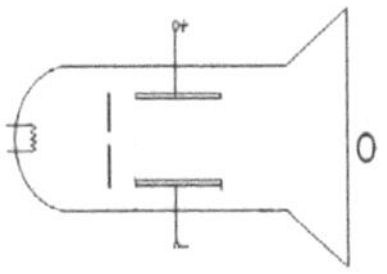 **图3 示波管结构示意** 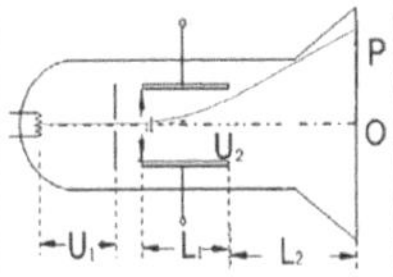 **图4 电子运动轨迹示意**	从实际问题抽象物理模型的建模思想，通过研究物理模型掌握示波管基本原理，注重知识的落实。 教师引导学生从实物观察—提出具体问题—学生猜想偏移量的影响因素—理论探究—总结，培养学生科学探究能力，体会理论探究过程与方法。 注重对课堂生成问题的引导分析，最后由学生通过自己获取的知识解决自身所出现的问题，体现课改理念。

续表2

教学环节	教师活动	学生活动	教学资源	设计意图
环节二：解决实际问题	师1：要想使示波管在荧光屏上亮点低点如何调节？ 引导：若只改变偏转电压，电压变小，偏转位移越小，越来越靠近原点，若想亮点打在下半轴，偏转极板电压应反向。 师2：若从上往下电子连续打在屏上，我们在荧光屏上看到的是什么效果？ 那我们应该在偏转极板上加怎样的电压？ 说明原因：电压虽然是变化的，但由于电子速度非常快，通过平行电极板时，时间极短大约10^{-7}s，两极板电压变化很小，近似不变，极板间可看作匀强电场，电子做的还是类平抛运动，这样电子就会连续打在一条线上，虽然电子打在屏上有先后，但由于亮斑的消退需要时间，再加上眼睛有暂留时间，所以我们看到的是一条亮线。 师3：若在横向加一偏转极板就可实现在荧光屏平面范围上显示亮斑了。 师4：若想亮点打在XOY区域（第一象限），两个偏转极板中分别是哪个极板为正极？（图6） 师5：如果两极板分别加如图所示电压，屏上将出现怎样图像？ 师6：教师引导分析绘制图像的正误（图7）。	生1：偏转位移与加速电压成反比，与偏转电压成正比，所以加大加速电压，或减小偏转电压 生2：一条竖线；周期性变化的电压。 （图5） 生3：思考 生4：回答 生5：解答 生6：纠错	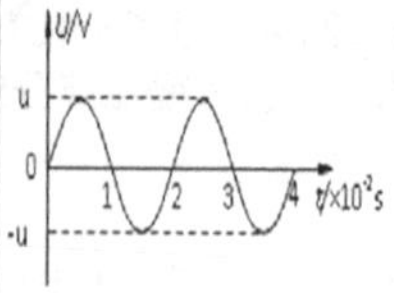 图5 交变电压 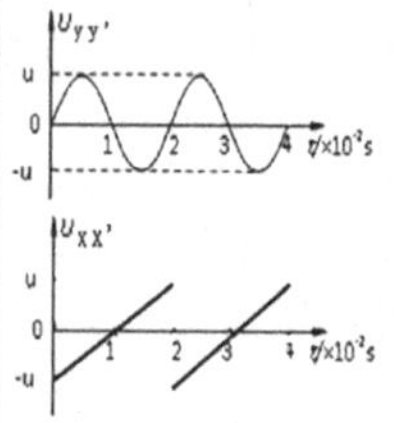 图6 竖直和水平方向所加交变电压 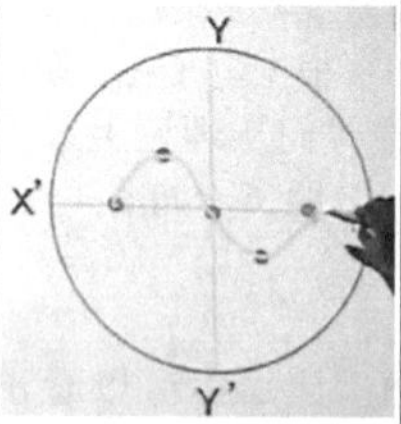 图7 学生绘制图像	通过教师设计的有梯度的问题，引导学生思考实际问题，培养学生的物理思维能力。 通过对视觉暂留和忽略次要因素的介绍，培养学生实事求是的科学态度。 引导学生将所学知识应用于实际，做到学以致用。结合学生的问题进行教学知识的分析。

教学环节	教师活动	学生活动	教学资源	设计意图
	 　展示示波管内部构造	 　展示显像管内部构造	 　学生解答	
三、磁偏转 环节一：理论探究	师1：引导学生设计磁偏转的结构图（图8）。 师2：为了研究方便，我们把磁场设计为圆形区域，我们回忆一下在圆形磁场中带电粒子的偏转有怎样的特点？ 师3：分析电子运动轨迹 师4：P点到O点的距离，与哪些因素有关？ 师5：讲解，订正补充说明显像管中的偏移量与质量、电量均有关。	生1：根据电偏转设计磁偏转结构图。 生2：电子沿半径射入，将沿半径射出；且偏转角等于圆心角。 生3：加速电场：电子做加速运动；偏转磁场：匀速圆周运动（一段圆弧）；出电场后：沿着电子飞出磁场时速度方向做匀速直线运动。 电子轨迹（如图9） 生4：加速电压，磁场半径，磁感应强度，屏到磁场边界的距离 生5：根据所给物理量推出OP距离。	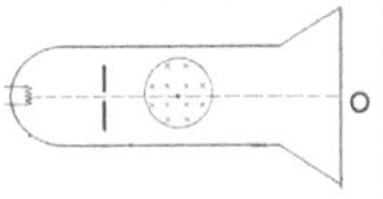 图8　显示器原理图 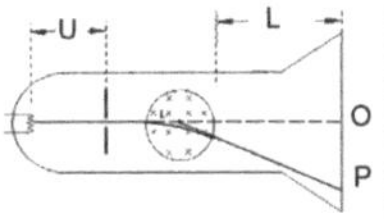 图9　电子在显像管中运动轨迹	此处设计注重与电偏转相比较，注重比较式教学方法的运用，使学生了解到物理现象和规律在实际应用中的联系与区别。

教学环节	教师活动	学生活动	教学资源	设计意图
环节二：规律的应用	师1：要想使显像管荧光屏上亮点靠近中心点O，如何调节？ 师2：若通过调节偏转线圈的电流产生如图10所示磁场，屏幕上将出现怎样图形？ 师3：已知电流方向如图，电子沿中心轴线向里射入，判断电子偏转方向 电视机显像管中若再加一个竖直方向磁场，电子将向水平方向偏转，电子就可以打在屏上各个位置。	生1：偏转位移与加速电压有关，与偏转磁场有关，所以加大加速电压，或减小偏转磁场．若只改变偏转磁场，磁场变小，偏转位移越小，越来越靠近原点，若想亮点打在上半轴，偏转磁场应反向。 2.学生思考，但未能得出正确结果。 生3：在教师引导下，明确电磁铁中磁场的方向（图11）。	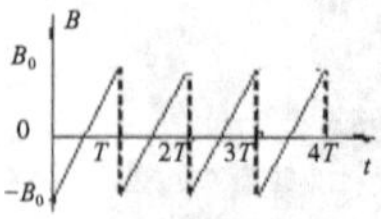 图10 给定磁场随时间变化图像 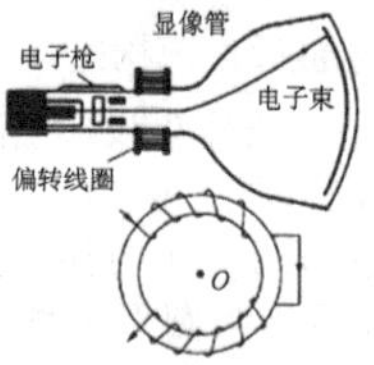 图11 显像管中的电磁铁	以学生研究中出现困难，有解决问题的需求，来突破教学中的难点。
四、总结方法	师1：通过今天的学习，大家想一下示波器和显像管中都是带电粒子的偏转，二者有什么区别？ 师2：引导，相比之下圆轨迹改变方向较快，电视的屏幕较大，电子需要改变较大角度才能满屏，这种情况下如果用电偏转就需要极板更长些，电视显像管就会很长，造价会很高，电视机体积也会很大，所以电视机采用磁偏转。这是电视机选用磁偏转而不用电偏转的原因之一。	生：思考并交流。		

教学环节	教师活动	学生活动	教学资源	设计意图
四、总结方法	师3：我们今天将电视核心结构显像管进行了深入的学习，但我们的电视机仍要买专业厂家生产的，而不是自己去组装，这说明什么？我们学习的只是示波器和电视显像管基本原理，不是学完基本原理就能够自己制造的，它还有很多精密的技术要求是我们所不了解的，需要我们在更高的学府继续学习才行。师4：大家知道三十年前我们小时候看的是什么电视吗？师5：没有颜色，就像黑白照片，没见过吧？你们小时候看的是什么样电视？老式彩电，这两类都是今天讲的电子显像管电视，主要区别就是黑白电视一个电子枪，彩色电视是三个电子枪。师6：现在你家电视是什么样的？挂在墙上的液晶电视。液晶电视已经取代了过去老式的显像管电视，液晶电视不是采用电子显像管，它可以很薄。以前的电脑，都是台式显示屏，运用的也是电子显像管。现在电脑也发展成液晶的了，感兴趣的同学可以上网了解有关液晶显示屏的原理。这节课就上到这里，下课！	生：1.偏转场不同，一个是电场，一个是电磁铁提供的磁场。生2.磁场中偏转速度大小不变，电场中偏转，速度的大小也发生改变。生3：电场偏转中，电子轨迹是抛物线，而磁偏转中电子轨迹是圆。生4：黑白电视生5：老式彩电生6：液晶电视		深化物理建模思想，使学生明确，我们只是学习了相关器材的基本原理，科学研究中需要更多的深入设计。培养严谨的科学态度。

（七）学习效果评价设计

评价方式：采用两种评价方式：

一种是课上，通过提问理论探究示波管和显像管基本原理中偏转位移的影响因素；引导学生分析加入周期性变化电场和磁场时，示波管和显像管荧光屏上出现的图像；课上小结提问学生本节课收获了什么？对学生本节课的学习分阶段进行评价。

另一种是课后，结合本节课的内容，建议学生上网查找有关液晶电脑和电视的基本结构及其相关原理，使学生的学习有一定的拓展和延续。

评价量规：这两种方式中，前一个是课上对学生规律获取的一个效果性检验，后一个则是拓展学生知识面，了解事物之间存在着联系和差别，提升解决问题的能力。

（八）本教学设计与以往或其他教学设计相比的特点

本节课作为高三电磁场大单元的一节主题设计课，充分结合学生的学情，创设示波器和电视机显像管的情境，并将实物进行展示，给学生很强的视觉冲击，学生整节课都沉浸在解决真实问题的过程中，是大单元教学的一节优秀课例。

1. 体现从感性体验到理性分析逐步上升的设计思想。

在新课程改革的实施过程中，方法的教学直接决定教学方式的选用。而本节课的教学设计很好地处理了"感性"和"理性"两者之间的联系与区别。本节课从观察示波器中示波管的内部真实结构与观察电视机中显像管内部结构入手，将内部构造图分别以照片的形式再展示给学生进行感性认识的定位，之后则是就具体的原理进行理论探究式学习，达到感性与理性的统一。

2. 体现物理核心素养教学，重点体现了"以培养学生的科学思维能力为核心"。

本节课抓住电偏转和磁偏转进行探究，在课中设置了多处思考来进行具体原理的解析。如在电偏转中设计了"要想使示波管在荧光屏上亮点低点如何调节？若从上往下电子连续打在屏上我们在荧光屏上看到的是什么效果？我们应该在偏转极板上加怎样的电压？若想亮点打在 XOY 区域（第一象限），两个偏转极板中分别是哪个极板为正极？如果两极板分别加上下图电压，屏上将出现怎样图像？"而磁偏转中则设计了对应的思考"要想使显像管荧光屏上亮点靠近中心点 O，如何调节？若通过调节偏转线圈的电流产生下图磁场，屏幕上将出现怎样图形？已知电流方向如图，电子沿中心轴线向里射入，判断电子偏转方向？"这些问题的设置，符合学生的认知思路。在师生对问题的互动式解决的过程中，教师注重对学生进行思路的拓展，在本节课中有效地培养了学生的物理思维能力。

3.引课与结课是本节课的突出特点。

本节课的引课采用了观察真实的示波管和显像管，突出了"以观察实验（事实）为基础的"物理教学基本特征的同时，充分调动学生的学习积极性，突出了物理知识的实际应用性，使学生结合具体问题进行分析。结课时采用了回顾电视机的发展史，使学生认识到我们今天的学习只是了解了相关器材的基本原理，从原理到实物人们经历了很长时间的探索，但是科技的发展又是日新月异的。希望借此能引发学生的思考，形成正确的科学观。通过课后上网查液晶电脑和电视的资料，实现了物理知识的合理外延。

4.课堂气氛活跃，注重学生主体性，充分体现新课改理念。

本节课课堂气氛活跃，学生参与度高，体现了教师独特的、幽默的教学风格和驾驭课堂的能力。课堂上教师不仅注重学生对所学物理知识和规律的掌握与应用，还通过举着示波管让学生观察示波管的内部构造和推着实验车让学生课上聚集到一起去观察电视机的显像管的内部构造，提升了课堂教学的真实性和对学生的关注。在教学中注重对不同类型学生在课上的生成问题的比较式学习，最终将知识点落实。课上学生得到了发表自己看法的机会，充分调动了学生的积极性，而教师则体现了不可替代的引导作用。

设问篇

大问题引领下的大单元教学利于科学思维的培养，可以在问题或任务设计中培养学生的知识迁移能力。

案例1 单元名称：匀变速直线运动的研究

课时教学设计：必修一 第二章 第三节 匀变速直线运动的位移与时间的关系

（一）教材分析

《普通高中物理课程标准（2017 年版）》提出"能用公式、图像等方法描述匀变速直线运动，理解匀变速直线运动的规律，能运用其解决实际问题，体会科学思维中的抽象方法、物理问题研究中的极限方法和积分思想"。匀变速直线运动是一种理想的运动模型，是对质点运动特征的抽象认识。生活中很多实际运动与理想的匀变速直线运动比较接近，可以近似应用匀变速直线运动的规律来处理。

本节与第二节《匀变速直线运动的速度与时间关系》构成单元核心知识。以匀速直线运动的 $v-t$ 图像围成的面积等于 t 时间内的位移提出问题，通过类比给出匀变速直线运动的位移也等于 $v-t$ 图像围成的面积，由此得出 $x-t$ 关系公式。将这种求位移的方法推广到一般直线运动中，体现了方法的普适性，属于理解层次为显性知识，为学习《自由落体运动》和解决匀变速直线运动问题奠定知识基础。本节内容对已知运动规律进行理论分析，得出速度与位移关系公式 $v^2 - v_0^2 = 2ax$，充分理解匀变速直线运动的规律与意义，内化推理论证的科学思维方法——隐性知识，培养学生应用所学物理知识解决实际问题的能力，充分发挥物理学科的教育功能。

（二）学情分析

匀变速直线运动与生活密切相关，研究匀变速直线运动这种特殊的运动模型很有意义。学生学习了匀变速直线运动速度与时间变化的关系，有意愿学习物体运动的位移与时间的关系，这是有利的显性知识基础。学生有简单的函数图像基础和类比的思想，从匀速直线运动 $v-t$ 图像所围面积迁移求出匀变速直线运动的位移，对培养学生的解决问题能力是有利的隐性知识基础。学生具有将物理原理与实际问题相联系的意识，但从具体问题中提炼重要信息的能力不足，从不同视角分析物理问题能力需要再提升，这些是不利的隐性知识基础。

学生从物理学视角认识客观事物的本质属性、内在规律及相互关系和应用规律解决问题的能力有待提高。本节采用多种方法探究速度与位移、位移与时间之间的关系，提高应用数学研究物理问题的能力，促进学生深入理解和应用规律。

解决匀变速直线运动问题时有很多可以选择的方法，只是乱用公式造成问题复杂化是学习运动学的主要困难。采用在具体问题情境中分析并解决问题，找寻解决问题的快捷方法，培养学生解决问题的能力。

（三）教学目标

1. 能利用 $v-t$ 图像得出匀变速直线运动的位移与时间关系式 $x = v_0 t + \frac{1}{2} a t^2$，进一步体会利用物理图像分析物体运动规律的研究方法。

2. 能推导出匀变速直线运动的速度与位移关系式 $v^2 - v_0^2 = 2ax$，体会科学推理的逻辑严密性。

3. 能在实际问题情境中使用匀变速直线运动的位移公式解决问题，体会物理知识的实际应用价值。

4.了解 v-t 图像围成的面积即相应时间内的位移。提高应用数学研究物理问题的能力，体会变与不变的辩证关系。

（四）教学重难点

本节重点是匀变速直线运动位移与时间，速度与时间关系公式的推导、实验验证。因为匀变速直线运动位移与时间关系比较复杂，以学生现有的实验探究和数学推导能力不易分析出来。本设计建议采用以下策略进行突破：探究分为理论探究和实验探究两种，对 v-t 图像进行理论探究，通过类比得出匀变速直线运动物体的位移等于 v-t 图像围成的面积，由此得出位移与时间关系式 $x = v_0 t + \frac{1}{2}at^2$。公式法与图像法相结合，提高应用数学研究物理问题的能力，了解化曲为直，化变为不变的微元法在物理学中的应用，体会解决问题的一般方法和思维，促进物理观念的形成。

本节难点是对匀变速直线运动模型的感性认识和正确使用公式的能力培养。学生对于匀变速直线运动形式和比较复杂的规律不够熟练，加速、减速等不同实际情况中各矢量正、负号的正确使用方法，合理选用规律方法解决问题等能力均有待提高。本设计建议采用以下策略进行突破：引导学生经历分析与研究过程，推导出位移与时间关系式 $x = v_0 t + \frac{1}{2}at^2$ 和速度与位移关系式 $v^2 - v_0^2 = 2ax$，提高数理与科学论证结合的能力，满足不同学生的发展需求。

有条件的学生可以设计以下学习内容：推理得出匀变速直线运动中通过连续相等时间间隔的位移差恒定，实现知识的迁移；借助追及与相遇问题的解决思路提升综合分析问题、推理论证等科学思维，培养学生灵活应用规律解决问题的能力。引导学生将实际问题抽象为物理模型，依据已知量合理选择公式。学会从图像获取信息，从知识是相互关联、相互补充的思想中，培养学生建立事物是相互联系的唯物主义观点。

（五）教学流程

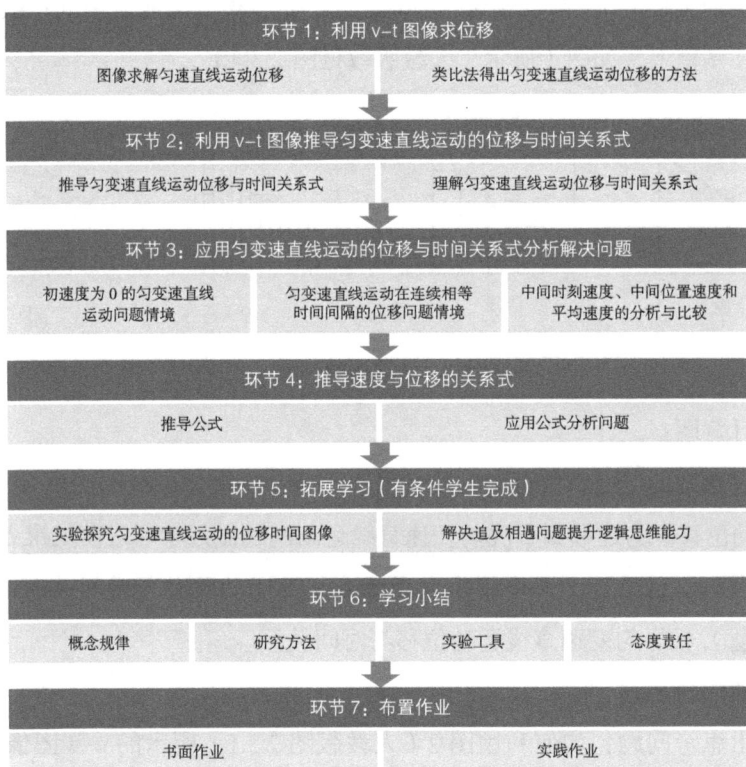

（六）教学过程

环节一：利用 v-t 图像求位移

教师活动 1：

提出思考问题：

1. 如何根据匀速直线运动的 v-t 图像求物体的位移？

2. 自主阅读教材 43 页的拓展学习，从匀变速直线运动的 v-t 图像如何求解位移？

学生活动 1：

阅读、思考、分小组讨论后达成共识：

1. 匀速直线运动的 v–t 图像围成的面积等于时间 t 内的运动位移。

2. 匀变速直线运动的位移可以尝试类比这种方法进行求解。把过程先微分后再累加（积分）。无限分割，逐渐逼近，此思想方法能应用到一般直线运动的 v–t 图像上，如图 1 所示（人教版教材图 2.3.4）。

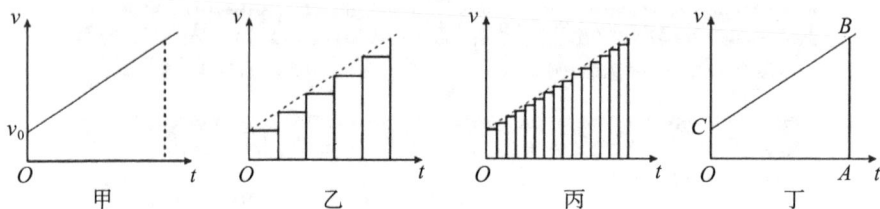

图 1　人教版教材图

设计意图：

通过熟悉的匀速直线运动问题情境，了解 v–t 图像围成的面积等于时间 t 内的运动位移。为迁移到解决匀变速直线运动问题做好学习进阶的准备。

环节二：利用 v–t 图像推导匀变速直线运动的位移与时间关系式

问题 1. 推导匀变速直线运动位移与时间关系。

教师活动 1：

提出思考问题：如何利用图 2（人教版图 2.3.1）所示的 v–t 图像推导匀变速直线运动的位移与时间关系式？

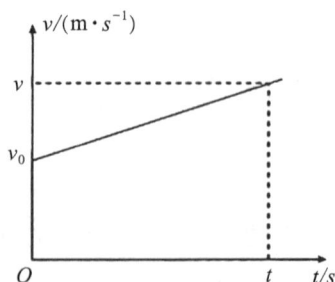

图 2　人教版图

学生活动 1：

思考、讨论与交流后运用数学知识分析，达成共识：

（1）v-t 图像中的梯形面积等于物体做匀变速直线运动的位移，借助梯形面积公式可以得到匀变速直线运动的位移公式 $x = v_0t + \dfrac{1}{2}at^2$。

（2）如图 3 所示，从图像分解为矩形和上方的三角形面积之和出发，为运动的合成与分解做学习进阶准备，初速度不为 0 的匀加速直线运动可以视为：匀速直线运动与初速度为 0 的匀加速直线运动的合运动。

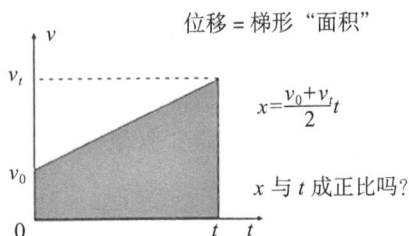

图 3

设计意图：

引导学生利用 v-t 图像得出匀变速直线运动的位移与时间关系，进一步体会在处理较复杂的变化量问题时，常常先把整个区间化为若干个小区间，认为每一小区间内研究的量不变，再求和，这是物理学中常用的积分方法。

问题 2. 理解匀变速直线运动位移与时间关系。

教师活动 2：

提出思考问题：上述推导出的公式是否适用于匀减速直线运动？

学生活动 2：

在教师引导下，小组讨论交流，达成共识：当速度值为正值时，$x>0$，图线与时间轴所围成的面积在时间轴的上方。当速度值为负值时，$x<0$，图线与时间轴所围成的面积在时间轴的下方。位移 $x>0$ 表示位移方向与规定的正方向相同，位移 $x<0$ 表示位移方向与规定的正方向相反。

设计意图：

学生经历分析与研究的过程，总结归纳微元法的技巧和特点，渗透数学极限思维，提高应用数理与科学论证结合的能力，进一步体会图像法分析物体运动规律的研究方法。从公式法和图像法形成对位移与时间关系的完整认识，从 v-t 图像求位移在匀速直线运动到匀变速直线运动，再推广到一般直线运动中，体现方法的普适性。

环节三：应用匀变速直线运动的位移与时间关系式分析解决问题

问题 1. 初速度为 0 的匀变速直线运动问题情境（教材 41 页例题 1）。

问题情境：航空母舰的舰载机既要在航母上起飞，也要在航母上降落。

（1）某舰载机起飞时，采用弹射装置使飞机获得 10 m/s 的速度后，由机上发动机使飞机获得 25 m/s² 的加速度在航母跑道上匀加速前进，2.4 s 后离舰升空。飞机匀加速滑行的距离是多少？

（2）飞机在航母上降落时，需用阻拦索使飞机迅速停下来。若某次飞机着舰时的速度为 80 m/s，飞机钩住阻拦索后经过 2.5 s 停下来。将这段运动视为匀减速直线运动，此过程中飞机加速度的大小及滑行的距离各是多少？

教师活动 3：提出思考。

问题 2：

（1）匀变速直线运动位移与时间关系公式对于初速度为 0 的匀加速直线运动、匀减速直线运动是否都适用？

（2）在具体问题中各矢量正负号的正确使用方法是怎样的？

学生活动 3：

独立完成，分享交流，研讨不同情况问题，达成一致观点：

（1）若 v_0=0，则 $x=\dfrac{1}{2}at^2$。

（2）匀减速直线运动可以视为反向的匀加速直线运动。

（3）通过设定正方向来解决加速、减速等实际问题。

设计意图：

学生掌握匀变速直线运动的位移与时间的关系，能够理论联系实际，应用规律解决简单问题，体会物理知识的实际应用价值。

问题 3. 匀变速直线运动在连续相等时间间隔的位移问题情境

教师活动 4：

（1）给出思考问题情境，引导学生绘制过程草图进行分析，提取重要信息。

（2）组织学生研讨，总结规律。一个做匀变速直线运动的物体，第一个 4s 内通过的位移为 24 m，第二个 4s 内通过的位移为 64 m，求物体的加速度和初速度各是多少？答案：$2.5 \, \text{m/s}^2 \quad 1 \, \text{m/s}$。

学生活动4：

独立思考后自主完成具体问题，通过讨论达成共识：在匀变速直线运动中连续相等的时间（T）内的位移之差是恒量，即：$\Delta X = X_{n+1} - X_n = aT^2$

可能的解法有：

解法一：运用位移时间公式 $x = v_0 t + \dfrac{1}{2} at^2$ 和速度时间公式 $v = v_0 + at$ 进行求解（设初速度 v_0，$t = 4\,\text{s}$，$x_1 = 24\,\text{m}$，$x_2 = 64\,\text{m}$）。

解法二：分析得出匀变速直线运动在连续相等时间间隔的位移差恒定，先求解加速度，再运用位移 - 时间公式求解速度。

因为 $x_n = v_0 T + \dfrac{1}{2} aT^2$，$x_{n+1} = (v_0 + aT)T + \dfrac{1}{2} aT^2$，

所以 $\Delta x = x_{n+1} - x_n = aT^2$

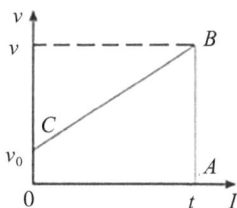

图 4

设计意图：

学生体会将实际问题抽象为物理模型的物理方法，能够运用匀变速直线运动的位移 - 时间关系分析、解释现象。在解决实际问题过程中，学会质疑创新与固化经验，培养学生严谨思维习惯。

问题 4. 中间时刻速度、中间位置速度和平均速度的分析与比较。

教师活动5：

提出思考问题：物体做匀变速直线运动的初速度 v_0，末速度 v_t，试分析该物体平均速度与中间时刻速度、中间位置速度与初末速度的关系，并分析

三者之间的大小关系。

学生活动5：

讨论交流，可能的分析方法有公式法或图像法（如图4所示），最后得出一致结论：

（1）在匀变速直线运动中，某段时间内的平均速度等于该段时间内的中间时刻的瞬时速度，等于这段时间内初速度和末速度的算术平均值，即 $\overline{v} = v_{\frac{t}{2}} = \dfrac{v_0 + v}{2}$。

（2）得出中间位置速度。

（3）明确在匀变速直线运动中（匀加或匀减）均满足中间位置速度大于中间时刻速度（或平均速度）。

设计意图：

培养学生在实际问题情境中应用匀变速直线运动规律解决问题的能力，引导学生体会物理知识对解决生活实际问题的重要作用。

环节四：推导速度与位移的关系式

1. 推导公式

教师活动1：

提出任务：请你根据匀变速直线运动的特点及学过的公式，推导速度与位移的关系式。

学生活动1：

独立思考后，运用 $v = v_0 + at$ 与 $x = v_0 t + \dfrac{1}{2}at^2$ 推导出速度与位移的关系式 $v^2 - v_0^2 = 2ax$。

2. 应用公式分析问题

问题情境：射击时，燃气膨胀推动弹头加速运动。若把子弹在枪筒中的运动看作匀加速直线运动，设子弹的加速度 $a = 5 \times 10^5 \mathrm{m/s^2}$，枪筒长 $x = 0.64\,\mathrm{m}$，求子弹射出枪口时的速度。

教师活动2：

引导学生思考，发现题目中不涉及时间，只有速度与位移，能否直接用速度与位移关系分析?

学生活动 2:

(1)分析是否可以运用 $v=v_0+at$ 与 $x=v_0t+\frac{1}{2}at^2$ 公式解决问题

(2)如果不直接代入数值,运用代入法将时间消去,就有了速度与位移关系公式 $v^2-v_0^2=2ax$

(3)应用得出的速度位移关系公式可以快速解决问题,感受选择合理方法可以更高效地解决问题。因为 $v_0=0$,所以 $V_t^2=2ax=2\times5\times10^5\times0.64$,所以 $V_t=800\,\text{m/s}$。

设计意图:

通过解决具体问题引导学生得出匀变速直线运动速度与位移关系 $v^2-v_0^2=2ax$,体会科学推理的逻辑严密性,学会简化解决问题的方法。

环节五:拓展学习(有条件的学校和学生完成)

1.实验探究匀变速直线运动的位移时间图像

教师活动 1:

布置学习任务:以小组为单位,设计实验方案。组织全班讨论交流,确定可行方案。提出思考问题

(1)如何在实际情境中绘制时间轴?

(2)如何绘制物体静止、匀速直线运动和匀变速直线运动的速度 – 时间图像和位移 – 时间图像?

学生活动 1:

小组合作,设计交流实验方案。分组探究,解决具体问题,突破难点。

(1)利用水平匀速抽动纸张,等距离可以表示相等的时间来作为时间轴(类比地震监测仪或心电图仪器原理)。

(2)合作在纸上绘制笔尖的运动,有条件的学校也可以用"运动合成与分解演示仪",演示匀速直线运动的 x–t 图像的画法。

(3)明确物体的位移时间图像不是物体的运动轨迹。理解速度 – 时间图像和位移 – 时间图像都只可以描述直线运动的情况。

设计意图：

学生自主探究，活跃课堂，突破难点，体现理论指导实践，锻炼灵活应用所学知识与方法解决问题。从实际操作过程中切实明确图像切线斜率、横、纵轴截距等信息的含义，提高使用图像法提取信息的能力。

2. 解决追及与相遇问题提升逻辑思维能力

问题情境：甲、乙两车在平直公路上比赛，某一时刻，乙车在甲车前方 $L_1=11\,m$ 处，乙车速度 $v_乙=60\,m/s$，甲车速度 $v_甲=50\,m/s$，此时乙车离终点线尚有 $L_2=600\,m$，如图5所示，若甲车加速运动，加速度 $a=2\,m/s^2$，乙车速度不变，不计车长。求：

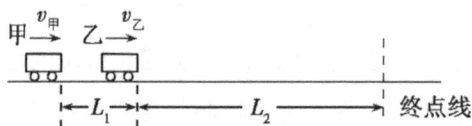

图 5

（1）经过多长时间甲、乙两车间距离最大，最大距离是多少?

（2）到达终点线时甲车能否超过乙车?

答案：（1）$t_1=5\,s$ 此时两车间距离 36 m。（2）因 $x'_乙>L_2$，故乙车已冲过终点线，即到达终点线时甲车不能追上乙车。

教师活动2：

引导分析思考：

（1）解决追及与相遇问题应分析哪些物理量之间的关系?

（2）距离极值出现在什么情况?

学生活动2：

思考并分析与交流，对解决追及与相遇问题达成一致。

（1）实质：分析讨论两物体在相同时间内能否到达相同的空间位置的问题。

（2）两个等量关系：即时间与位移的关系，在同一时刻到达同一位置。这两个关系可以通过画草图得到。

（3）一个临界条件：即二者速度相等时，往往是物体能否追上、追不上或两者相距最远、最近的临界条件。

（4）能否追上的判断方法。

（5）若被追赶的物体做匀减速直线运动，一定要注意判断追上前该物体是否已经停止运动。

设计意图：

突出过程图辅助分析物理情境，初步掌握追及与相遇问题的常规解法。为后续运动学以及动力学复杂问题的分组研讨搭建学习进阶平台。

学生活动 3：分组讨论

问题情境：在水平轨道上有两列火车 A 和 B 相距 s，A 车在后面做初速度为 v_0、加速度大小为 $2a$ 的匀减速直线运动，而 B 车同时做初速度为零、加速度大小为 a 的匀加速直线运动，两车运动方向相同。要使两车不相撞，求 A 车的初速度 v_0 满足什么条件。

答案：要使两车不相撞，A 车的初速度 v_0 应满足的条件是 $v_0 \leqslant (6as)^{\frac{1}{2}}$。

教师活动 3：

引导学生分析问题并组织研讨，进行方法总结。

（1）物理分析法：抓住"同一时刻到达同一位置"这一关键，挖掘题目中的隐含条件，建立运动关系图。

（2）数学极值法：根据条件列方程，得到关于 t 的一元二次方程，用判别式进行讨论。若 $\Delta > 0$，即有两个解，说明可以相遇两次；若 $\Delta = 0$，说明刚好追上或相遇；若 $\Delta < 0$，说明追不上或不能相遇。

（3）图像法：将两个物体运动的速度 – 时间关系在同一图像中画出，利用图像分析求解相关问题

（4）相对运动法：巧妙地选取参考系，然后找出两物体的运动关系。

学生活动 4：

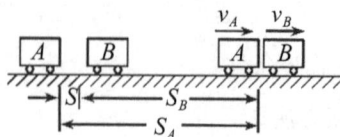

图6

可能的解决方案有：

方法一：（物理分析法）A、B 车的运动过程。

利用位移公式、速度公式求解，明确追上时，两车不相撞的临界条件是 $v_A=v_B$。

方法二：（数学分析法）利用判别式求解，由 $s_A=s+s_B$，整理得到关于时间 t 的一元二次方程，当根的判别式 $\Delta \leqslant 0$ 时，t 无实数解，即两车不相撞进行分析。

方法三：（图像分析法）利用速度－时间图像求解，先作 A、B 两车的速度－时间图像，其图像如图6所示，设经过 t 时间两车刚好不相撞，求出时间 t，经 t 时间两车发生的位移之差，即原来两车间的距离 s，它可用图中的阴影面积表示，如图7所示。

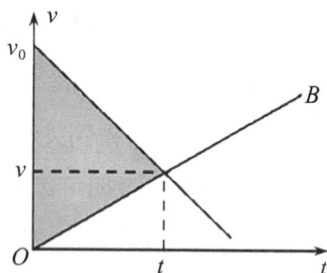

图7

（有条件的学生可以尝试）

方法四：（相对运动法）巧选参考系求解。以 B 车为参考系，A 车的初速度为 v_0，加速度为 $a'=-2a-a=-3a$。A 车刚好追上 B 车的条件是：$v_t=0$，这一过程 A 车相对于 B 车的位移为 s，由运动学公式 $v^2-v_0^2=2ax$ 分析问题。

设计意图：

运用匀变速直线运动规律解决实际问题，体会物理知识的实际应用价值。正确选用公式与方法解决问题，提高应用数学研究物理问题的能力，体会临界问题的思考方式，培养严谨的逻辑思维能力。

环节六：学习小结

教师活动1：

提出思考问题：本节课你有哪些收获？

学生活动1：学生可能从以下几个方面小结：

1. 概念规律：匀变速直线运动的位移与时间的关系、匀变速直线运动的速度与位移的关系。

2. 研究方法：图像法与类比法：以匀速直线运动的 $v-t$ 图像围成的面积等于时间 t 内的位移 x 提出问题，通过类比得出做匀变速直线运动的物体的位移等于 $v-t$ 图像覆盖的面积。积分与极限的方法：渗透用 $v-t$ 图像所围面积求位移的积分思想，把过程无限分割，以"不变"近似代替"变"，再进行累加，学生初步认识极限思想。公式法与图像法相结合：将公式与图像整合分析，突破从图像获取相关信息的难点。

3. 实验工具：通过纸、笔做实验探究，绘制出笔尖静止与匀直的位移 - 时间图像，理解图线不是真实的运动轨迹。

4. 态度责任：通过解决实际问题，培养学生灵活运用物理规律，恰当选择方法和归纳方法的能力。

环节七：布置作业

1. 书面作业：完成课后练习与应用中的习题。

2. 实践作业：

分组实验：自主设计如何绘制静止、匀速直线运动和变速直线运动的 $x-t$ 图像，理解 $x-t$ 图像只能表达直线运动，图线不是物体的运动轨迹。有条件的同学进行交流分析，说明追及与相遇问题中距离取极值的临界条件。

环节八：板书设计

第三节 匀变速直线运动的位移与时间关系

1.匀速直线运动的位移

在 v-t 图像中图线与坐标轴围成的面积等于位移的大小。位移公式：$x=vt$

2.匀变速直线运动的位移

位移公式：$x=v_0t+\dfrac{1}{2}at^2$

（1）不管图线的形状如何，在 v-t 图像中，图线与坐标轴所围的面积大小都表示相应的位移。面积在 t 轴上方表示位移为正，下方表示位移为负。

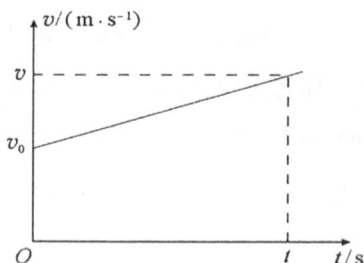

图 8

（2）因为 v_0、a、x 均为矢量，使用公式时应先规定正方向。若物体做匀加速运动，a 取正值；若物体做匀减速运动，则 a 取负值。

3.速度与位移的关系：$v^2-v_0^2=2ax$

（七）学习评价

《匀变速直线运动的位移与时间的关系》学习过程评价量表

评价项目	评价指标	评价等级
物理观念	初步了解匀变速直线运动位移与时间的关系规律，能将其与问题解决联系起来	水平 1
	会运用位移与时间关系的公式解决简单的问题	水平 2
	能在熟悉的问题情境中根据需要选用所学的恰当的模型解决简单的物理问题	水平 3

续表

评价项目	评价指标	评价等级
科学思维	将数学方法与物理相结合	水平 1
	从物理过程得到一般的方法和思维	水平 2
	能对综合物理问题进行分析和推理，获得结论并做出解释	水平 4
科学探究	能参与具体问题情境的思考，得出初步结论	水平 1
	能在解决具体问题过程中，总结归纳微元法的技巧和特点	水平 3
	能对已有结论提出有依据的质疑，采用不同方式分析解决物理问题	水平 4
科学态度与责任	有研究匀变速直线运动规律的兴趣，具有实事求是的科学态度，能与他人合作	水平 2
	在合作中能坚持观点，又能修正错误	水平 4
	明确知识是相互关联、相互补充的，具有事物是相互联系的唯物主义观点	水平 4

（八）设计后记

本设计重点在于厘清匀变速直线运动所涉及的五个物理量：初速度、加速度、时间、位移和末速度之间的关系。初速度和加速度是确定的，时间、位移和末速度是三个变量，其中任意两个变量都存在制约关系，这就是匀变速直线运动的规律。设计运用公式法与图像法引导学生深入分析匀变速直线运动规律，从知识是相互关联、相互补充的思想中，培养学生建立事物是相互联系的唯物主义观点。

生活中很多实际运动，如果与理想的匀变速直线运动比较接近，则可以近似地应用匀变速直线运动的规律来处理。在对已知运动规律的理论分析基础上，充分理解运动的规律与意义，内化推理论证的科学思维方法。通过本节课的学习，学生掌握速度与位移关系公式的推导过程和实验验证过程，了解物理规律得出的一般方式，培养质疑创新精神，强化应用数学工具的能力。

案例2 单元名称：牛顿运动定律

课时教学设计：牛顿运动定律的应用

（一）设计思想

本节课属于牛顿运动定律大单元，为规律应用课，主要设计思想体现在以下三个方面：

1.注重规律应用，突出新课标以物理知识体系为载体的特点。牛顿运动定律是物理学的基石，更是解决动力学问题的主要依据。因此，在本节课的设计中抓住以滑雪运动为背景并作为一条主线，以物理情境的分析为基础，分析研究运动物体受力情况和运动状态，掌握解决力和运动问题的一般方法，逐步加深对于"加速度是连接力和运动的桥梁"认识，培养学生归纳总结物理思想方法的能力。

2.注重创设情境，突出研究过程和方法。以生活中的物理情境为研究基础，按照情境展现—建构模型—解决问题—总结方法—联系实际的思路，层层推进突出定律的应用。

3.学生是意义的主动建构者，在联系实际的环节设计了发散性思维的问题，突出学生的主体活动，培养学生的探究意识。

（二）指导思想与理论依据

课标中对"牛顿运动定律的应用"考查要求是："理解牛顿运动定律，用牛顿运动定律解释生活中的有关问题。"但运用牛顿运动定律来解释和解决实际问题仍是学生学习的难点，也是教师在教学过程中思考的重点。在物理教学过程中掌握物理方法对物理能力的培养具有积极的作用，通过对生活实际问题的解决来锻炼物理思维能力尤为重要。

物理教学基本特征的指导：本节课突出"以创设问题情境为切入点"和

"以培养学生思维能力为核心"进行有效教学。

物理教学理论的指导：突出"主体性、体验式、活动化、生活性"物理规律应用的教学模式。通过运用规律解决实际问题，来加深学生对物理规律的理解。

（三）教学背景说明

1. 教材分析。

牛顿运动定律是力学乃至整个物理学的基本规律，是动力学的基础。是学生学好物理学的基础。

本节起到承上启下的作用，是对牛顿三个定律认识的巩固和提高。对于提高学生理论联系实际的能力起着重要的作用。

2. 学情分析。

学生已经学习了力学、运动学和牛顿运动三个定律，对于加速度有了具体的理解，具备进行综合问题学习的初步基础。

高一学生具有感性思维活跃，抽象思维能力较弱的特点，对于概念和规律的理解不够深入，在利用规律解决实际问题方面显得力不从心。

技术准备：PPT 课件、视频、投影仪、电脑。

（四）教学目标

1. 通过运动学分析，学会结合物体的运动情况进行受力分析。

2. 通过创设统一的滑雪运动情境，掌握建立物理模型、进行受力分析和应用物理规律解决实际问题的基本思路和方法。

3. 了解力与运动是与我们生产生活密不可分的，体会生活处处有物理。通过实例分析，养成良好的思维习惯，形成严谨的科学态度。学会用牛顿运动定律来解释和解决实际问题。

（五）教学重点难点说明

教学重点：掌握应用牛顿运动定律解决问题的基本思路和方法。

教学难点：学习运用牛顿运动定律来解释和解决实际问题。

重、难点突破措施：

以生活中的物理情境为研究基础，按照情境展现—建构模型—解决问题—总结方法—联系实际的思路，层层推进突出定律的应用，突出研究过程和方法。在联系实际的环节设计了发散性思维的问题，突出学生的主体活动，培养学生的探究意识，同时有效突破教学难点。

（六）教学过程流程图

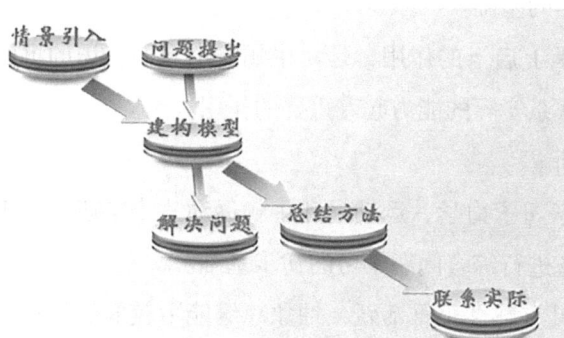

教学环节	教师活动	学生活动	教学资源	设计意图
一、创设情境	很多同学都喜欢滑雪运动，冬季快要到了，我们一起来观看一段滑雪视频（图1），请思考滑雪运动中蕴含着哪些与运动和力相关的物理问题？	观看视频，观察滑雪者的运动。思考滑雪者受力和运动情况。	图1 引课视频	新课程标准强调通过从自然、生活到物理的认识过程，激发学生的求知欲和探索兴趣。体现了"以创设问题情境为切入点"，自然地过渡到应用牛顿运动定律解决实际问题。

续表1

教学环节	教师活动	学生活动	教学资源	设计意图
二、实例分析	情境一：建构竖直方向匀加速直线运动模型。 引导分析： 1. 研究对象：题中给出滑雪者所受支持力。如何确定研究对象，进行受力分析？ 2. 题中给出哪些信息，如何从这些信息进一步分析？这就需要知道滑雪者的运动状态了。滑雪者在这一段做何种运动呢？ 3. 从运动学信息还可以得到什么信息呢？ 4. 滑雪者所受支持力已知，现在我们又知道了加速度，运用什么规律可以解决质量问题呢？ 教师引导说明：在解决实际问题时，我们忽略了阻力，将人与其装备视为质点，在物理中构建了一个"竖直方向上的匀加速直线运动的模型"。	思考问题，明确研究对象和运动情况： 1. 滑雪者。 2. 运动学信息。初速度、末速度和时间。 力是改变物理运动状态的原因，恒定的力将产生恒定的加速度，所以做竖直方向匀加速直线运动。 3. 加速度。 4. 用运动学公式求解加速度，之后运用牛顿第二定律求解 m。 学生解答： 因为：$x=\frac{1}{2}at^2$ 所以：$a=3\,\text{m/s}^2$ 又因为：$F_合=ma$ 所以有：$N-mg=ma$ 所以 $m=640/12.8=50\,\text{kg}$	 图2　情境一图片 PPT情境一：滑雪者在山脚乘坐直升机上升到山顶，若从山脚刚开始起飞的直升机，在最初的2s内匀加速竖直上升了6m，而在这个阶段滑雪者对飞机座位的压力为 $F=640N$，请问滑雪者的质量是多少？	从实际问题抽象物理模型的建模思想，通过研究物理模型受力和运动，从中归纳解决动力学问题的基本方法。 教师指导学生从实际运动中获取相关信息，设计"问题链"启发学生思考。 通过层层设问逐步帮助学生从生活实例构建匀加速直线运动的物理模型，并初步感受在解决力与运动的问题中离不开对加速度的分析。

续表2

教学环节	教师活动	学生活动	教学资源	设计意图
二、实例分析	情境二：构建水平方向匀速直线运动和匀减速直线运动模型。 教师引导：确定研究对象，提取信息，思考一下题中关键问题是求解 a。 强调此处关注如刹车，减速运动，关注不能倒退等实际问题。	提取信息，分析问题明确此题为已知力求解运动问题。 并进行相应求解，学生板书解题过程：因为整体做匀速直线运动，所以有 $F=f$ $f=\mu N$ $N=mg$ 所以 $F=40N$ $F'=32N$ $F_合=40-32N=8N$ $a=8/80=0.1\,\text{m/s}^2$ $x=v_0t-\dfrac{1}{2}at^2$ $=3.8\,\text{m}$	 图3　情境二图片 PPT情境二：滑雪者和滑雪板的总质量 $m=80\text{kg}$，滑雪板与雪地之间的动摩擦因数 $\mu=0.05$。工作人员拉着他以 2m/s 的速度沿水平面做匀速直线运动，需要给他多大的水平拉力？若运动中拉力突然变为 32N，并持续作用 2s，问：在这 2s 内他的位移是多大？取 $g=10\text{m/s}^2$	突出解决已知力求解运动情况这一动力学基本问题，明确抽象物理模型的重要性，更加突出加速度是解决动力学问题的关键。 此处强化解题方法的指导。注重引导学生独立分析问题。
	情境三：构建斜面上的匀加速直线运动模型 引导学生对研究对象，受力分析以及信息的有效整合。	学生在教师引导下讨论交流完善此情境问题： 研究对象：滑雪者 运动分析：沿斜面向下的匀加速直线运动 展示自己完成的问题。 解：（1）根据公式 $x=at^2/2$ 求得滑雪人下滑的加速度： $a=2\,\text{m/s}^2$ （2）列正交分解等式： X：$mg\sin37°-f=ma$ 解得 $f=320\,N$ 又因为 $f=\mu mg\cos37°$ 所以 $\mu=0.5$	 图片4　情境三图片 PPT情境三：滑雪者和滑雪板的总质量为 80kg，从长为 100m、倾角为 $37°$ 的斜坡滑道顶端由静止开始加速下滑，经 10s 滑到了坡底。取 $g=10\text{m/s}^2$，那么他所受的阻力（包括摩擦和空气阻力）为多大？滑雪板与雪地的动摩擦因数多大？	采用了教师引导，学生主动探究的教学方式，突出学生的主动建构过程，有效突破学习的难点。 通过引导学生思考，并讨论、展示，交流自己所得到的结果，体现探究学习特点，在交流展示过程中既充分锻炼了学生的思维能力又运用了学生认知特点中的"互补性"，提高学习效率。 教师强调压力不一定等于重力，一定要关注受力分析和正交分解法的使用。

教学环节	教师活动	学生活动	教学资源	设计意图
三、总结方法	我们怎样归纳总结应用牛顿运动定律解决问题的基本方法和思路？大家思考、讨论、交流自己学习的物理建模思想，提出问题、解决问题，明确解决动力学两类基本问题的方法。	学生汇报交流结果： （1）灵活选取研究对象，建构物理模型。 （2）将研究对象提取出来，分析物体的受力情况并画受力示意图，分析物体的运动情况并画出运动过程简图。 （3）利用牛顿第二定律或运动学公式求加速度。通常用正交分解法：建立正交坐标，并将有关矢量进行分解。取加速度的方向为正方向，题中各物理量的方向与规定的正方向相同时取正值，反之取负值。 （4）列出方程并求解，检查答案是否完整、合理。		深化物理建模思想，提出问题、解决问题，明确解决动力学两类基本问题的方法。实现对"物理思维能力的培养"。
四、联系实际	1. 引导学生回忆本节课主要解决了滑雪场景中的匀加速运动、匀速运动和匀减速运动模型中的动力学问题，生活中有哪些类似的实际问题？ 2. 请大家来解决一下这个有关刹车问题。	1. 学生可以想到：汽车启动、刹车、电梯升降、物体上抛、下落…… 2. 学生运用规律解决生活中的动力学问题。 摩擦力 $f=\mu \quad mg=ma$ $\mu g=a \quad 0.7 \times 10=a$ $a=7\,\mathrm{m/s^2}$ x $x=\dfrac{1}{2}at^2$ $t=1.47\,\mathrm{s}$ $v=at=10.3\,\mathrm{m/s}$ $=37.1\,\mathrm{km/h} > 30\,\mathrm{km/s}$ 所以超速	PPT情境1： 某城市的一条道路，规定车辆的行驶速度不得超过30 km/h。在一次交通事故中，肇事车是一辆卡车，量得这辆卡车紧急刹车（车轮被抱死）时留下的刹车痕迹长为7.6 m。经过测试得知这种轮胎与路面的动摩擦因数为0.7，请判断该车是否超速。	1. 使学生明确生活中有很多动力学问题，说明生活中处处有物理。 2. 培养学生解决实际问题的能力。

续表4

教学环节	教师活动	学生活动	教学资源	设计意图
四、联系实际	3.给出"天宫一号发射"素材。组织学生分组讨论，利用素材中的信息设计并解答问题。 4.学生根据给出的素材自行设计一个物理问题并展示交流。教师可以将单一的运动和力学问题结合成动力学问题，再进行设计。	3.学生提取信息，提出问题、分析问题以及解决问题等综合能力应用于实际，学以致用。 4.各组展示交流自己所设计的问题。 生：已知发射塔高124.8m，星箭合体仅用6s飞离发射塔，试求其加速度？ 生：火箭发射后飞离发射塔的阶段推力为1.63×10^6N，星箭总质量为火箭加注推进剂后星箭总质量约4.70×10^5kg，求火箭飞离发射塔过程中的加速度。	PPT情境2：天宫一号是中国首个目标飞行器，于2011年9月29日21时16分3秒在酒泉卫星发射中心发射。天宫一号在此次发射过程，星箭合体仅用了约6s的时间就飞离了发射塔，天宫一号目标飞行器高10.4m，由全长约52m的长征二号FT1火箭运载，发射塔高约为星箭合体的两倍。火箭加注推进剂后星箭总质量约4.70×10^5kg，火箭发射后飞离发射塔的阶段推力约为1.63×10^6N，并保持不变。（不考虑发射的初始阶段星箭质量的变化）	3.培养学生提取信息，提出问题、分析问题以及解决问题的能力。突出学生主体性，增加参与度，激发学习主动性。 4.在交流展示中享受成功的喜悦。

板书设计

§ 牛顿运动定律的应用
一、问题情境分析：
情境1、情境2、情境3
二、思路与方法：

板书设计说明

板书提纲挈领，将本节课的主要解决问题的思路和方法展现出来，便于学生直观地感知，抓住本节课重点在于解决动力学问题的基本方法与思路，同时体会本文主旨——以创设滑雪情境为主线，关注理论联系实际，关注方法能力的培养。

创新实验篇

实验是探究式教学很好的应用之处，对探究能力的培养也很有益处；融合运用传统与现代技术手段是我们在物理教学中关注实验效果而必须采用的方式方法。

案例1　单元主题：相互作用——力

主（第五）课时教学设计：必修一　第四章　第五节　共点力的平衡

（一）教材分析

本单元教材将重力和弹力合并为一节课，牛顿第三定律放入本章，为解答共点力平衡问题的受力分析奠定知识基础。设立"物体受力的初步分析"小标题，为分析"共点力的平衡"问题设下伏笔。"力的合成"和"力的分解"合并为"力的合成和分解"，把求解实际情境问题放在"共点力平衡"。"共点力的平衡"作为一个独立知识点，在牛顿第二定律之前学习，作为本章一个重点。学生在学习过程中，形成科学思维方法，为学习和应用牛顿第二定律带来帮助，有利于循序渐进地形成运动与相互作用观。

课标要求重点学会运用运动与相互作用关系的视角来观察物理问题。形成以"选择研究对象"为起始步骤的共点力平衡问题的分析思路。难点是在真实情境中如何选定研究对象，能使研究对象既涵盖情境中的已知条件和需解决的问题，且符合共点力的模型。

本章有两个探究性学生实验，多个学生实验，要求学生对实验数据采取实事求是的态度，对偏离实验预期的数据，也要如实记录，然后分析是误差的原因还是实验操作的失误。这一章联系实际的内容很多，让学生运用自己学得的知识正确解决生活和社会中的实际问题，有利于增强他们的成就感和责任感。

（二）学情分析

高一学生具有一定的知识基础，如受力分析、二力平衡等知识的储备对于学习共点力的平衡有一定的基础；在经过了前两个章节的学习之后，学生有了一定的实验技能和实验数据处理能力，在实验探究环节可以较快地理解并完成。

思维障碍点与发展点：

1.学生知道共点力是力的作用线相交于同一点的一组力，但现实生活中存在很多力的作用点虽然不在同一点、但力的延长线交于一点的实例，它们都是受共点力作用的物体，仍需加深理解。

2.在实际应用方面，抽象物理模型的能力还有待提高。

对于创新设计的实验需要教师进行适宜的引导，为学生所接受并内化为自身的知识。

（三）单元与主题教学目标和学习目标

单元教学目标：

1.认识重力、弹力与摩擦力。通过实验，了解胡克定律，知道滑动摩擦和静摩擦现象，能用动摩擦因数计算滑动摩擦力的大小。

2.通过实验，了解力的合成与分解，知道矢量和标量。能用共点力的平衡条件分析生产、生活中的问题。

第一节　重力与弹力　教学目标

1.在复习初中知识的基础上侧重讲授关于重心的知识。

2.在探究弹簧弹力与形变量关系的实验中，通过二力平衡条件，得到弹簧弹力的大小等于砝码重力，明确测量弹簧弹力大小的原理。

3.胡克定律的探究体会由定性到定量、由简单到复杂的研究思想。

第二节　摩擦力　教学目标

1.滑动摩擦力的公式。

2.静摩擦力方向大小，通过实验说明，静摩擦力的大小随着拉力的变化而变化，学生认识这是用"二力平衡条件"来求解的。

第三节　牛顿第三定律　教学目标

1.注重作用力和反作用力的分析。

2.注意某力的反作用力与其平衡力的辨析，从作用对象、适用规律、力的种类三个方面来认识力。

第四节　力的合成和分解　教学目标

1.引导学生进行力的合成探究，引导学生从同一点作出 F_1、F_2 和 F 三个矢量，启发学生观察这三个矢量，猜想这三个矢量可能会组成一个怎样的几何图形？

2.明确力的合成与力的分解运算方法。

第五节　共点力的平衡　教学目标

1.掌握共点力概念。

2.引导学生得出共点力平衡的条件。

3.共点力平衡条件的应用，解决问题的思路。

本节课在单元教学中起到学以致用的作用，将本章知识用于解决具体问题，具体操作中采用忽略摩擦，简化问题研究。

第五节　共点力的平衡　学习目标

1.了解共点力作用下物体平衡的概念。

2.通过理论探究和实验探究得出共点力平衡的条件。

3.通过古今现象的举例分析知道共点力作用下物体平衡条件在生活、技术中有大量应用，并掌握解决平衡问题的基本思路和方法，培养逻辑思维能力和应用知识解决实际问题的能力。

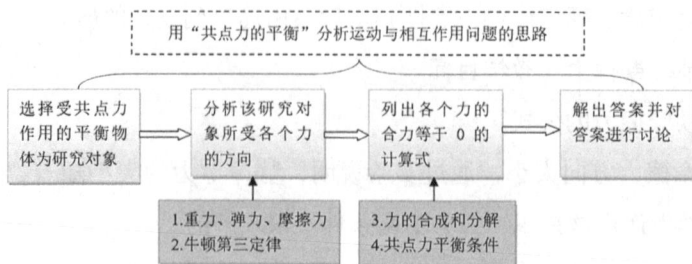

用"共点力的平衡"分析运动与相互作用问题的思路

| 选择受共点力作用的平衡物体为研究对象 | 分析该研究对象所受各个力的方向 | 列出各个力的合力等于 0 的计算式 | 解出答案并对答案进行讨论 |

1.重力、弹力、摩擦力
2.牛顿第三定律

3.力的合成和分解
4.共点力平衡条件

（四）教学重难点

教学重点：共点力作用下物体平衡条件。

教学难点：解决平衡问题的基本思路和方法。

（五）教学过程（单元）

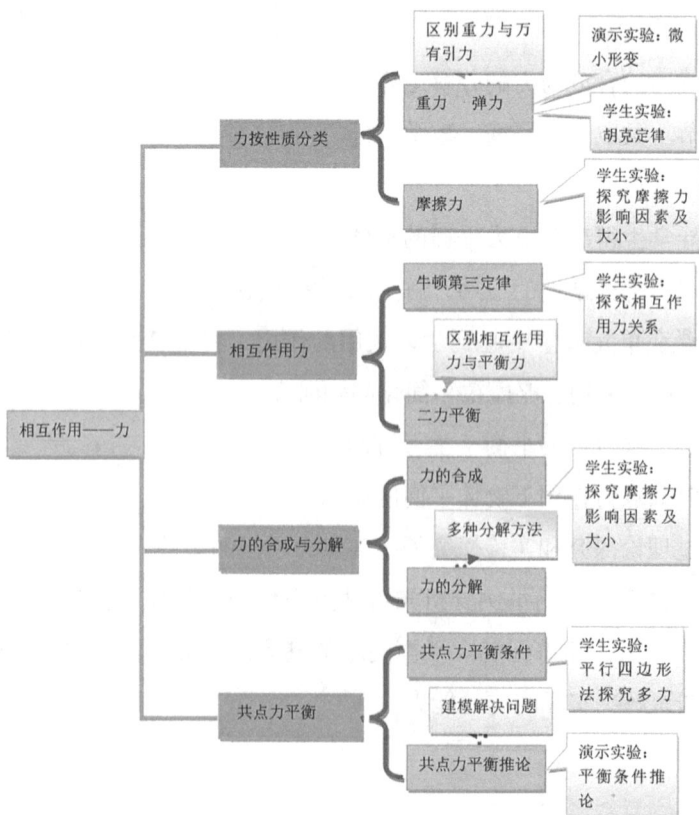

（六）主题教学过程

教学阶段	教师活动	学生活动	设置意图
创设情境	人们在生活中离不开平衡的知识，我国古代的人们已经开始运用平衡的知识了。介绍一个神奇的器具引课。有关小口尖底瓶的活动引课思考以下问题： 1. 小口尖底瓶是做什么的器具？ ——盛水 2. 如何运输呢？ ——手提，或者背着。 一个物体在共点力作用下，保持静止或匀速直线运动，我们就说这个物体处于平衡状态。	学生表演传统文化故事介绍器具，引入新课。提出问题： 1. 小口尖底瓶是做什么的器具？——盛水 2. 如何运输呢？ ——手提，或者背着。 3. 用手固定好绳端，背部成一定倾角，如果处于静止或匀速直线运动时，我们本节课考虑无 f 的情况，物体受到哪些力的作用？ 4. 绳的拉力和背部的支持力会怎样呢？ 思考并回答： 几个力如果作用在物体的同一点，或者它们的作用线相交于一点，这几个力就叫作共点力。 建立物理模型。	学生活动激发兴趣，引发思考。 能力线索：感知内容，将真实问题转化为用物理解决问题的能力。 PPT 辅助学生对思路的理解，培养学生整合知识的能力。
一、共点力作用下物体平衡条件理论+实验探究	那么共点力平衡的条件会是怎样呢？ 1. 理论分析平衡条件： 设问：合外力为 0，有怎样的理论依据呢？ 依据二力平衡和等效替代：将其中两个力等效为一个力（合力），再和另外一个力进行分析。 引导得出共点力平衡条件 $F_合 =0$ 我们现在来从实验的角度研究一下共点力平衡的条件。 2. 共点力平衡实验。 （1）介绍仪器。 量角器版圆形坐标纸，三个弹簧测力计，光滑圆环，直尺和 2 支彩笔。	 **图 1　教师自己设计坐标纸的用法和便利之处分析**	通过自己设计圆形坐标纸，学会简化问题的思考方法。 引导学生分析问题，并鼓励学生学习创新精神、合作精神。 知识迁移，并进行知识和习题的整合（教材 96 页第 4 题证明）。

教学阶段	教师活动	学生活动	设置意图
一、共点力作用下物体平衡 条件理论+实验探究	（2）介绍自制量角器版圆形坐标纸。 带量角器的圆形坐标纸，外圈是量角器，内圈儿是一系列等间距的同心圆。如果我们研究的共点力作用点在圆心，则绘制的力的图示就是过圆心的半径，那力之间的夹角可以通过外侧的量角器直接读出。 （3）步骤引领： 将铺好坐标纸的灰纸板平放在桌面上； 用三个弹簧秤在水平面沿不同方向拉小铁环，使之与坐标纸中各圆同心，记下此时各力大小和方向，选定圆形坐标纸中小格间距为适当标度，作出各力的图示； 按平行四边形定则作出任意两个力 F_1 F_2 的合力 F_{12}，比较 F_{12} 和另外那个力 F_3 的大小和方向； 多做几组，换不同颜色的笔进行实验。 （4）学生完成实验。 4名同学一组，分工合作完成一组实验，并进行具体分析。完成快的组可以换一下力所成角度再做一组。 （5）交流结论。 得出结论：共点力平衡条件是：合外力为0 $F_合=0$ 实验结论是合外力为零。 （6）演示推广。 任意两个力的合力与第三个力等大反向，作用在一条直线上。	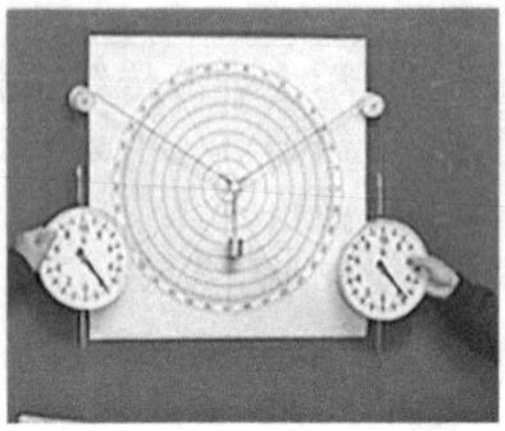 **图2　师生共同完成 拓展实验**	

教学阶段	教师活动	学生活动	设置意图
二、共点力平衡条件的应用	小口尖底瓶视频播放引发思考：小口尖底瓶在运输和放置中的力学问题分析。 1.小口尖底瓶的运输。 $FN=G\cos\theta$ $T=G\sin\theta$ 思考：如何改变拉力和支持力？ 2.解决共点力平衡问题的方法总结。 首先明确研究对象进行受力分析，然后选取适当的研究方法，比如说合成法，分解法，分解法还可以用到正交分解和按效果分解；最后，利用共点力平衡条件解决具体问题。 3.引导分析小口尖底瓶的放置（渗透建模思想并提升学生的解决问题能力。）	 **图（a）合成法解决具体问题** **图（b）分解法解决具体问题** **图（c）建模解决悬挂问题** **图（d）放置方法** **图（e）建模解决问题**	自己寻找解决问题的思路和方法。突破难点。 3D打印小口尖底瓶引起学生对于科技的关注，加深大家对建模思想的理解，培养学生的解决具体问题能力，知识迁移能力。

续表3

教学阶段	教师活动	学生活动	设置意图
三、小口尖底瓶"虚则欹，中则正，满则覆"蕴藏人生哲理	分析了小口尖底瓶的运输与放置过程中的平衡问题，我们还可以从有关小口尖底瓶和孔子的故事，明确"虚则欹，中则正，满则覆"蕴藏人生哲理。	感受到生活中有很多现象需要我们从物理的视角去观察，去发现生活中的美，并用所学知识解决具体问题。	视频通过文化传承，引导学生思考人生哲理。德育渗透"谦受益，满招损"。引导学生学以致用。

（七）板书设计

共点力作用下物体的平衡

平衡状态：静止或匀速直线运动　　共点力平衡条件：合外力为0　$F_合=0$

解决问题的方法：合成法、分解法

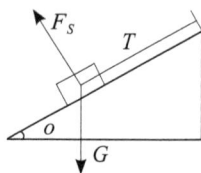

$F_N=G\cos\theta$

$T=G\sin\theta$

$F_N=G\cos\theta=0$

$T=G\sin\theta=0$

解得：$F_N=G\cos\theta$

$T=G\sin\theta$

（八）学习效果评价及结果分析

评价目标：联系实际内容，运用自己学得的知识正确解决生活和社会中的实际问题，增强成就感和责任感。

评价内容：

1. 重力与万有引力的区别。

2. 相互作用力与平衡力的区别。

3. 平行四边形定则的内容。

4. 共点力平衡一般有哪些解法？

（九）设计后记

本单元具有大量科学推理内容：物理规律，如胡克定律、滑动摩擦力与动摩擦因数的关系、牛顿第三定律、平行四边形定则、共点力的平衡条件等，这些物理规律的学习需要许多归纳及演绎推理过程，为思维培养提供了大量素材。

解决平衡问题在人们的日常生活中十分重要，通过学习能够分析生活中的问题。从单元教学角度进行设计，采用"小口尖底瓶"的实际问题，进行合作学习，激发兴趣，学以致用。

1. 从学生角度，注重学生的实际获得。

学生表演引入"小口尖底瓶"的运输、放置为主线创设物理情境，由此引发的一系列实际问题，引导学生建模，应用平衡条件解决问题。运用小口尖底瓶突出传统文化在物理课堂中的整合，并揭示人生哲理。

2. 突出实验教学在物理课堂中的重要性。

注重实验教学对于物理课堂的作用。如，共点力平衡条件实验，教师设计"量角器版圆形坐标纸"快捷地获取所需信息。按需设计合理的实验对学生的创新能力产生潜移默化的影响。

3. 注重知识整合，在学生学习过程中注重分层。

这节课是对本单元的整合，本节课设计平衡条件、平衡条件应用和稳定平衡问题；对于二力平衡、力的合成与分解都与共点力平衡条件进行整合。在对于小口尖底瓶放置问题中，进行引导，注重给学生留白，为学生的学习进阶搭建梯度。

整个教学过程符合新课程的教学目标，体现新课程的理念，注重培养学生的自主、合作、探究能力，逐步提升学生的核心素养，对于关键能力的提升很有帮助。

第2课时 教学设计：摩擦力

（一）设计思想

1. 摩擦力是力学中的三大性质力之一，是受力分析的基础，正确认识摩擦力对后面知识的学习至关重要。

2. 有机整合初高中摩擦力知识，利用实验探究过程定量研究滑动摩擦力的大小，突出重点。分组实验，在从静到动的过程中认识静摩擦力特点，突破难点。

3. 从实验探究—总结知识—知识运用，实现从感性认识到理性认识的提升。首尾摩擦力应用视频呼应，学生能够学以致用。

（二）指导思想与理论依据

课标中对"摩擦力"的考查要求是："通过实验认识滑动摩擦、静摩擦的规律，能用动摩擦因数计算摩擦力。"

物理教学基本特征的思考：

1. 用冰壶比赛视频引入新课，注重"以创设问题情境为切入点"。

2. 实验探究滑动摩擦力的大小及静摩擦力的大小和方向，体现"以培养学生探究能力为核心"。

3. 采用感性认识—实验探究—理性认识逐步上升的物理思维训练方式，体现将"提升学生思维能力为核心"的教学思路。

（三）教学背景说明

教材分析：

摩擦力是力学的基础，高中物理知识体系的一块"基石"，对以后学习牛顿运动定律的应用、动能定理的应用以及摩擦力做功与产生热量的关系等问题影响很大，所以本节课在物理教学中的地位和作用非常重要。滑动摩擦力的定量探究是本节课的重点；摩擦力问题比较复杂，在具体问题中表现为"动中有静，静中有动"，尤其静摩擦"若有若无，方向不定"，所以是本节的难点。但摩擦力与生活紧密相连，所以本节课易于激发学生的求知欲，培养学生的辩证观点，易于锻炼学生的物理思维能力。

学生情况：

1. 已经学过力的初步知识，力的三要素，二力平衡，弹簧测力计的使用。学生在初中定性地学习过摩擦，包括滑动摩擦和静摩擦等内容，并掌握了增大和减小摩擦的方法，还通过实验的方法定性地研究了滑动摩擦力与表面状况有关；便于突破本节课的难点。

2. 学生由实验现象总结归纳物理规律的能力不强，用所学知识解决实际问题对学生来说也有一定的难度，所以在实验定量探究过程中突出分组交流讨论，在教师的引导下培养学生的科学探究与物理思维能力。达到突出重点，突破难点的目的。

针对本节概念课的难点内容重点落实：

1. 摩擦力的产生条件。2. 探究动摩擦力与哪些因素有关。3. 摩擦力的应用。

教学方式：

实验法、归纳法、讨论法和小组合作法。

技术准备：PPT 课件、视频、投影仪、电脑、木板、小车、弹簧秤、毛巾、棉布、塑料板等。

（四）教学目标

1. 以生活实例为切入点，运用对比的方法，让学生经历从自然到物理，从生活到物理的认知过程，从而更好地激发学生的求知欲望，培养学生理性认识自然现象，科学解释自然现象的能力，有效突破相对运动和相对运动趋势这一教学难点，为认识滑动摩擦、静摩擦的规律奠定基础。

2. 探究滑动摩擦力与哪些因素有关。结合传送带装置探究滑动摩擦力的影响因素，帮助学生很好地巩固和理解动力与阻力的概念，并明确动摩擦力既可以是动力又可以是阻力，有效突破学生认知难点。

3. 通过生活中转盘实验的引入说明摩擦力在生活中有广泛的应用，通过生活视频说明合理增大或减小摩擦力可以有效解决生活问题。继而运用畲族织布视频，说明中国纺织业对世界纺织的贡献，培养学生爱国主义思想。最后用两本交叠的书让学生体会书页间强大的摩擦力，在摩擦力的应用中拓宽学生思路，提升学生的科学素养。

（五）教学重点难点说明

教学重点：理解动摩擦因数、滑动摩擦力的大小和静摩擦力与滑动摩擦力的关系。

教学难点：静摩擦力大小和方向。

重、难点突破措施：

引导学生对滑动摩擦力的大小进行定量分析，利用比值定义法加强学生对动摩擦因数的理解，突出重点。本课时采用教师引导，学生小组合作的探究实验来突破"静摩擦力大小和方向"这一教学难点。

（六）教学过程说明

教学环节	教师活动	学生活动	设计意图
环节一：拔河情境引课	首先请观看一段视频，注意观察，这段视频中出现了哪几种场景下的拔河运动，第一个场景中两段绳中间的衔接物又是什么？ 大家对拔河运动并不陌生，同学们一定看到了地面上、太空中、冰面上和地板砖上这四种场景下的拔河运动，而地面上拔河时绳子衔接处居然是两本书，书页相互交叠着。而这里都蕴含着摩擦力的知识。 生活中处处都有摩擦力，本节课我们就来深入研究一下摩擦力。	 图1　冰面拔河引课图 图2　地板砖拔河图 图3　太空拔河	1.以创设拔河情境为切入点，利用生活中的例子，激发学生学习的兴趣。 2.恰如其分的引导，激发学生自主学习的求知欲和高度投入的激情，激活物理课堂。

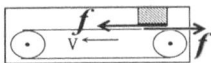

教学环节	教师活动	学生活动	设计意图
	概念：两个相互接触的物体，当它们发生相对运动或具有相对运动的趋势时，就会在接触面上产生阻碍相对运动或相对运动趋势的力，这种力叫做摩擦力。	学生在初中阶段已经学习过摩擦力，通过直接提问使学生回忆并叙述摩擦力的概念。 再说明滑动摩擦力概念，方向总是沿着接触面，并且跟物体的相对运动方向相反。 滑动摩擦力的大小与粗糙程度和正压力有关。	注重知识网络构建与融会贯通。
环节二：摩擦力 1.概念	1.猜想： 下面我们来设计一下方案： 这里有一个传送带装置，调至低速，观察传送带向左运动，一个滑块通过定滑轮和弹簧秤相连，当传送带转动稳定后，我们可以看到滑块静止在传送带上，可以分析出滑块与传送带之间发生了相对运动，它受到滑动摩擦力，而滑块静止，由平衡条件可知水平方向上所受滑动摩擦力和绳的拉力大小相等，方向相反。这样弹簧秤显示的示数就等于滑块所受滑动摩擦力的大小。 能够直观看到滑块所受滑动摩擦力大小后，我们从相对运动速度和接触面弹力两个角度进行实验探究。 现在我们来进行实验探究。先将滑块放到传送带上，让传送带动起来，稳定时，可以看到弹簧秤的示数约为 0.3 N；我们将传送带速度调快，即使滑块与传送带相对运动速度变大，可以看到，对滑块所受摩擦力并无影响；现在我们再调回低速，不过在滑块上放一个50 g 的钩码，摩擦力变为0.4 N；放上2个同样钩码，摩擦力为 N； 大量实验证实滑动摩擦力与接触面粗糙程度和正压力均有关，与相对运动速度的大小无关，滑动摩擦力的计算公式为$f=\mu \cdot N$。	大家可以先猜想一下滑动摩擦力会和哪些因素有关呢？接触面粗糙程度？接触面积？接触面处的弹力？相对运动速度？…… 第一步：观察实验仪器，思考并交流讨论得出利用二力平衡定量测量滑动摩擦力的大小。 第二步：交流讨论得出利用控制变量法。 第三步：学生进行分组实验探究 第四步：设计表格记录数据，并通过对数据的分析初步得出自己的结论。 第五步：展示自己的数据，并对数据进行分析，最终定量得出压力与滑动摩擦力的关系。 1.滑动摩擦力的计算公式$f=\mu \cdot N$。滑动摩擦力与正压力的比值是动摩擦因数。 2.看不同材料的动摩擦因数。 图4　演示实验 图5　摩擦力分析	1.培养他们的科学探究能力和运用知识解决实际问题的能力。使学生意识到应采用控制变量法进行多变量的研究；使学生体会摩擦力的大小的影响因素。 2.对动摩擦因数有定性的认识，培养学生由实验到数据处理再到总结结论的探究过程的体验。

教学环节	教师活动	学生活动	设计意图
2.学生实验探究滑动摩擦力大小	问题： 1.滑动摩擦力只能做阻力吗？我们来做一个简单的实验，这里有一块薄板，上面放置一个滑块，大家注意观察，我将薄板、滑块的左端和标记旗杆对齐，现在将长木板从物块下向右抽出，大家注意观察。薄板和物块都向右运动，明显地，滑块向右运动，使之运动的力是它所受的向右滑动摩擦力，作为动力，根据牛顿第三定律，可知薄板所受摩擦力向左，是薄板的阻力；可见滑动摩擦力既可以做动力，也可以做阻力，方向是与相对运动方向相反。	思考：通过刚才的平衡条件我们已经清楚了滑动摩擦力的方向也与所受拉力相反。根据牛顿第三定律或滑动摩擦力的概念均可以分析出传送带所受滑动摩擦力方向向右，是传送带运动的阻力。师生同做一个简单的实验，这里有一块薄板，上面放置一个滑块，大家注意观察，我将薄板、滑块的左端和标记旗杆对齐，现在将长木板从物块下向右抽出，大家注意观察。	
3.滑动摩擦力应用分析	问题：滑雪是北方地区人们喜爱的一种运动。有的地方人们用鹿拉滑雪板进行滑雪比赛。已知滑雪板与冰面间的动摩因数为0.02，滑雪板和人的总质量为180 kg，如果鹿拉着滑雪板做匀速直线运动，求鹿的拉力大小。	由于滑雪板做匀速直线运动，可知鹿的拉力 F 与滑动摩擦力的大小相等，即 $F=f$。同时，滑雪板与冰面的压力 N 与滑雪板和人的重力相等，即 $N=G$。由滑动摩擦力公式，可求出鹿的拉力大小为： $F=f=\mu$ $N=\mu$ $Mg=0.02×180×9.8$ $N=35.3$ N。 答案：35.3 N。	突出课标要求的定量计算滑动摩擦力。

教学环节	教师活动	学生活动	设计意图
环节三：静摩擦力分析（简洁）	我们能利用物块、钩码和弹簧测力计等器材看一下静摩擦力的特点吗？	【实验探究】1.用弹簧测力计沿水平方向用较小的力拉木块但保持木块不动，并不断缓慢地增大拉力。注意提示学生观察弹簧秤的示数变化。 2.现象：我们可以看到，随着拉力的增大，弹簧秤的示数不断增大。 3.结论：静摩擦力大小等于弹簧秤的拉力，方向和拉力的方向相反。 4.继续实验：刚才实验的基础上继续用力，当拉力达到一定的值时木块开始移动，此时拉力会突然变小，要求学生记下刚才的最大值。 5.结论：静摩擦力的增大有一个限度，这个限度就是最大静摩擦力 F_{max}，其值等于物体刚刚开始运动时的拉力。两物体间实际发生的静摩擦力 F 在 0 与最大静摩擦力 F_{max} 之间。 学生设计实验并探究，整理分析实验数据。 开放设计： 装置如上面的实验，在木块上面增加砝码，验证在不同的压力作用下的最大静摩擦力的大小；保持压力不变，分别在桌面上、棉布面上、毛巾面上验证最大静摩擦力的值。 活动：学生交流讨论并得出结论： 1.静摩擦力大小值并不唯一。 2.最大静摩擦力与正压力和接触面有关。 通过实验引导学生说静摩擦力的方向。	探究静摩擦力的特点，对实验探究的过程巩固，使学生学会学以致用。 深入分析最大静摩擦力的影响因素，培养学生缜密的物理思维。

教学环节	教师活动	学生活动	设计意图
环节四：视频简介生活中巧用摩擦力知识	请大家思考： 若物体与粗糙圆盘一起做圆周运动，物体是否受摩擦力？摩擦力的性质？ 1.这里有一个通过摇动把手就可以转起来的圆盘，在轴的旁边放置一个小蓝精灵。 当圆盘不动时，蓝精灵与圆盘没有相对运动趋势，那么它不受静摩擦力。这一点也可以从它静止这一平衡状态分析，水平面若有摩擦力则它不会平衡，所以此时无摩擦力。 我们摇动把手，蓝精灵也随之慢慢转动，此时它受到圆盘给的静摩擦力，使蓝精灵和圆盘保持相对静止，也做圆周运动。如果加大圆盘转动速度，会出现什么现象呢？我们看到小蓝精灵被甩了出去。可见此时静摩擦力达到了极限，即最大静摩擦力也无法使它做稳定的圆周运动了。而最大静摩擦力是略大于滑动摩擦力。通过刚才的实验，你想到游乐场里的转盘游戏了吗，在这只是小蓝精灵代替我们体会了一下转盘的感觉。 2.生活中处处离不开摩擦力，我们用手握笔，织布，走路等都是有益的摩擦，而机器摩擦等是有害摩擦。我们如何增大和减少摩擦力呢，通过一段视频来共同学习。在明确了如何增大有益摩擦，减小不利摩擦之后，我们一起来看看福建畲族的传统织布技术，分析在织布过程中哪些场景有对摩擦力的应用呢？	 图6 改进实验 图7 建模 图8 织布技术上摩擦力的应用	理解摩擦力的利与弊，提升价值观，培养抓住主要矛盾和主要因素，忽略次要因素的辩证思想。

教学环节	教师活动	学生活动	设计意图
环节四：视频简介生活中巧用摩擦力知识	3.（其实）纺织技术是世界各族人民长期创造性劳动经验积累的产物。世界三大文明发祥地对于发展纺织技术都有突出的贡献。世界各个地区开始纺织生产的时间迟早不一。大约公元前 5000 年，已经开始了纺织生产。纺织技术在历史上经历了两次重大的突破：第一次飞跃约在公元前 500 年开始于中国，经历十来个世纪逐渐普及到世界各地。 我们看到中国作为文明古国，在许多生产技术上都处于领先地位。 同学们，我们学习了摩擦力的应用，你可以感受一下书本之间通过摩擦力而产生的强大作用力，老师这里有两本书页交叠在一起书，我用尽力气也无法拉开，你也可以试一试！		
环节五：小结	本节学习了什么？	交流总结。	培养学生总结知识的能力。

（六）板书设计

	静摩擦力	滑动摩擦力	符号及单位
产生条件	粗糙、正压力和相对运动趋势	粗糙、正压力和相对运动	摩擦力用 f 表示 单位：牛顿 简称：牛 符号：N 动摩擦因数：μ
大小	始终与外力沿着接触面的分量相等	$f=\mu N$（高中）	
方向	与相对运动趋势相反	与相对运动方向相反	

说明：
1. 摩擦力既可以做动力也可以做阻力；
2. 动摩擦力可以作用在静止或运动的物体上，静摩擦力也可以作用在静止或运动的物体上。

（七）课时作业

1. 基础作业：区别滑动摩擦力和静摩擦力。

2. 创新作业：利用摩擦力制作小玩具，如拔河衔接书本、会爬坡的小兔子等。

3. 拓展作业：查找生活和科技上应用摩擦力的实例并进行分析。

（八）教学反思

《摩擦力》课时教学设计，注重从大单元视角对受力分析、牛顿第一定律和共点力平衡进行整合，有以下特点：

1. 从学生角度，注重学生的实际获得。

学生积极进行情境引发的一系列实际问题，引导学生建模分析；实验探究分析为活动主线得到具体规律。课堂中采用学生为主体的教学方式，教师进行适当引导。努力创造条件让学生参与，并努力增大参与面，人人动手，亲身体验，并相互交流，传授经验，总结结论。如《摩擦力》一节，以"翻转课堂"方式进行教学方式改革，注重学生的温故知新环节，并突出自主学习与小组合作学习，实现学生知识构建能力的提升。

2. 突出实验教学在物理课堂中的重要性。

注重实验教学对于物理课堂的作用。如，在摩擦力的学习中实验探究滑动摩擦力的影响因素，采用不同于教材的实验器材，教师通过对实验的改进，对学生的创新能力产生潜移默化影响。

3. 注重知识整合，在学生学习过程中注重分层。

本课时学习重点落在学生运动与相互作用观的提升。在具体学习中注重初高中内容的侧重。在对于深层次问题分析中，进行引导，注重给学生留白，为学生的学习进阶搭建梯度。

4. 注重创设情境还原原始问题。

物理知识应用于实际，又需要我们将具体现代科技还原为物理中原始问题的内容，而这一点恰恰是学生所不擅长的。本节课既是核心概念，又可以是整个单元进行横向整合的课时，因此在设计上，对每个装置都进行物理模型的建立，并从具体模型中还原与原理相关的问题进行求解。通过生活中转盘实验的引入说明摩擦力在生活中有广泛的应用，通过生活视频说明合理增大或减小摩擦力可以有效解决生活问题。继而运用强大超导悬浮视频，说明摩擦力对科技的影响，最后用两本交叠的书让学生体会书页间强大的摩擦力，摩擦力应用视频首尾呼应，拓宽学生思路，提升学生的科学素养。

整个教学过程符合新课程的教学目标，体现新课程的理念，注意培养学生的自主、合作、探究能力，逐步提升学生的核心素养，对于关键能力的提升很有帮助。

单元物理学史教学设计：从亚里士多德到伽利略

（一）指导思想与理论依据

本节课在学生对亚里士多德有一定了解的基础上，课前布置学生分组查阅与亚里士多德和伽利略相关的资料并加以整理。本节课以网络查询的资料共享作为一条明线，而引导学生循着伽利略探究物理问题的科学研究方法亲自去观察、假设、实验、推理并得出结论为一条暗线加以展开。在授课过程中，注重引导学生对亚里士多德正确认识，在思政上使学生认识到亚里士多德是生活在两千多年前的人，虽然他出现了一些错误，但其错误来源于当时的认知局限性，科学发展的局限性，以及当时宗教的束缚，所以是有其历史原因的，这并不能抹杀了他对人类的重要贡献。

通过探究亚里士多德运动学中两个理论，让学生深刻地掌握住正确的理论的同时，使学生了解伽利略的科学方法是将实验和思考结合在一起。这正是人类思想史的伟大成就，是物理学的真正开始。

（二）教学背景分析

教学内容：

1.通过网络查询了解亚里士多德和伽利略关于力和运动关系的不同观点，并课上交流。

2.深刻了解亚里士多德的功与过，能结合时代特点去认识亚里士多德的"过"。

3.通过实验探究的方法体会伽利略的科学探究方法，并领会其优点。

学生情况：

1.学生已经对亚里士多德有一定了解，并对他在物理书上总出现错误这一问题有一个自己的认识，这应该渗透德育思想，即如何正确对待亚里士多德的"过"。

2.学生对本节课所涉及的知识通过初中的学习有了一些初步的认知，但对亚里士多德的评价多具有片面性，因此本节课的教学目的不应只局限于知识方面的了解，而且要让学生通过实验探究——观察现象——逻辑推断，最后上升为理论认识培养其思维能力和探究能力。

教学方式：教师引导下的实验探究法，思政。

教学手段：实验教学和多媒体课件的综合应用。

实验器材：制作 PPT 课件，电脑，投影仪，气垫导轨，运动传感器，白纸，塑料玩具，硬币，粉笔头，木板，小车，丝绸，毛巾，牛顿管和自制理想斜面实验教具等，课前学生的网络查询。

（三）教学目标

1.以课前预习上网查资料的方式扩大学生的史实知识面，了解亚里士多德和伽利略关于力和运动关系的不同观点。

2.以课上交流的方式共享不同的知识内容，了解亚里士多德的功与过，了解伽利略的科学探究方法。

3.以自主探究的方法让学生自己探究得出结论并总结科学研究方法。知道人类对客观世界的认识是从直接经验开始的，但要经过实验和对实验结果的分析才能得出规律。通过了解伽利略的科学思想和科学研究方法认识实验对物理发展的推动作用。通过对亚里士多德的了解，得出对他的正确评价。

（四）教学重点、难点及解决措施

1.教学重点：用实验和推理的方法分析亚里士多德的两个运动学理论；理解亚里士多德错误的地方，掌握正确的观点。

2.教学难点：了解伽利略的科学方法；正确认识亚里士多德的功与过；了解伽利略的科学思想和科学研究方法；认识实验对物理发展的推动作用。

本节课的教学目的是了解伽利略的科学思想和科学研究方法，因此课上引导学生循着伽利略探究物理问题的科学研究方法去观察、假设、实验、推理并得出结论，使学生可以自然地接受并掌握伽利略的科学探究方法的同时，对亚里士多德有一个正确的评价，有效地突出了重点，并突破了难点。

（五）教学流程示意图

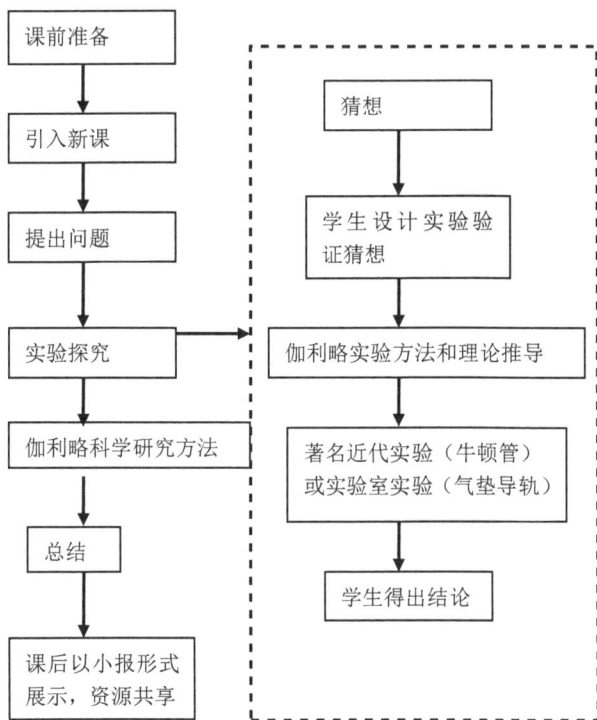

（六）教学过程

课前准备：

教师活动：对学生的分组进行确定，并合理分配查询内容。

学生活动：分组查阅与亚里士多德和伽利略相关资料并加以整理，初步认知亚里士多德和伽利略。

设计意图：调动学生积极性，体现网络优势。

环节一：创设问题情境

教师活动1：请学生做游戏，猜猜他是谁？

在屏幕上将会展现出几位科学界的"明星"，请你来猜猜他是谁？看谁猜得又快又准。

学生活动1：学生参与思考抢答（如图1）。

图1　引课的"猜猜看"游戏

教师活动2：引导提问：

在物理学界最亮的明星有三位，再猜一下他们都是谁呢？

学生活动2：学生根据已有的认知以及网络查询结果可做出回答。

教师活动3：讲述：在历史的长河中，很多人的工作之间都存在着传承关系，这种传承关系有的可以长达千年。例如，亚里士多德和伽利略的时代相距近两千年之久，但二者在工作之间的联系仍然非常密切。这节课我们就来学习一下《从亚里士多德到伽利略》。

学生活动3：学生回答有关亚里士多德和伽利略的时代及科学联系。

设计意图：吸引学生目光，活跃课堂气氛，并引出本节课题。

环节二：学生展示交流

教师活动1：提出共享网络资料：历史上对亚里士多德的主要评价。

学生活动1：展示并到前面来讲解：历史上对亚里士多德的主要评价。

教师活动 2：提出共享网络资料：他在运动学上的主要观点有哪些呢？

学生活动 2：展示并到前面来讲解：他在运动学上的主要观点。

教师活动 3：切入想研究的两个理论，并合理过渡。

学生活动 3：学生快速作答。

设计意图：锻炼他们利用网络获取信息后的信息提取能力，根据已有的经验和知识做出有理有据的猜想，并学会排除不合理的猜想。

环节三：实验探究

教师活动 1：教师准备的实验展示。

学生活动 1：学生设计实验探究：竖直方向运动理论。

设计意图：活跃学生的思维，培养学生敢于质疑的能力。

教师活动 2：教师简介比萨斜塔实验。

学生活动 2：参与思考并回答。

教师活动 3：讲解伽利略理论上的推导。

学生活动 3：参与思考并回答。

设计意图：培养学生的理论指导并分析实验的能力。

教师活动 4：设问：轻的物体比重的物体下落得慢是因为什么呢？

学生活动 4：答：空气阻力。

设计意图：引入牛顿管实验。

教师活动 5：牛顿管实验演示（如图 2）。

图 2　教师演示牛顿管实验

学生活动 5：观察到，羽毛和金属片在真空时，二者下落一样快；有空气时，金属片下落快。

设计意图：让学生领略到近代实验的先进性，并培养学生实事求是的科学态度。

教师活动 6：引导学生得出竖直方向理论的结论。

学生活动 6：得出结论。

设计意图：自己得出结论，享受得出成果的喜悦。

教师活动 7：引导学生举例说明如何分析水平方向理论，并给出教师准备的实例：用小车的有轮和无轮面分别在水平面上滑动引发问题。

学生活动 7：学生举例并分析教师的例子。

设计意图：使学生自主质疑，在得到了初步结论后又发现新的事实，去主动思考。

教师活动 8：引导学生做斜面对接实验（如图 3）。

图 3　学生设计实验解开疑点

学生活动 8：讨论：获得水平相等速度的方法，并能主动设计验证摩擦力影响车滑行距离的猜想。

设计意图：让学生动脑动手动口，拉近物理课堂与学生的距离，让学生主动关注整个实验过程，得出基本猜想。

教师活动 9：演示自制伽利略的理想斜面实验（如图 4）。

图 4　教师自制理想斜面实验教具图

学生活动 9：学生参与接球，并观察。

设计意图：于无形之中使学生意识到自己制作仪器是可行的，并能从直观上留下深刻的印象。

教师活动 10：引导学生用气垫导轨实验模拟没有阻力且无限长的场景。

学生活动 10：动手实验，得出数据，分析并得出观点（如图 5）。

图 5　学生亲自动手操作气垫导轨实验

设计意图：亲自动手，参与实验，体会实验教学的快乐。

教师活动 11：引导学生得出水平方向理论的结论。

学生活动 11：得出结论。

设计意图：自己得出结论，记忆深刻。

环节四：伽利略的科学研究方法

教师活动1：提问：既然亚里士多德在对物理问题的解决中总是出错，那为什么后人对他的评价又那么高呢？

学生活动1：答：因为他提出了一个错误的论断，可以让伽利略得到正确的理论。

教师活动2：通过看亚里士多德的物理学贡献PPT，引导学生正确看待亚里士多德的错误。

学生活动2：观察PPT，并分析亚里士多德为什么出现了这两个运动学错误呢？他利用的是什么方法呢？

教师活动3：引导：伽利略用的什么方法，能得出正确结论。

学生活动3：思考得出：观察→提出假设（猜想）→逻辑（包括数学）推理→实验检验和推广→形成理论。

设计意图：逐步深入，加深对伽利略科学探究方法的理解。

环节五：小结

教师活动1：这节课结束之后你都有哪些收获？

引导学生讨论，不局限于知识上的收获，也可以是一些方法、态度等方面的收获。

引导学生回忆探究实验的整个过程，重点在于重复体验伽利略探究方法的过程。

学生活动1：学生纷纷发言，谈论自己的收获和体会，不得重复（如图6）。

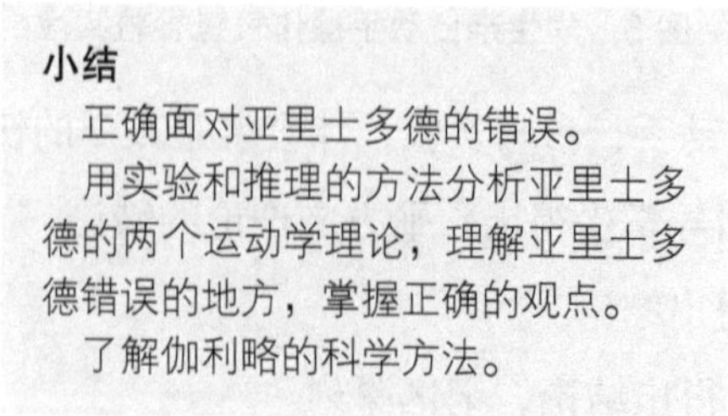

小结
正确面对亚里士多德的错误。
用实验和推理的方法分析亚里士多德的两个运动学理论，理解亚里士多德错误的地方，掌握正确的观点。
了解伽利略的科学方法。

图6 学生对所学知识进行小结

设计意图：巩固，加深印象，形成系统的探究思路。

教师活动2：教师用亚里士多德的一句名言"我爱我师，我更爱真理"作为结尾。

设计意图：使本课留有余音并渗透德育，应尊师敬师，但也要敢于质疑。

（七）学习评价

评价方式：通过学习，各小组设计制作展示小报。

教师活动：编辑，策划。

学生活动：打印，装饰。

设计意图：令课堂资源得以充分利用，对学生成果给予肯定，激发学生的兴趣。

（八）教学反思

本课时教学设计是在物理学史视角进行大单元整合设计，动力学问题中结合科学方法的整合。在本教学设计中主要突出了以下几个特色：

1. 注重以问题为主线。

在新课程改革的实施过程中，有些老师提出了这样一些疑问："新课程所提倡的探究和我们以往所倡导的学生要做好课前预习是否相互矛盾？学生预习过了，对要学的知识已有了一些了解，那课上还有探究的必要吗？"……而本节课的教学设计很好地处理了"预习"和"探究"两者之间的矛盾。本节课改变以往让学生预习新知识的预习习惯，而改为让学生分组查阅亚里士多德和伽利略与物理相关的资料。这样和课上的探究实验不发生矛盾，而且学生带着课前预习的问题听课，同时为整节课的学习和后续学习都创设了很好的物理情境，使学生始终在研究自己提出的问题，更能调动学生学习的积极性。

2. 注重以学生为主体。

本节课无论是问题情境的创设还是对问题的探究，都努力创造条件让学生参与，并努力增大参与面。如探究亚里士多德运动学中两个理论的实验都是全班思考，人人动手，亲身体验，并相互交流，传授经验，总结结论。

3. 在现代信息技术与物理实验教学的整合上有新的突破。

无阻力的环境对学生来讲不易想到，而本节课，把此处处理成用传感器与气垫导轨完成的探究实验，通过学生实验，自己动手，得出结论，使学生信服，传感器的应用得到了定量的结论，为实验做了很好的补充，有创新，使实验更加完善和更具说服力。教学设计中并没有为整合而整合，注重了信息技术与物理实验的合理应用。

整节课前后呼应，使学生学以致用。

两点思考：

1. 如何在有限的课堂时间内进行最具实效的合作探究？

在我们的课堂教学中，要鼓励学生发表自己的见解、提出自己的问题，更要鼓励问题小组内和问题小组间对问题的交流、合作和探究，这是新课标和新课程所反映的一个基本理念。但是，相对而言，探究有时是一个较长的过程，在有限的课堂时间内，学生实际的合作探究过程有时显得较长。本教学设计实际授课时间也并不宽裕，如何在有限的课堂时间内进行最具实效的合作探究？关键还在于教师，教师必须在保证学生自主、合作探究的前提下做好引导。这确实也是在新的教学方式下对教师提出的更高的要求。需要我们在实践中深入研究和探索。

2. 在对学生的想法和问题的评价中，如何把握好"鼓励称赞"和"指出错误"的"度"？

在本节课的教学设计和教学实践中，教师充分考虑了民主平台与和谐氛围的创设，对学生所提出的看法和想法，努力以"鼓励赏赞"为主的态度进行评价，充分保证了学生学习的积极性和主动性。在对学生的想法和问题的评价中，如何把握好"鼓励称赞"和"指出错误"的"度"？仍是教师要深入思考的问题。

案例2　单元名称：匀变速直线运动的研究

课时教学设计：必修一　第二章　第一节　实验：探究小车速度随时间变化的规律

（一）教材分析

本节是第二章的起始课，也是在匀速直线运动基础上对于变速运动研究的起点。核心内容是学生经历实验设计与操作、数据记录与分析等科学探究过程，找到小车速度随时间变化的规律，建立匀变速直线运动的概念，进一步掌握使用打点计时器和利用打点计时器研究物体运动的方法，体会研究直线运动的一般思路。这样有利于学生在感性认识的基础上建构物理模型，理解物理概念，解决实际问题。

本设计侧重用打点计时器完成探究实验的常规方法，有条件的学生可以尝试拓展实验方法和实验数据的多种分析方法，知道运用实验探究和数据处理的方法是开放式的。为后续解决匀变速直线运动问题时，灵活应用公式法与图像法，有效提取信息做好学习进阶的准备。

（二）学情分析

学生已经学习了时间、位移、速度和加速度的概念，掌握用位移、时间表示平均速度与瞬时速度，能通过相同时间发生的位移是否相等判断出物体是否做变速运动，能够理解匀变速直线运动这种最简单的变速运动。学生会用打点计时器测量物体做直线运动的速度，知道处理纸带的常规方法，可以通过实验探究的方法得出小车速度与时间的关系。在日常生活中，对变速直线运动有初步认识，对于理解匀变速直线运动有着积极作用。初步掌握绘制 $v-t$ 图像研究物体运动规律的方法，有利于学生运用图像法分析问题。这些是有利的显性因素。

学生运用所学知识与方法独立进行实验，定量探究物体运动规律的经验与能力不足，如对于完整的探究过程不熟悉，仪器使用不熟练，数据处理不够灵活，利用图像法与公式法等数学方法解决物理问题的能力不足。

（三）教学目标

1. 通过实验探究物体运动的速度随时间变化的规律，提升实验设计、处理信息、做出解释等科学探究方面的能力。为建构匀变速直线运动的模型奠定基础。

2. 描绘物体运动的 $v-t$ 图像，并通过对拟合成的图线观察、思考，找出物体速度变化的规律。

3. 经历探究小车速度随时间变化的规律，体会研究直线运动的一般思路。

4. 学习借助计算机数表软件绘制 $v-t$ 图像，并选择适当的函数拟合数据，得到物体速度随时间变化的规律。

（四）教学重难点

本节的重点是通过实验探究的设计与数据记录，得到小车速度随时间变化的规律。因为，学生没有经历过设计完整的探究实验方案，引导学生经历完整的研究过程，对于高一学生养成科学的思维习惯和良好的研究态度具有重要意义。学生虽然会计算纸带上各点的瞬时速度，但是在 $v-t$ 坐标系中描点、拟合曲线，描述物体运动规律的本领有待提高。本设计采用以下策略进行突破：一是运用前一章学过的"使用打点计时器测直线运动速度实验"的方法，引导学生设计变速直线运动实验；二是引导学生运用极限思想求瞬时速度、完成数据处理与分析，描述物体运动规律。

本节的难点是通过数据分析得出小车速度随时间变化的规律，建构匀变速直线运动模型。学生会用纸带测量速度以及通过绘制 $v-t$ 图像研究物体运动规律的方法，但对通过实验定量研究某种运动规律的方法还很陌生。在分析小车的 $v-t$ 图像时，学生对实际情况的理想化分析不足，建立匀变速直线运动模型有难度。本设计采用以下策略进行突破：一是引导学生亲自绘制、拟合图像和寻找规律。二是学生测得的数据可能不是严格在一条倾斜的直线上，教师可以将多组数据和图像呈现在学生面前，让他们体会到实际运动的 $v-t$ 图像都是接近于一条倾斜的直线，进而建立理想化运动模型——匀变速直线运动的模型。这样有利于学生在感性认识的基础上建构物理模型，理解物理概念，解决实际问题。有条件的学校还可以引领学生进行创新实验设计，通过拓展实验设计和数据的多种处理方法，培养不同条件学生的创新思维与实事求是的科学态度。

（五）教学流程

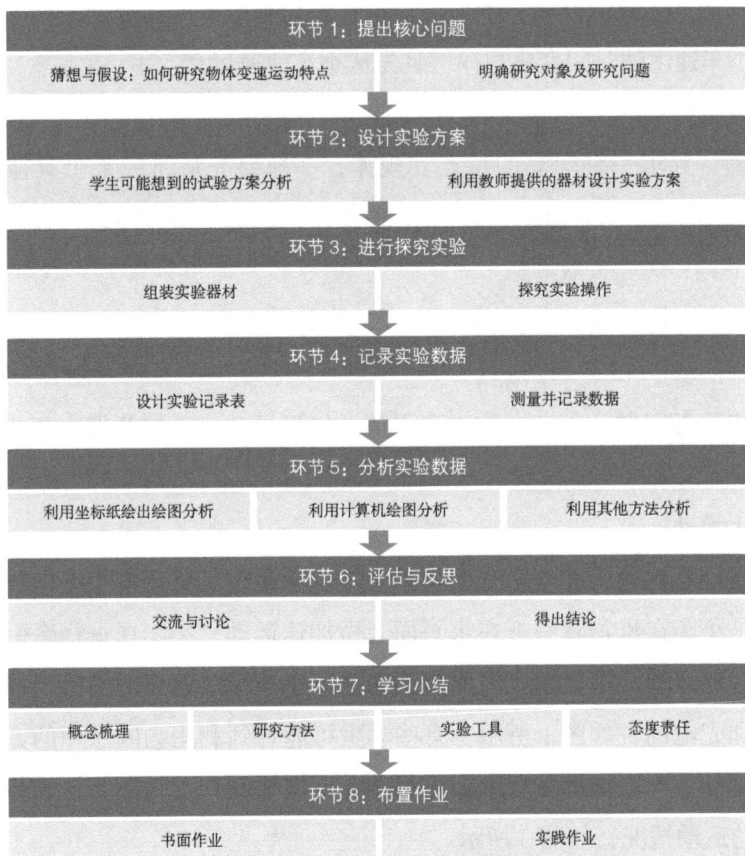

（六）教学过程

环节一：提出核心问题

教师活动：

创设汽车直线加速赛情境，提出思考问题：生活中的运动大部分都是变速运动，且速度变化的情况可能各不相同，如何通过实验探究小车速度随时间变化的规律？

学生活动：

在教师的引导下，通过小组讨论，达成共识，给出初步设想：研究变速运动可以从具体事例开始，例如：小车在重物牵引下的速度随时间增加，可以研究小车速度随时间变化规律，且先从小车加速运动入手。

设计意图：

明确"寻求一种运动的特点和规律，一般要先从研究某个具体事例开始"，这是研究复杂问题的一种思路，由简单到复杂，由具体到一般。

环节二：设计实验方案

1. 学生可能想到的实验方案

教师活动：

提出思考问题：小车在重物牵引下做加速运动，若要测得小车的瞬时速度，可以借助哪些实验仪器？

学生活动：

小组同学讨论，在全班交流实验方案。学生想到可以使小车做加速运动的情境是小车在重物牵引下在水平面上做加速运动、小车在重物牵引下在斜面上做加速运动。多数学生可能想到的测量小车瞬时速度的实验仪器有打点计时器和光电门，如图 1 所示。有些学生可能想到利用频闪照相的方法记录小车的运动情况，如图 2 所示。还有学生可能想到利用气垫导轨和传感器记录小车的运动情况，如图 3 所示。

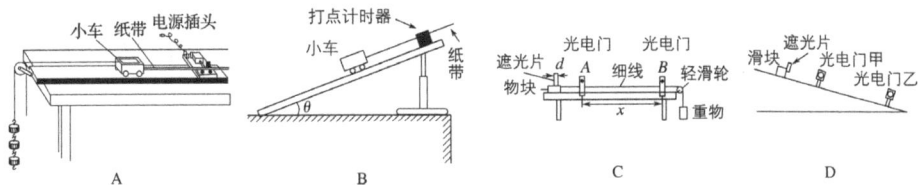

图1

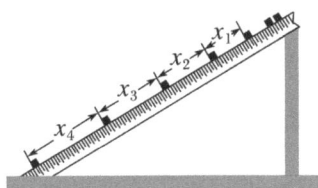

图2

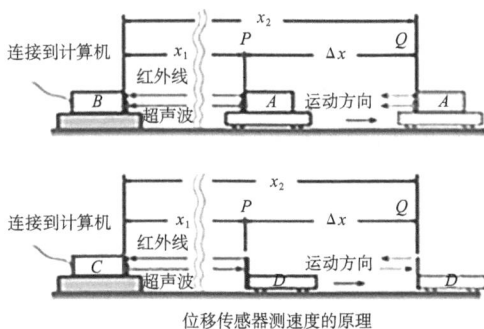

位移传感器测速度的原理

图3

2.利用教师提供的器材设计实验方案

教师活动：

为学生提供小车、一端带滑轮的长木板、槽码、打点计时器等实验器材，提出思考问题：如何组装实验器材？需要注意哪些问题？

学生活动：

根据教师提供的实验器材，讨论如何组装，如何测量？达成一致：研究小车在重物牵引下沿水平方向由静止开始运动，借助打点计时器测量小车的瞬时速度，分析速度随时间变化规律。

设计意图：

通过引导学生设计实验，唤起对所学知识的回顾，对变速运动的描述与可能对应的规律产生思考，形成问题意识，培养设计方案解决问题的能力。

环节三：进行探究实验

教师活动：

1.布置学习任务：以小组为单位，组装实验器材，进行探究小车速度随时间变化规律的实验操作。

2.在学生实验过程中，指导学生正确操作，纠正实验过程中的错误操作。

3.提示相关注意事项：

①固定打点计时器时应使限位孔处于长木板的中央位置；调节滑轮使细绳与木板平行。

②开始释放小车时，应使小车靠近打点计时器。

③先接通电源，待打点计时器打点稳定后，再释放小车。

④注意保护实验仪器，当小车到达滑轮前及时用手按住它，防止小车从木板上掉下，并立即关闭电源。

⑤小车另一端所挂槽码的个数要适当，避免加速度过大而使纸带上打的点太少，或加速度太小使各段位移无法区别，从而增大误差。

学生活动：

进行如下实验操作（如图4所示）：

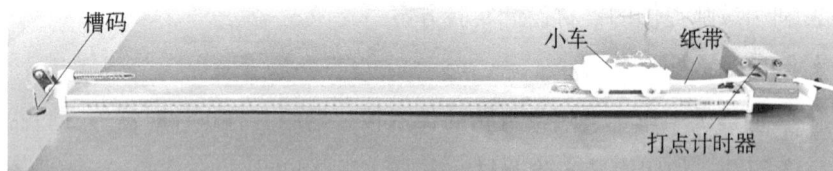

图4　人教版教材2.1-1

1.如图所示，把附有滑轮的长木板放在实验桌上，并使滑轮伸出桌面，把打点计时器固定在长木板上没有滑轮的一端，连接好电路。

2.把一条细绳拴在小车上，使细绳跨过滑轮，另一端挂上槽码，纸带一端固定在小车的后面，另一端穿过打点计时器的限位孔。

3.把小车停在靠近打点计时器处，接通电源后，释放小车，让小车拖着纸带运动，打点计时器就在纸带上打下一系列的点迹。

4.换上新的纸带，重复实验三次。

设计意图：

引导学生经历探究小车速度随时间变化规律的过程，体会研究直线运动的一般思路，逐步运用所学的知识解决具体问题，培养科学的思维习惯和良好的研究态度。

环节四：记录实验数据

教师活动：提出思考问题：

1. 如何挑选合适的纸带？

2. 需要测量哪些物理量？怎样测量？

3. 如何记录实验数据？

学生活动：

在教师引导下，结合所学知识，明确以下问题：（1）选取点迹清晰的纸带，舍掉开头过于密集的点，从清晰的点开始（起始点），根据纸带情况可以每5个打点取一个计数点，使相邻计数点间对应的时间是0.1s。（2）设计实验记录表格，见表1。

表1　小车在几个时刻的瞬时速度（选自人教版教参49页表2-1）

位置编号	0	1	2	3	4	5	6	……
时间 t/s								
位置 x_n/m								
位移 Δx/m								
速度 v/（ m·s^{-1} ）								

设计意图：

引导学生思考，如何应用纸带研究小车的运动，学会计算各点瞬时速度的方法。掌握运用坐标纸或计算机处理数据的多种方法。

环节五：分析实验数据

教师活动：

1. 提出思考问题：如何能更直观地看出小车速度随时间变化的规律？

2. 指导学生用坐标纸描绘出小车运动的 $v-t$ 图像。提示学生：画线时，让尽可能多的点处在直线（或曲线）上，图线外的点均匀分布在线的两侧，去掉偏差太大的点。提出思考问题：小车的变速运动有何特点？

3.介绍并示范利用计算机绘制 v–t 图像的方法。

4.指导学生阅读教材练习与应用中介绍的剪贴纸带的方法（人教版教材36页第1题，剪贴纸带法；教参图2-1）。

学生活动：

1.根据所学明确 v–t 图像能更直观地看出小车的速度随时间变化的规律。

2.在教师指导下，在坐标纸上选择合适的标度，以 t 为横轴、速度 v 为纵轴建立直角坐标系，根据所得数据描出各点的位置。观察各点的分布规律，多数点迹大致分布在一条直线上，画出小车运动的 v–t 图像。多数学生可以推断：如果没有实验误差的理想情况下，所描出的各点应全部落到这条直线上。

3.学习利用计算机绘制 v–t 图像的方法，特别是感受通过拟合数据辅助查找规律的便捷。

设计意图：

学生经历建立平面直角坐标系，描绘物体运动的 v–t 图像，通过对拟合成的图线观察、思考，找出物体速度变化规律的过程。学习借助计算机数表软件绘制 v–t 图像，选择适当的函数拟合数据，得到物体速度随时间变化的规律，培养学生分析数据、解释能力和证据意识。通过学习数据处理的多种方法，引导学生质疑、创新能力，对学生后续使用多种方法解决匀变速直线运动问题做好学习进阶准备。

环节六：评估与反思

教师活动：

1.鼓励学生交流与讨论，进行总结与点评，将实验探究过程中好的思路和想法进行班内共享，强化实验重点与注意事项。提出思考问题：小车在重物牵引下的运动具有什么特点？能否得到加速度的大小？

2.鼓励每小组再自选一种实验方案进行研究。

学生活动：

1.大胆猜想速度与时间定量关系，说明依据并阐述具体分析思路。

2.建议：教师引导学生分为不同的小组研究不同的变速运动（每种运动

可以设置 4~5 组学生探究），除了书上的实验方案，还可以有小车沿斜面滑下、木块在水平面减速、重物拉动滑块在气垫导轨上加速运动等，测出数据描绘 v-t 图像，找出速度变化的规律，抽象出匀变速直线运动模型，认识到这种匀变速直线运动的普遍性，使学生增加对这种运动的理性认识，拓宽后续研究动力学问题的视野。

设计意图：

通过交流分享提高学生思维能力与探究能力，引导学生根据自己所学知识和自己积累的经验来寻找答案，明确猜想也有学问，猜想应尽可能正确。通过回答问题掌握学生思维习惯、了解学生内心世界，针对课堂生成问题给予个性化指导是教学评价的重要部分。

环节七：学习小结

教师活动：

提出思考问题：本节课你有哪些收获？

学生活动：

学生可能从以下几个方面小结：

1. 概念规律：通过实验探究小车运动速度随时间变化的规律，建构匀变速直线运动模型。

2. 研究方法：理想模型法：知道物体运动速度随时间变化的规律，建构理想模型中的运动模型——匀变速直线运动的模型。图像分析法：描绘物体运动的 v-t 图像，通过对拟合成的图线观察、思考，找出物体速度变化的规律，图像的斜率反映加速度的大小和方向。列表分析法：通过观察分析具体表格信息发现规律。科学思维中的抽象方法：先从小车的变速运动出发，研究某种实际变速运动的特点，进而再抽象归纳出匀变速直线运动概念。物理问题研究中的极限方法：能体会在极短时间或位移中，质点的平均速度近似看成瞬时速度的思维方法。实验推理法：以真实实验为原形，合理推理得出结论，深刻揭示物理规律的本质。

3. 实验工具：可用打点计时器研究匀变速直线运动的特点。通过打点计时器纸带上打出的点迹，分析对应时刻物体的速度。可用频闪照相机或其他实验工具研究匀变速直线运动的规律。

4.态度责任：通过对纸带的处理和实验数据的图像展现，培养学生实事求是的科学态度，能使学生灵活运用科学方法研究和解决问题，提高创新意识。

设计意图：

学生通过实验探究物体运动的速度随时间变化的规律，提升实验设计、处理信息、做出解释等科学探究方面的能力，为建构匀变速直线运动的模型奠定基础。引导学生学会抓住主要因素，结合实际进行分析与解决问题，分析不同设计方案，有着同样的数据处理思路，不同的处理方式。

环节八：布置作业

1.书面作业：完成实验报告及课后练习与应用中的习题。

2.实践作业：

分组实验（自主设计变速运动，如小车沿斜面滑下、木块在水平面减速、小车被重物牵引等）。进行实验操作，注意把实验过程和已学过的"练习使用打点计时器"相对比，及时提出问题。

（七）板书设计

实验　探究小车速度随时间变化的规律

实验目的：

1.进一步练习使用打点计时器。

2.会利用平均速度求瞬时速度。

3.会利用 $v-t$ 图像处理实验数据，并据此判断物体的运动性质。

实验原理：

1.瞬时速度的计算：各计数点的瞬时速度可用以该点为中间时刻的一段时间内的平均速度来代替。

2.根据 $v-t$ 图像判断运动性质：用描点法可作出小车的 $v-t$ 图像，根据图像的形状可判断小车的运动性质。

3.加速度的计算：利用 $v-t$ 图像的斜率求出小车的加速度。

实验结论：如果没有实验误差的理想情况下，小车速度随时间是均匀增加的，即小车的加速度保持不变。

（八）学习评价

《实验：探究小车速度随时间变化的规律》学习过程评价量表

评价项目	评价指标	评价等级
物理观念	基于探究的问题，可以想到某个具体事例进行研究	水平1
	通过小组合作，能进行实验的可行性设计	水平2
	根据相关实验器材，能设计实验并熟练操作	水平2
科学思维	会运用已学知识处理纸带，求各点瞬时速度	水平1
	会用表格法处理数据，并合理猜想	水平2
	巧用 v–t 图像处理数据，观察规律	水平2
科学探究	能确定实验需要测量的物理量	水平1
	能根据实验要求，选择方案	水平3
	能在教师的指导下，明确实验原理，设计重要步骤	水平3
	能按实验步骤进行规范实验操作（先通电再释放小车，完成实验关闭电源等）	水平1
	能够在教师指导下，使用所学的器材收集数据	水平1
	能对数据进行初步整理	水平1
	具有与他人交流成果、讨论问题的意识	水平1
	能使用简单和直接的证据表达自己的观点	水平2
	具有质疑和创新的意识	水平2
	能分析数据，发现特点，形成结论，尝试用已有的物理知识进行解释	水平3
科学态度与责任	通过对纸带的处理，绘制实验数据的图像并进行拟合，培养学生实事求是的科学态度	水平3
	能使学生灵活地运用科学方法来研究问题，解决问题，提高创新意识	水平4

（九）设计后记

教学设计从基础落实与拓展拔高两个层面展开。在基础教学过程中，注重引导学生从实验思路、实验操作、数据记录与分析等方面经历探究过程。重点是探究实验的设计与数据记录，难点是通过数据分析得出结论：在误差允许范围内，速度随时间均匀变化，近似抽象出匀变速直线运动模型。要求学生经历完整的科学探究活动，学会实验数据的处理方法，通过探究小车在重物牵引下运动的实验，进一步掌握打点计时器的使用方法和利用打点计时器研究物体运动的方法，得出小车速度随时间变化的规律，为建构匀变速直线运动模型打下坚实的基础，更为拓展实验做好进阶准备。

学生的质疑创新能力在物理思维中不可或缺。通过不同探究实验方式，经历完整探究过程，开放式处理实验数据，有利于培养创新意识和运用创新思维，体会多元思维，进一步掌握实验探究方法和数据分析方法，得出小车速度随时间变化规律。后面几节都要运用到本实验数据进行研究。本单元在公式法与图像法解题过程中，也需要灵活应对，培养提取重要信息能力。

所以，本节课的设计为学生的后续学习拓展了思路，很好地满足不同层级学生的学习需求，更好地建构匀变速直线运动模型，培养学生建模能力和解决具体问题的能力。

案例3 单元名称：光学

课时教学设计：光的折射定律

（一）设计思想

折射定律是光学中的重要知识点，也是几何光学的核心内容。本节课通过演示实验来创设问题情境，引入新课，激发学生兴趣。通过实验探究和对实验结果的讨论交流得到折射定律，突破重点和难点。

（二）指导思想与理论依据

皮亚杰有效教学观点是，课堂教学是双边活动，师生间良好的交流和每个学生都参与教学活动是实施有效教学的前提。《普通高中物理课程标准（2017年版）》的要求是"通过实验，理解光的折射定律。会测量材料的折射率"。在"物理教学的基本特征"的指导和引领下，本节课采用演示实验引入新课，突出"以创设问题情境为切入点"；注重实验探究的设计，突出"以提升学生探究能力为重点"；在得出折射定律和确定折射率的理论探究中突出"以培养学生思维能力为核心"。

（三）教学背景分析

教材情况：折射定律是几何光学的基础，也是光学知识的起始章节，对整个几何光学和物理光学的学习至关重要。

学生情况：学生已经知道在一些介质间发生折射时，入射角和折射角的大小关系，对三角函数知识的运用比较熟练，但是对于折射定律的定量研究以及折射率的理解是难点。通过实验探究与适当的理论探究，对学生深入理解知识是一种有效的教学方法。

（四）教学目标设计、重点难点分析

1.通过观察演示实验，使学生了解到光在两种介质界面上发生的现象，区别反射和折射现象。理解折射定律的确切含义，并能用来解释一些光现象和计算有关问题。

2.通过实验探究和理论探究得出折射定律，实现感性认识到理性认识的升华。理解折射率的定义，理解折射率是反映介质光学性质的物理量。

3.培养学生分析、推理能力，渗透物理研究和学习的科学态度的教育。知道折射率与光速的关系，并能用来进行计算。

教学重点难点分析：

重点：光的折射定律、折射率。

难点：光的折射定律和折射率的应用。通过问题的分析解决，加深对折射率概念的理解，学会解决问题的方法。

重、难点突破措施：

引导学生对空气到玻璃或塑料板发生折射进行实验探究，利用惠更斯原理对折射定律进行理论探究，并为给出折射率概念，以及明确折射率与速度关系做好准备。最后交流得出结论,突出折射定律这一重点。本节课采用教师引导,学生小组合作探究实验来突破折射率和介质有关这一教学难点。

(五)教学过程与教学资源设计

教学流程图:

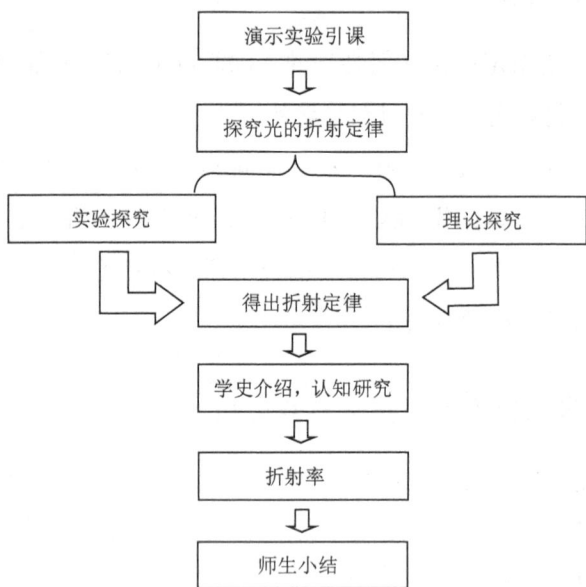

(六)教学过程

环节一:情境引入

师:光带给我们一个明亮的世界,同时也带给我们很多神奇的现象。我们来看这是一束激光,这是一块半圆形玻璃砖,当窄光束由空气斜射向玻璃表面时,我们会看到几束光?

生:三束。

师:这几束分别是什么光呢?分别在哪种介质中?

生:一束是入射光,一束是反射光(在空气中),一束是折射光(在玻璃中)。

师：光从一种介质射入到另一介质时传播方向发生改变的现象，叫作光的折射。入射光线和法线的夹角叫入射角，折射光线和法线的夹角是折射角。

生活中也有很多神奇现象与光的折射有关，我们来看从圆形边界射入玻璃的情形，沿半径射入，是否会在圆形界面发生偏折？为什么？在从玻璃再射入空气时，我们也可以看到偏折的情况。我们还会看到无光线射出的情况（全反射），这又是怎么回事呢？

生：不会因为是垂直入射……

师：这些都和光的折射规律有关。

我们现在回忆一下初中学过的反射定律的内容是什么，折射规律又是怎样的呢？

学生回答：折射光线跟入射光线和法线在同一平面内，折射光线和入射光线位于法线的两侧。

师：入射角和折射角之间究竟有什么定量关系呢？1621年，荷兰数学家斯涅耳终于找到了入射角和折射角之间的规律。

这节课，我们首先来通过实验，追寻前人的足迹，一起定量探究一下入射角和折射角之间的关系。

环节二：定量探究入射角和折射角之间的关系

1. 猜想：入射角和折射角之间究竟有怎样的定量关系呢？

依据：惠更斯原理 $\dfrac{\sin i}{\sin r} = \dfrac{v_1}{v_2}$

2. 仪器简介

师：我们看每组都有小激光光源、薄塑料板、白纸、玻璃砖、量角器、直尺和计算器。那么我们如何设计一下自己实验步骤，能够得出光从空气射向玻璃砖（或塑料板）时，入射角（正弦）和折射角（正弦）之间的关系？

3. 设计实验

生：在教师引导下设计实验，并上讲台演示（小组合作，4—5人一组）。

步骤：

1. 在白纸上画一条直线，代表两种介质的分界面；取中点为入射点标记为 O，过 O 点画出法线；然后画出带箭头的入射光线，并标明入射角。

2. 放平行玻璃砖，使其上边界与所画界面线重合。

3. 用激光光源贴着纸面沿入射光线发出光束，透过玻璃砖记下出射点的位置。用笔记录下每条入射光线对应的出射点，移去玻璃砖连接出射点与入射点，即为折射光线，并标明折射角。

4. 记录各次测出的 i 和 r 的值，并完成数据处理与分析。

师：注意事项：

（1）入射角不宜过大或过小，一般在 15°~75° 之间。

（2）玻璃砖的折射面要画准，不能用玻璃砖界面代替直尺画界线。

（3）实验过程中，玻璃砖和塑料板的相对位置不能改变。

（4）激光束不要射入眼睛。

4. 分组实验

组别：　　　　　　从 空气 射向　玻璃砖（塑料板）

入射角（i）	折射角（r）	$\sin i$	$\sin r$	$\dfrac{\sin i}{\sin r}$

比值平均值：

师：1. 光由空气射入塑料板时入射角 i 和折射角 r 的关系如何？

2. 从这些结果我们能看出什么？

生：1. $\dfrac{\sin i}{\sin r}$ 一定。

2. 不同介质对应比值不同。

其实从公元前 140 年开始，人们就已经能够利用实验的方法测量入射角和折射角，并对折射规律有了一定的研究，认为 $\dfrac{i}{r}$ 是定值。一个物理规律的得出往往经历一个漫长、曲折的过程，需要具有创新精神，我们今天是在前人的工作成果下，去初步体会科学家们的探究过程。

结论：1.折射光线、入射光线、法线在同一平面内，折射光线和入射光线分别位于法线的两侧。2.入射角的正弦与折射角的正弦成正比，即 $\dfrac{\sin i}{\sin r}=n$ 这就是光的折射定律，也称斯涅耳定律。3.折射光路也是可逆的。

环节三：折射率

1.折射率 n。

光从一种介质射入另一种介质时，虽然入射角的正弦跟折射角的正弦之比为一常数 n，但是对不同的介质来说，这个常数 n 是不同的。这个常数 n 跟介质有关系，是一个反映介质的光学性质的物理量，我们把它叫作介质的折射率。

（1）定义式：$n=\dfrac{\sin i}{\sin r}$

i 是光线在真空中与法线之间的夹角。

r 是光线在介质中与法线之间的夹角。

介质	折射率	介质	折射率
金刚石	2.42	岩盐	1.55
二硫化碳	1.63	酒精	1.36
玻璃	1.5 ~ 1.9	水	1.33
水晶	1.55	空气	1.00028

光从真空射入某种介质时的折射率，叫作该种介质的绝对折射率，也简称为某种介质的折射率。相对折射率在高中不作要求。又因为空气的绝对折射率为 1.00028，在近似计算中认为空气和真空相同，故有时光从空气射入某种介质时的折射率当作绝对折射率进行计算。

（2）折射率的定义式为量度式，折射率无单位，任何介质的折射率不小于 1。

2.介质的折射率与光速的关系。

前面我们同学用惠更斯原理推导得出的结论和科学家大量实验的研究都

9

证明：某种介质的折射率，等于光在真空中的速度 c 跟光在这种介质中的速度之比。

$$n = \frac{C}{v}$$

可见，介质的折射率均大于 1，因此光从真空射入任何介质时，入射角大于折射角，根据光路可逆性，当光从某种介质射入真空中时，折射角大于入射角。

补充说明：

1.折射率越大，偏折角度越大。

2.不同介质折射率不同，同种介质中密度越大，折射率越大。不同介质折射率与密度无关。

环节四：知识点明晰

1.光的折射定律（i 为空气或真空中角度）。

$$\frac{\sin i}{\sin r} = n \qquad n = \frac{C}{v}$$

2.折射率与速度的关系。

3.光从介质 1~ 介质 2。

$$\frac{\sin \theta_1}{\sin \theta_2} = \frac{v_1}{v_2} = \frac{n_2}{n_1}$$

即 $n_1 \sin\theta_1 = n_2 \sin\theta_2$

若实验中我们将光从塑料板射向玻璃砖，比较入射角与折射角大小，反之如何？

结论：折射率大的介质中的角度小，折射率小的介质中角度大（教师引导给出公式）。

解决学生课前所说相关密度与折射率的关系问题。

环节五：板书设计

第一节　光的折射定律

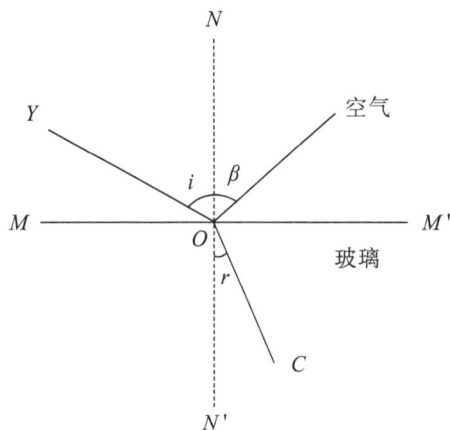

光的折射示意图

1. 折射定律

$$\frac{\sin i}{\sin r} = n$$

2. 折射率 n

$$\frac{\sin i}{\sin r} = n \qquad n = \frac{C}{v}$$

$$n_1 \sin\theta_1 = n_2 \sin\theta_2$$

课时教学设计：选择性必修二　第四章　第五节　光的干涉

（一）教学内容分析

　　光的波动性一章内容比较抽象，而机械波的相关知识对于学生而言是易于接受的。光的干涉是物理光学的起始课，不易理解，采用机械波与光波的类比可以降低学习难度。在教学中注重实验和自然现象，从实验现象到运用惠更斯原理分析现象，从而理解光的干涉图样形成的原因。但是同时也应明确机械波和光波是不同的。因此本节课具有教学难度，在设计上应更注重教学模式的运用。

在课程改革过程中，新的课程观强调课程是知识——学科本位的一种课程观；课程是经验——学生本位的一种课程观。这种课程观要求我们在设计课程时，一方面要关注知识系统，另一方面要关注学生的经验，从学生发展的角度，而不是从社会发展的角度去选择；课程是活动，也强调学习者的主体地位，但是更强调活动的完整性、综合性，与分科课程对立，尤其注重活动的方式方法。

遵循教学的基本原则：理论联系实际——从现实生活问题引入教学，比如在讲授薄膜干涉时，举出日常生活中常见的油膜、肥皂膜，蜻蜓的翅膀等在阳光下呈现的彩色条纹，而在学生探究薄膜成因的过程中，则是运用 3D 打印的自制薄膜干涉实验仪让学生自己去研究在哪一侧面观察更清楚，运用空矿泉水瓶子去观察干涉图样，使用自制泡泡液用不同工具吹泡泡观察表面的彩色图样，在学生玩乐中告诉他们干涉不仅带给了我们七彩的世界，还可以用薄膜干涉来检验物品的平整度或厚度，另外人们还设计了增透膜和反射膜。通过实际问题，从现实生活中的问题出发，引入理论和科学知识的学习。

科学性与思想性的统一——教学中关注科学知识，但同时关注这些知识的思想价值，比如，我们在制定教学目标时，可能还会考虑情感、态度价值观的目标，就是这种教学原则的体现。直观性与抽象性统一：如杨氏双缝干涉实验不宜观察，我在教学中将激光光学实验仪的激光光源和杨氏双缝干涉仪的测量头、0.25 mm 双缝和 0.20 mm 双缝，配上一片实验室废弃仪表的毛玻璃屏组装了一台干涉效果很好的实验仪，学生可以清晰地看到干涉图样，并能定性分析缝到屏距离 L 与双缝间距对干涉条纹间距的影响，继而定量探究干涉条纹间距的影响因素，实现了直观性与抽象性的统一。另外，教师的微创新实验势必会对学生的创新能力产生潜移默化的影响，这也是身为教育者应尽的责任。

（二）学情分析

高二学生已经具有了一定的知识基础，如机械波的特有现象——干涉与衍射和发生条件，并学习了惠更斯原理，具备将机械波和光进行类比和深入分析光的干涉实质的知识基础；通过近两年的高中物理学习，具备一定的实验能力，总结归纳能力和小组合作能力，因此可以在课上进行充分的实验教与学。学生对于不易观察到的光的干涉现象理解不透彻，所以需要教师进行适宜的引导，并转化为学生可以接受的方式内化为自身的知识。

（三）教学目标与重难点分析

1.通过"杨氏双缝干涉"实验的学习，渗透科学家认识事物的物理思维方法。认识光的干涉现象以及产生条件，知道光的干涉说明了光是一种波。

2.通过机械波干涉条件的类比，引导学生通过实验和小组交流探究光的干涉条件，推理在双缝干涉实验中形成亮条纹和暗条纹的原因及产生亮暗条纹的条件。

3.掌握条纹间距公式，通过该公式知道在其他条件相同时，不同频率光产生的双缝干涉条纹间距不同。通过观察实验，培养学生对物理现象的观察、表述、概括能力。通过干涉实验使学生认识光的干涉现象和干涉条纹的特征。

4.通过观察自然现象和研究实验现象，培养学生观察能力和应用知识解决实际问题的能力，从而真正实现使每个学生都得到发展的目标。了解薄膜干涉的应用和原理。

教学重点和难点：

教学重点：知道双缝干涉产生的条件、亮条纹和暗条纹的条件，认识干涉图样的特征；理解薄膜干涉原理以及应用。

教学难点：正确理解双缝干涉图样中亮条纹和暗条纹产生的原因；理解"加强"和"减弱"。

（四）教学流程

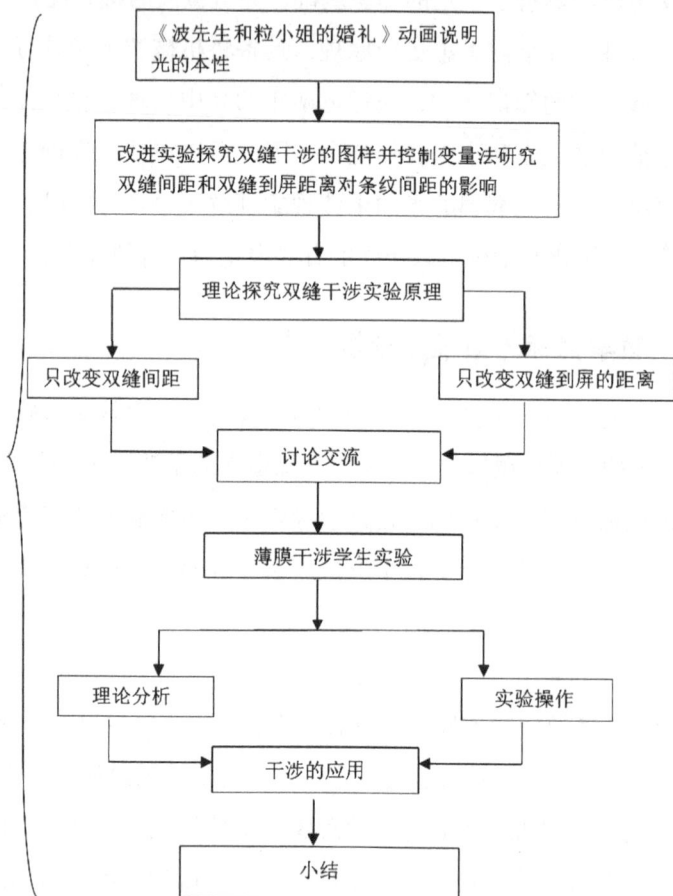

（五）教学过程

环节一：波粒二象性争论情境引课

生活中离不开光，牛顿认为光是粒子，惠更斯认为光是波。那么到底光的本质是怎样的呢？我们来看一段动画。

生：观看《波先生和粒小姐》的婚礼

图1（a） 动画说明波粒二象性　　　　**图1（b） 动画说明波粒二象性**

教师活动1：这里说明的是关于光的本性的两大学说粒子说与波动说的争论，经过很多科学家的研究，最后大家认同了光具有波粒二象性，是由爱因斯坦首先提出的。

光具有波动性，那么波动特有的现象是什么呢？

学生活动1：干涉与衍射。

教师活动2：今天就来学习光的干涉。

环节二：光的干涉

光的干涉不易观察到就是因为干涉的条件难满足。

1801年英国物理学家托马斯·杨在实验室里成功地观察到了光的干涉。——被称为著名的杨氏双缝干涉实验。

教师活动1：我们来介绍一下双缝干涉的概念：由同一光源发出的光经两个狭缝后形成两列光波叠加产生。

这里有一台改进仪器，将氦氖激光器发出的红色激光照射挡板上的两条平行的狭缝，我们用一个手持的毛玻璃屏接收干涉图样。[强调激光使用安全（不要被激光照到眼睛）]

我们运用的是纵向排列的两条狭缝，缝间距为0.25 mm。

那么，光的干涉条件：两列光的频率相同。

能发生干涉的两束光称为相干光。

图2（a）　改进过的双缝干涉实验仪　　图2（b）　改进实验毛玻璃屏接收图样

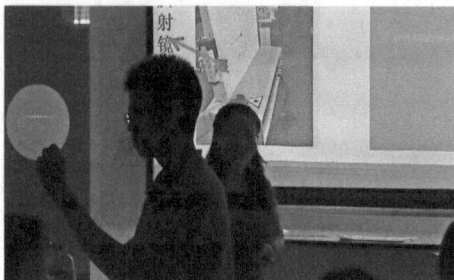

　　我们将光源换为激光（1958年科学家在实验室里激发出一种自然界中没有的光），其有一系列的优点，其中就有"强度大"（可达10^{17}w/cm^2）"相干性好"，激光中所有光子的频率是相同的，振动情况也完全相同，是最好的相干光。

　　用测量头组装双缝既省去了遮光板又省去部分遮光筒。

　　用手持毛玻璃屏，可以随意移动远近，极大限度地增大了双缝到屏的距离。

　　请一位同学帮助我们拿着毛玻璃屏，大家注意观察屏上接收到的干涉图样特点。

　　学生活动1：观察杨氏双缝干涉实验仪器并思考。

　　学生活动2：会看到有些地方亮有些地方暗。

　　教师活动2：我们观察双缝干涉实验，改变屏与缝之间的距离L

　　——波长λ不变时L越大，亮纹间距（暗纹间距）怎样变化？

　　学生活动3：越大。

　　教师活动3：屏与缝之间距离L不变，用不同缝间距的双缝做实验，缝间距小的亮纹间距（暗纹间距）怎样变化？

　　学生活动4：越大。

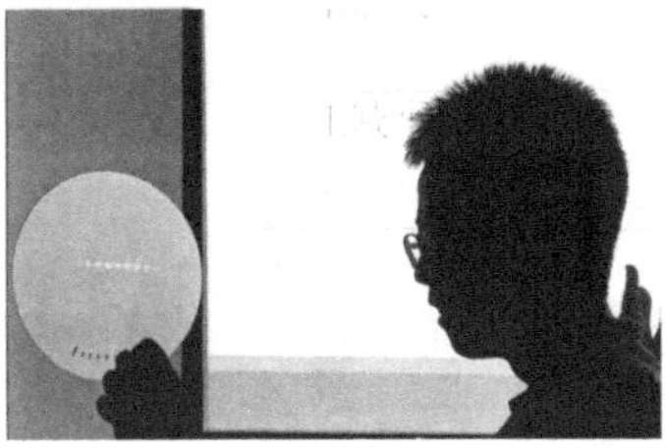

图3（a）　缝间距为0.20mm时接收图样 　　图3（b）　缝间距为0.20mm时接收图样

小结：实验可说明亮纹间距与 L 和 d 有关，我们将结论记在相应学案位置。

学生讨论并说明结论：

改变L λ, d 一定	条纹间距 ΔX	改变d λ, L 一定	条纹间距 ΔX
L 增大		0.25 mm	
L 减小		0.20 mm	

图4　学案记录定性探究结论

教师活动3：同学们已经观察到干涉图样是明暗相间的条纹，条纹间距是等间距的，而且与 L 和 d 均有关，为什么会有这样的规律呢？

光是一种波，我们从波动理论进行分析，是由同一光源发出的光经双缝后，形成两列频率相同的光波叠加产生的。

加强区：光程差 $\Delta r = k\lambda$（k=0，1，2…）。

减弱区：光程差 $\Delta r = （2k-1）\dfrac{\lambda}{2}$（$k$=1，2…）。

与机械波干涉时出现的加强区和减弱区是一样的，大家回忆一下加强区和减弱区的条件？

学生活动5：观察图样明确特点：明暗相间；亮纹间等距，暗纹间等距；两缝 S_1、S_2 中垂线与屏幕相交位置是亮条纹——中央亮纹。

光在干涉时的加强区就会出现明条纹，减弱区出现暗条纹。

教师活动4：我们再看这个双缝是水平放置的，而我们实验时是竖直放置的，形成的条纹也是竖直排列的。那么水平放置的双缝则会形成水平方向的条纹。

我们观察纵截面图

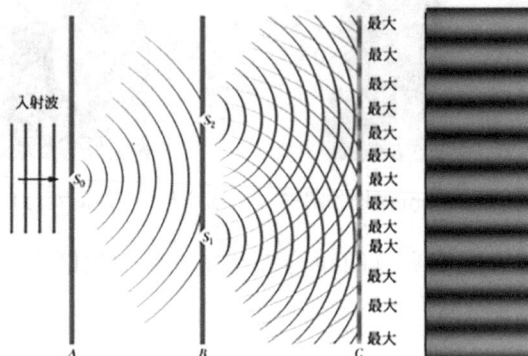

图 5　干涉形成纵截面图

为了研究条纹间距的影响因素，我们先来研究与 O 点距离为 x 的 B 点的情况。S_1 和 S_2 到 B 的光程分别为 r_1 和 r_2，则光程差 $\Delta r = r_2 - r_1$，由图可知 $\Delta r = d\sin\theta$，我们怎么推出 x 位置处的特点呢？

学生活动 6：总结规律：

1.光程差等于波长整数倍的位置，产生亮条纹；光程差等于半波奇数倍的位置，产生暗条纹，即产生亮暗条纹条件表达式：

亮纹：光程差 $\Delta r = k\lambda$（$k=0$，1，$2\cdots$）。

暗纹：光程差 $\Delta r = (2k-1)\dfrac{\lambda}{2}$（$k=1$，$2\cdots$）。

提示：连接 OB，找到 OB 与水平夹角 θ。

两个光源到中央位置的光程差为 0，所以屏幕中央出现亮条纹。

2.我们看到条纹间距与波长成正比，那么白光入射会形成怎样的干涉图样呢？

区别白光和单色光的干涉图样。

学生活动 7：推导：

$$\sin\theta \approx \mathrm{tg}\theta = \frac{x}{L}$$

$$\Delta r = d\,\frac{x}{L} = \pm k\lambda \quad (k=0，1，2，\cdots)$$

得出亮纹：

$$\Delta r = d\,\frac{x}{L} = \pm k\lambda\ (k=0,\ 1,\ 2,\cdots)$$

暗纹：

$$\Delta r = d\,\frac{x}{L} = \pm(2k-1)\frac{\lambda}{2}\ (k=1,\ 2,\cdots)$$

条纹间距为

$$\Delta x = x_{k+1}-x_k = \frac{L}{d}\lambda\ (与\,k\,无关)$$

学生活动8：屏上中心明纹仍为白色，两侧对称分布各级内紫外红的彩色条纹。更高级次的彩色条纹可能会发生重叠。

学生活动9：观察白光和红光的干涉图样并思考。

环节三：薄膜干涉

教师活动1：阳光下的油膜、肥皂膜、肥皂泡和蜻蜓、蝴蝶的翅膀都呈现出彩色条纹，其实是发生了薄膜干涉，我们现在就来一起分析一下薄膜干涉。

学生活动1：观看图片思考为什么会出现明暗相间的条纹。

教师活动2：这里是利用3D打印机自制的薄膜干涉仪器，下面是水槽，老师放入了泡泡液，里面有搅拌棒，可以将液体刷在直立的板面上，我们观察一下薄膜的色彩，请大家尽量在实验盒中完成。

请大家注意观察，在哪个侧面观察条纹更明显呢？为什么会这样？

图6（a）　教师演示实验操作　　　图6（b）　学生探究薄膜干涉

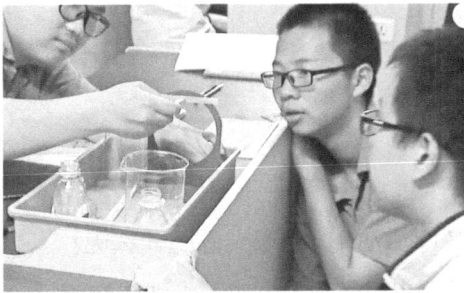

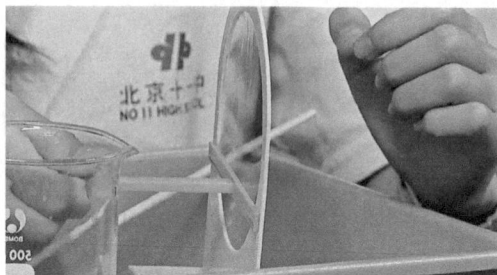

图 6（c） 学生获得图样

我们分别在哪侧能够看到清晰的彩色条纹呢？为什么会出现干涉图样呢？

生：思考并作答。

学生活动 2：因为教室只有前面开着灯，所以后面同学在背光面几乎看不到条纹，必须在与光源同侧方向能看到清晰条纹。——我们看到的是反射光干涉条纹。

教师活动 3：自上而下条纹间距有什么变化？

学生活动 3：薄膜由于重力作用形成上薄下厚的楔形模，所以干涉图样也是越到后面越密集。

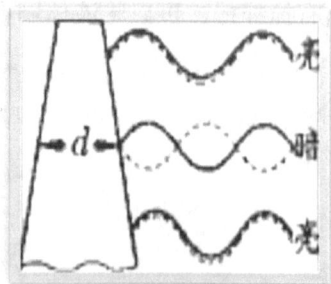

图 7 薄膜干涉原理图

教师活动 4：相干光源是什么呢？入射光经过前后表面反射后两列光频率相同，出现光程差形成了干涉图样。

有的同学可能还没有完全记住薄膜干涉的图样特点，我们现在就用你们自己剪好的矿泉水瓶，来蘸取泡泡液，我们看一下所形成的薄膜干涉图样。

图8（a）　学生用水瓶观察薄膜干涉

图8（b）　学生用自带矿泉水瓶吹泡泡

图8（c）　师生共同吹泡泡看泡泡上的彩色条纹

学生活动4：看泡泡上的彩色条纹

每个泡泡都呈现出五颜六色，其实是光的干涉图样。光的干涉不仅带给我们七彩的图样，让我们有着这么多的快乐，其实光的干涉还有很多重要的应用，比如：

应用1：干涉法检测平面的平整度或物体粗细。

图9（a）　干涉法检测平整度和测量厚度

图9（b）　增透膜

应用2：增透膜和增反膜。

环节四：小结

今天我们学习了能够证实光具有波动性的重要知识——光的干涉，那么，双缝干涉图样特点、双缝干涉相邻明条纹间距公式和薄膜干涉的应用分别是怎样的呢？

学生自我进行信息整理并回答。

实现从物理到生活，再从生活回归科技。培养学生的分享意识，锻炼学生的归纳能力。

（六）教学反思与评价

这节课在教学设计上突出以学生的认知程度进行知识的推进，并将学生的动手动脑有机结合，以学生获得最大限度的收获为设计之本，在整节课中教师处处运用自己对实验的创新去培养学生的创新能力。

1.本节课以实验为主线，引导学生通过认识实验获取信息，并用知识进一步解决实验问题或实验现象。使学生体验到动手操作的快乐，学习到类比、猜想、归纳等科学方法，培养学生的观察能力和实验能力。

2.注重对学生创新能力的培养，教师所用实验均为自己创新后的成果，如讲授薄膜干涉时，运用自己设计的3D打印薄膜干涉实验仪让学生去研究在哪一侧面观察更清楚，运用自己设计的小实验——使用完的矿泉水瓶子去观察干涉图样，下课后，学生使用自制泡泡液，用不同工具吹泡泡，观察表面的彩色图样；再如，杨氏双缝干涉实验不易观察，在教学中将激光光学实验仪的激光光源和杨氏双缝干涉仪的测量头、0.25 mm 双缝和 0.20 mm 双缝，配上一片实验室废弃仪表的毛玻璃屏组装了一台干涉效果很好的实验仪，学生可以清晰地看到干涉图样，并能定性分析缝到屏距离 L 与双缝间距对干涉条纹间距的影响，继而定量探究干涉条纹间距的影响因素。将科技和生活中的实例进行研究，使学生明确物理直接关系到科技的发展，生活质量的提高，引导形成具有创新力的科学素养。

3.知识由浅入深地设计，学生从对双缝干涉图样、相邻条纹间距、薄膜干涉图样以及形成原因都采用从定性分析到定量探究，实现由感性认识上升到理性认识的物理思维能力的训练，体现"以提升学生思维能力为重点"。

4.本节课开展时恰逢六一儿童节，带领学生在吹泡泡、制泡泡液的过程中，体会学习物理的乐趣，并说明物理知识的实用性。明确物理知识源于生活，又反作用于生活。

整个教学过程符合新课程的教学目标，体现新课程的理念，注意培养学生的自主、合作、探究能力，逐步提升学生的科学素养。

微课篇——实录

2019 年 6 月 23 日《中共中央 国务院关于深化教育教学改革 全面提高义务教育质量的意见》，结合物理学科组"核心素养视角下高中物理实验创新元素研究"课题结题，在学习过程中颇有心得。文中提到"强化课堂主阵地作用，切实提高课堂教学质量"，其中重点提到"优化教学方式。坚持教学相长，注重启发式、互动式、探究式教学，教师课前要指导学生做好预习，课上要讲清重点难点、知识体系，引导学生主动思考、积极提问、自主探究。融合运用传统与现代技术手段，重视情境教学；探索基于学科的课程综合化教学，开展研究型、项目化、合作式学习。精准分析学情，重视差异化教学和个别化指导。各地要定期开展聚焦课堂教学质量的主题活动，注重培育、遴选和推广优秀教学模式、教学案例"。

微课教学是辅助课上教学的非常有效的教学方式，下面介绍几节具体的微课实践。

案例1 微课教学设计：气体实验定律

大家好！今天我们来共同学习热学专题 3。

依据 2017 版新课程标准 3.1.6 确定本专题有以下三个复习内容：

（1）了解气体实验定律。（2）知道理想气体模型。（3）能用分子动理论和统计观点解释气体压强和气体实验定律。

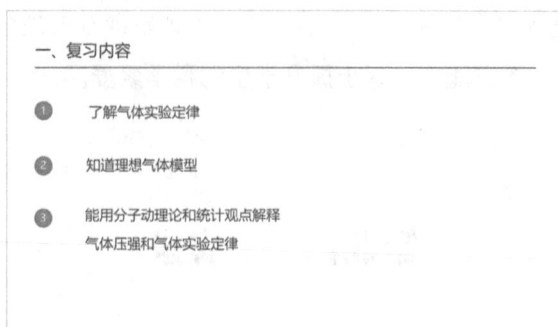

第三页：请大家关注相应教材，人教版和教科版教材。

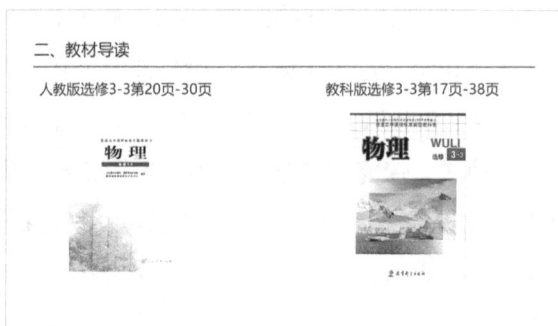

第四页：我们研究气体实验定律先来了解这样两个概念。

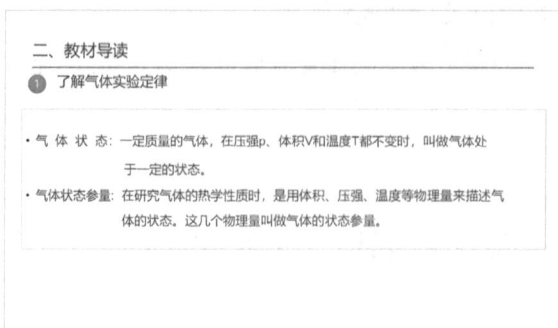

气体状态：一定质量的气体，在压强 P、体积 V 和温度 T 都不变时，叫做气体处于一定的状态。

气体状态参量：在研究气体的热学性质时，是用体积、压强、温度等物理量来描述气体的状态。这几个物理量叫作气体的状态参量。

气体实验定律是研究气体状态参量变化过程中遵循的规律，对于一定质量的气体，只有一个状态参量发生变化的情况是不可能发生的。

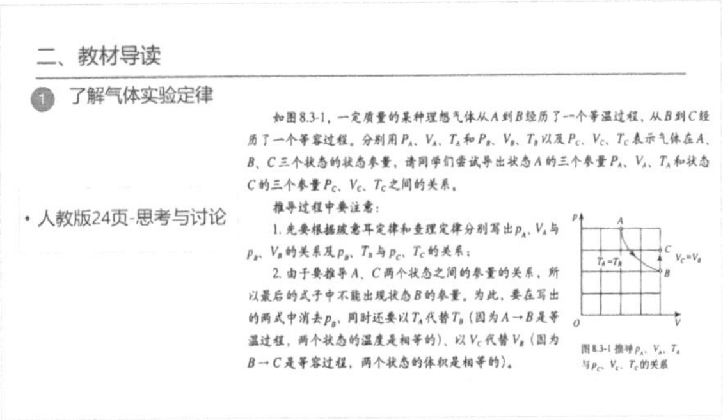

二、教材导读
1 了解气体实验定律
• 人教版24页-思考与讨论
如图8.3-1，一定质量的某种理想气体从A到B经历了一个等温过程，从B到C经历了一个等容过程。分别用P_A、V_A、T_A和P_B、V_B、T_B以及P_C、V_C、T_C表示气体在A、B、C三个状态的状态参量，请同学们尝试导出状态A的三个参量P_A、V_A、T_A和状态C的三个参量P_C、V_C、T_C之间的关系。
推导过程中要注意：
1. 先要根据玻意耳定律和查理定律分别写出p_A、V_A与p_B、V_B的关系及p_B、T_B与p_C、T_C的关系；
2. 由于要推导A、C两个状态之间的参量的关系，所以最后的式子中不能出现状态B的参量。为此，要在写出的两式中消去p_B，同时还要以T_A代替T_B（因为A→B是等温过程，两个状态的温度是相等的），以V_C代替V_B（因为B→C是等容过程，两个状态的体积是相等的）。
p
A
C
$V_C=V_B$
$T_A=T_B$
B
O
V
图8.3-1 推导p_A、V_A、T_A与p_C、V_C、T_C的关系

第五页：人教版思考与讨论，设定一定质量的理想气体从A~B经历了一个等温变化，从B~C经历了一个等容过程；推导A~C状态时状态参量的关系。

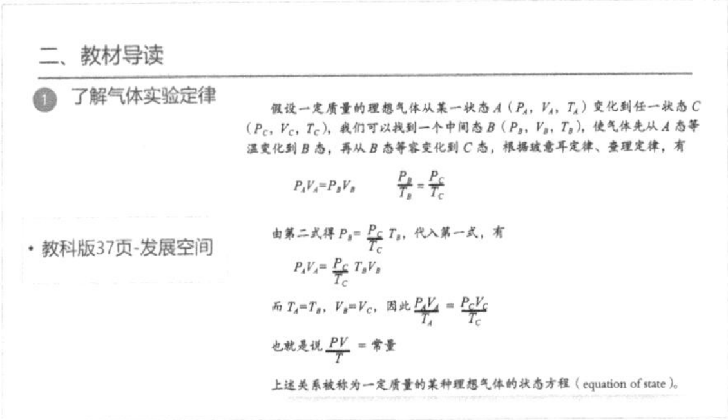

二、教材导读
1 了解气体实验定律
• 教科版37页-发展空间
假设一定质量的理想气体从某一状态A（P_A，V_A，T_A）变化到任一状态C（P_C，V_C，T_C），我们可以找到一个中间态B（P_B，V_B，T_B），使气体先从A态等温变化到B态，再从B态等容变化到C态，根据玻意耳定律、查理定律，有
$P_AV_A=P_BV_B$　　$\frac{P_B}{T_B}=\frac{P_C}{T_C}$
由第二式得$P_B=\frac{P_C}{T_C}T_B$，代入第一式，有
$P_AV_A=\frac{P_C}{T_C}T_BV_B$
而$T_A=T_B$，$V_B=V_C$，因此$\frac{P_AV_A}{T_A}=\frac{P_CV_C}{T_C}$
也就是说$\frac{PV}{T}=$常量
上述关系被称为一定质量的某种理想气体的状态方程（equation of state）。

第六页：教科版教材，发展空间也出现理想气体状态方程的推导，从任意状态A至另一状态C，借助一个中间状态B。通过由A至B的等温变化，运用玻意耳定律$P_AV_A=P_BV_B$；（点击动画1）到由B至C的等容变化，运用查理定律$\frac{P_B}{T_B}=\frac{P_C}{T_C}$；因为等温和等容过程，可以推得一定质量的某种理想气体，在发生状态变化时，虽然P、V、T都可能改变，但是压强跟体积的乘积与热力学温度的比值保持不变。——即为理想气体状态方程。

这一方程不仅涵盖了玻意耳定律和查理定理，我们也可以令$P_1=P_2$即压强一定时，其表达式为$\frac{V_1}{T_1}=\frac{V_2}{T_2}$，这就是等压变化时遵循的盖－吕萨克定律。

同学们可以依据相应公式课下学习三个实验定律对应的图像表示。

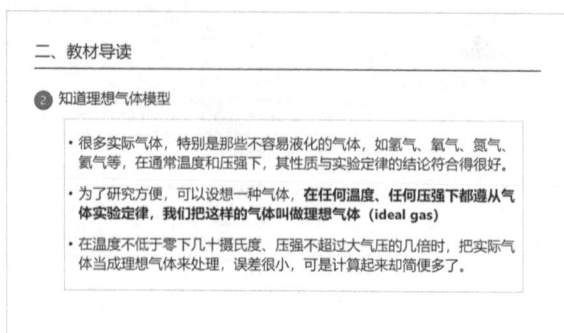

第七页：本节课的第二个复习内容在人教版 23 页给出理想气体模型。很多实际气体，特别是那些不容易液化的气体，如氢气、氧气、氮气、氦气等，在通常温度和压强下，其性质与实验定律的结论契合得很好。

为了研究方便，可以设想一种气体，在任何温度、任何压强下都遵从气体实验定律，我们把这样的气体叫作理想气体（ideal gas）。在温度不低于零下几十摄氏度、压强不超过大气压的几倍时，把实际气体当成理想气体来处理，误差很小，可是计算起来却简便多了。

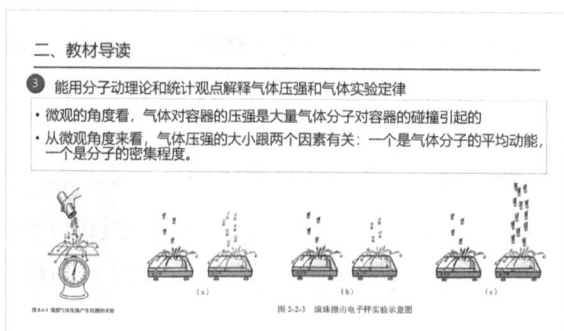

第八页：从微观的角度看，气体对容器的压强是大量气体分子对容器的碰撞引起的。人教版用豆粒做气体分子的模型，演示气体压强产生的机理。教科版用滚珠来演示。得出结论，气体压强的大小跟两个因素有关：一个是气体分子的平均动能，一个是分子的密集程度。宏观则对应为温度和体积。

二、教材导读

❸ 能用分子动理论和统计观点解释气体压强和气体实验定律

- 一定质量的某种理想气体，温度保持不变时，分子的平均动能是一定的。在这种情况下，体积减小时，分子的密集程度增大，气体的压强就增大。这就是玻意耳定律的微观解释。
- 一定质量的某种理想气体，体积保持不变时，分子的密集程度保持不变。在这种情况下，温度升高时，分子的平均动能增大，气体的压强就增大。这就是查里定律的微观解释。
- 一定质量的某种理想气体，温度升高时，分子的平均动能增大。只有气体的体积同时增大，使分子的密集程度减小，才能保持压强不变。这就是盖—吕萨克定律的微观解释。

第九页：

人教版用分子动理论可以很好地解释气体的实验定律。我们一起来看一下第一段文字：

　　一定质量的某种理想气体，温度保持不变时，分子的平均动能是一定的。在这种情况下，体积减小时，分子的密集程度增大，气体的压强就增大。这就是玻意耳定律的微观解释。

请大家学习下面两段文字并自己进行分析。

　　一定质量的某种理想气体，体积保持不变时，分子的密集程度保持不变。在这种情况下，温度升高时，分子的平均动能增大，气体的压强就增大。这就是查里定律的微观解释。

　　一定质量的某种理想气体，温度升高时，分子的平均动能增大。只有气体的体积同时增大，使分子的密集程度减小，才能保持压强不变。这就是盖－吕萨克定律的微观解释。

第十页：大家请看这道选自 2019 年 7 月东城区高二物理的期末测试题：

19 题：一定质量的理想气体经过等温过程由状态 A 变为状态 B。已知气体在状态 A 时压强为 2×10^5 Pa，体积为 $1 \, m^3$。在状态 B 时的体积为 $2 \, m^3$。

（1）求状态 B 时气体的压强；

（2）从微观角度解释气体由状态 A 变为状态 B 过程中气体压强发生变化的原因。

分析可知

（1）气体由状态 A 变为状态 B 的过程遵从玻意耳定律。

由 $P_A V_A = P_B V_B$ 解得状态 B 的压强 $P_B = 1 \times 10^5$ Pa。

第二问从压强的影响因素入手，可知：

（2）气体的压强与气体分子的平均动能和气体分子的密集程度有关。气体经过等温过程由状态 A 变化为状态 B，气体分子的平均动能不变，气体体积变大，气体分子的密集程度减小，气体的压强变小。

第十一页：我们再看 2013 年北京高考试题，24 题的第三问。

我们知道单位面积器壁上受到气体的压力即为气体的压强。

首先我们建模：取器壁上面积 S 为底、以 $v\Delta t$ 为高构成的柱体，由题设可知，柱体内的粒在 Δt 时间内有 $\frac{1}{6}$ 的粒子与器壁 S 发生碰撞，碰撞粒子总为 $N= \frac{1}{6} nS\Delta t$

每一个粒子与器壁碰撞一次给器壁的冲量为 $\Delta I=2mv$

Δt 时间内粒子给器壁的冲量为 $I=N\Delta I= \frac{1}{6} nSmv^2\Delta t$

面积为 S 的器壁受到的粒子压为 $F= \frac{1}{\Delta t}$

器壁单位面积所受粒子力 $f= \frac{F}{S} = \frac{1}{6} nmv^2$

大量气体分子频繁撞击器壁，单位器壁面积上受到气体分子的撞击力就是压强。

（本题注重对物理基础知识，压强、动量定理和宏观与微观的基本思想方法的理解的考查。）

第十二页：

再来看一下人教版教材的例题。

从题目所给的条件可以看出，A、D 两个状态中共有 5 个状态参量是已知的。

根据题意，研究的对象是一定质量的理想气体，由理想气体状态方程可得 P_A

可以看出，一定质量的理想气体的状态方程给出了两个状态间的联系，并不涉及气体从一个状态变到另一个状态的具体方式。

今天就学到这里吧，祝大家学习顺利！

附：2013年全国高考北京卷物理第24题

24.（20分）

对于同一物理问题，常常可以从宏观与微观两个不同角度进行分析研究，找出其内在联系，从而更加深刻地理解其物理本质。

（1）一段横截面积为S、长为L的直导线，单位体积内有n个自由电子，电子电量为e。该导线通有电流时，假设自由电子定向移动的速率均为V，求导线中的电流I。

（2）将该导线放在匀强磁场中，电流方向垂直于磁感应强度B，导线所受安培力大小为$F_安$，导线内自由电子所受洛伦兹力大小的总和为F，推导$F_安=F$。

（3）正方体密闭容器中有大量运动粒子，每个粒子质量为m，单位体积内粒子数量n为恒量。为简化问题，我们假定：粒子大小可以忽略；其速率均为v，且与器壁各面碰撞的机会均等；与器壁碰撞前后瞬间，粒子速度方向都与器壁垂直，且速率不变。利用所学力学知识，导出器壁单位面积所受粒子压力f与m、n和v的关系。

（注意：解题过程中需要用到、但题目没有给出的物理量，要在解题时做必要的说明。）

（1）设Δt时间内通过导体横截面的电为Δq，由电流定义，有

$$I=\frac{\Delta q}{\Delta t}=\frac{neSv\Delta t}{\Delta t}=neSv$$

（2）每个自由电子所受的洛伦力$F_洛=eBv$

设导体中共有N个自由电子，则$N=nSL$

导体内自由电子所受洛伦兹力大小的和$F_合=NF_洛=nSLeBv$

由安培力公式，有$F_安=BIL$，将1中的电流式代有$F_安=neSvBL$

可得$F_安=F_合=NF_洛$

（3）如图所示，取以器壁上的面积 S 为底、以 $v\Delta t$ 为高构成的柱体，由题设可知，柱体内的粒子在 Δt 时间内将有 1/6 的粒子与器壁 S 发生碰撞，碰撞粒子总数为 $N=\dfrac{1}{6}nSv\Delta t$

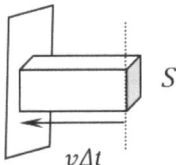

每一个粒子与器壁碰撞一次给器壁的冲量为 $\Delta I=2mv$

Δt 时间内粒子给器壁的冲量为 $I=N\Delta I=\dfrac{1}{3}nSmv^2\Delta t$

面积为 S 的器壁受到的粒子压力为 $F=\dfrac{I}{\Delta t}$

器壁单位面积所受粒子压力 $f=\dfrac{F}{S}=\dfrac{1}{3}nmv^2$

案例2　微课教学设计：游标卡尺和螺旋测微器的读数问题

第一页：大家好！我们来共同学习游标卡尺和螺旋测微器的读数问题。

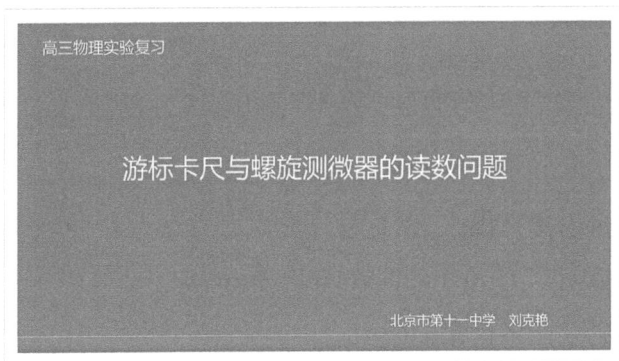

第二页：第一部分　游标卡尺的读数问题。

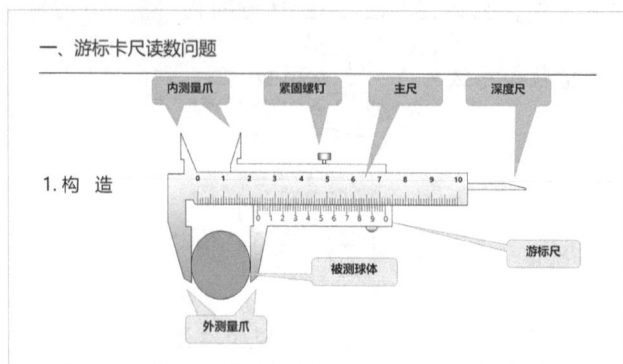

构造：内测量爪、紧固螺钉、主尺、深度尺、外测量爪、游标尺

可测物体的长度、深度、内径与外径。如测球体直径或圆柱体的外径，我们可使用外测量爪。

第三页：了解游标卡尺的原理，我们思考这样几个问题。

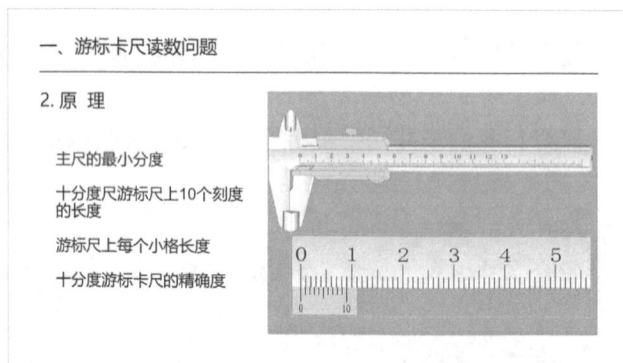

主尺的最小分度　1mm

十分度尺游标尺上 10 个刻度的长度　9mm

游标尺上每个小格长度　0.9mm

以主尺和游标尺的 0 刻线都对齐的位置在小于 1mm 的范围移动游标尺，令游标尺上的第一条刻线与主尺上的某条刻度对齐，大家想一下应该让游标尺移动多少？是的，移动 0.1mm。加上原本游标上每格的 0.9mm 就是 1mm，此时游标尺上的第一条刻线会与主尺 1mm 的地方对齐。令游标尺上的第 2 条

刻线与主尺上的某条刻度对齐，大家想一下又应该让游标尺移动多少？使第 3 条对齐呢？

因此，十分度游标卡尺的精确度为 $\frac{1}{10}$ mm=0.1 mm

第四页：五十分度游标卡尺的精确度又是多少呢？

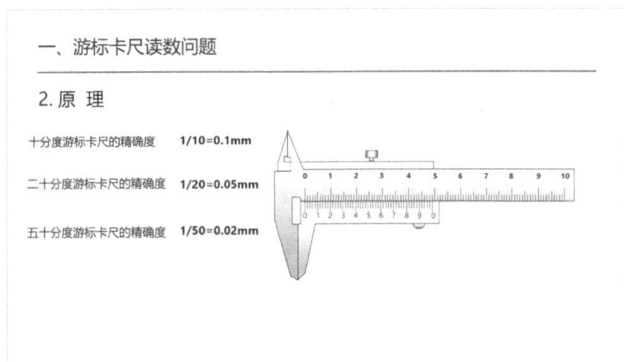

五十分度尺游标尺上 50 个刻度的长度 49 mm

游标尺上每个小格长度 0.98 mm

同样以主尺和游标尺的 0 刻线都对齐的位置在小于 1 mm 的范围移动游标尺，令游标尺上的第一条刻线与主尺上的某条刻度对齐，大家想一下应该让游标尺移动多少？是的，移动 0.02 mm，加上原本游标上每格的 0.98 mm 就是 1 mm，此时游标尺上的第一条刻线会与主尺 1 mm 的地方对齐。依据十分度游标卡尺的分析方法，我们不难知道

五十分度游标卡尺的精确度为 $\frac{1}{50}$ mm=0.02 mm

同理，二十分度游标卡尺的精确度为 $\frac{1}{20}$ mm=0.05 mm

通过这样的方法，游标卡尺就可以将大于 1 mm 的部分由主尺直接读出，小于 1 mm 的部分通过游标读出。

第五页：读数公式。

测量值（mm）= 主尺读数 + 精确度 × 与主尺上某刻度线对齐的游标尺刻度线的小格数

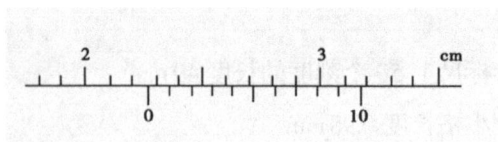

注意事项：

分清游标卡尺的精确度（有多少小格，如五十分度尺只标识 10 个数字，但是每两个相邻数字之间有 5 个小格，共计 50 个，为五十分度尺，精确度为 0.02 mm）。

在"主尺读数"时一定要读游标"0"刻度线左边最近的主尺刻度线的值（不要将游标尺左边界误认为游标"0"刻度线，主尺中读出部分换算为毫米与游标部分相关数值相加，之后视题目中最终读数进行单位换算，避免出错）。

游标卡尺不估读（我们一起分析一下，以毫米为单位的话，十分度尺精确度 0.1 mm，所以读数到小数点后 1 位；二十分度尺精确度 0.05 mm，所以读数到小数点后 2 位，不过尾数只能是 0 或 5，是 0 的时候要保留；五十分度尺精确度 0.02 mm，所以读数到小数点后 2 位，不过尾数只能是偶数，同样的，0 要保留）。

第六页：读数练习。

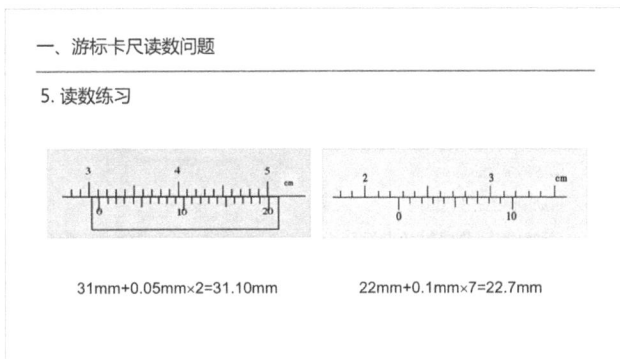

一、游标卡尺读数问题

5. 读数练习

31mm+0.05mm×2=31.10mm 22mm+0.1mm×7=22.7mm

这是二十分度游标卡尺，精确度为 0.05 mm，主尺读数为 31 mm，游标尺与主尺对齐的是第 2 条刻线，所以最终读数为 31 mm+0.05 mm × 2=31.10 mm（不可以读成 31.1，十分位的 0 是有效的）。

我们再来练习一下这个读数，这是十分度尺，读数为 22.7 mm，需要换算成厘米的话就是 2.27 cm。

第七页：本节课的第二部分 螺旋测微器读数问题。

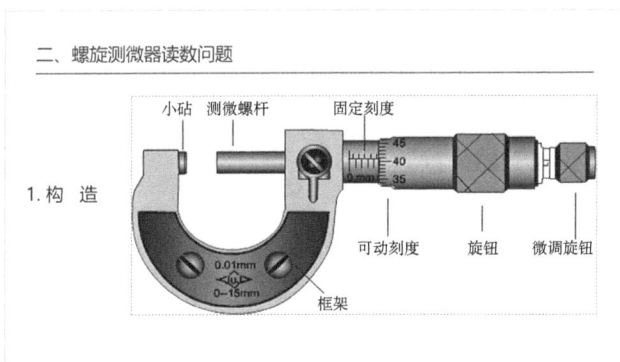

二、螺旋测微器读数问题

1. 构 造

小砧 测微螺杆 固定刻度
可动刻度 旋钮 微调旋钮
0.01mm 0～15mm 框架

螺旋测微器又叫千分尺，读数以毫米为单位，保留到千分位。由框架、小砧、测微螺杆、固定刻度、可动刻度、旋钮、微调旋钮组成。

第八页：了解螺旋测微器的原理，我们来了解几个问题。

固定刻度上的最小分度　0.5 mm

可动刻度上的小格数量　50 个

可动刻度转一周螺旋沿轴线移动的距离　0.5 mm

可动刻度 1 小格对应轴线长度 $\dfrac{0.5}{50}$ =0.01 mm

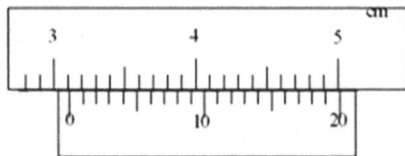

第九页：螺旋测微器的读数公式。

测量值（mm）= 固定刻度读数 +0.01× 可动刻度与固定刻度中心线对齐

的刻度（估读）

注意事项：

使用时，测微螺杆快要接近被测物体时，要停止使用旋钮，改用微调旋钮；

在"固定刻度读数"时先确定半刻度线和整刻度线，还要关注 0.5 刻度线（也就是半刻度是否露出来）是否可以由固定刻度读出；

螺旋测微器要估读，再次强调如果以毫米为单位，其所读数值在小数点后保留三位。

第十页：读数练习。

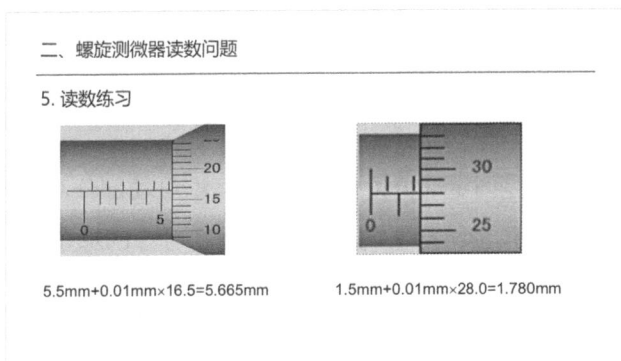

二、螺旋测微器读数问题

5. 读数练习

5.5mm+0.01mm×16.5=5.665mm   1.5mm+0.01mm×28.0=1.780mm

我们先来看固定刻度的 0 刻度线在下方，上面出现一条刻度线，之后在下方再出现一条，不难看出固定刻度中心线上方是半刻度线，与 0 刻度线同侧的为整刻度线，半刻度可以从固定刻度处读出，为 5.5 mm，可动刻度与固定刻度中心线对齐的刻度可估读为 16.5×0.01 mm，所以读数为 5.665 mm。

我们再练习一下这个读数，可动刻度与固定刻度中心线对齐的刻度为 28，但是别忘了估读，因此读数为 1.780 mm（末尾的 0 是有效的）。

第十一页：学习了游标卡尺和螺旋测微器的读数问题，可以发现这两种测量工具有着相通之处。

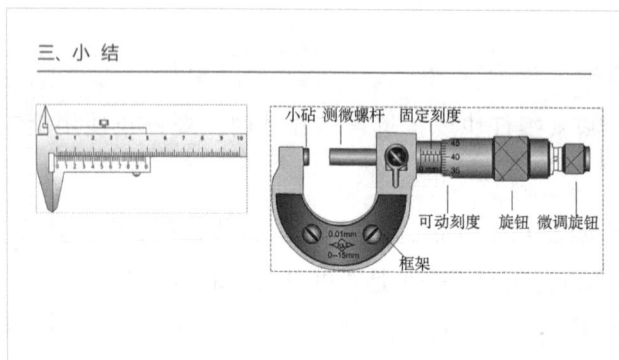

1. 构造上：相同点是都有固定部分和可动部分，不同点是名称不同，对应可动部分刻度位置以及移动方式不同。

2. 原理上：都是想办法让可动部分辅助固定部分上的最小分度进行再精确化。精确度都是固定部分的最小分度，除以可动部分总的小格数，但实际设计的方式不相同。

3. 读数公式：都是固定部分读数 + 精确度 × 可动部分对应的刻线

区别在于游标卡尺读游标上与主尺某条刻度对齐的那条刻线数，螺旋测微器则是读与固定刻度水平线对齐的刻度线。

游标卡尺和螺旋测微器的读数问题就学到这里吧，同学们再见！

案例3　微课教学设计：结合教材分析2017年高考北京卷23题

第一页：

同学们好！今天我们来共同学习基于物理学认识路径的高考试题分析——2017 年高考物理试题（北京卷）第 23 题。

第二页：请大家认真审题（5 秒）。

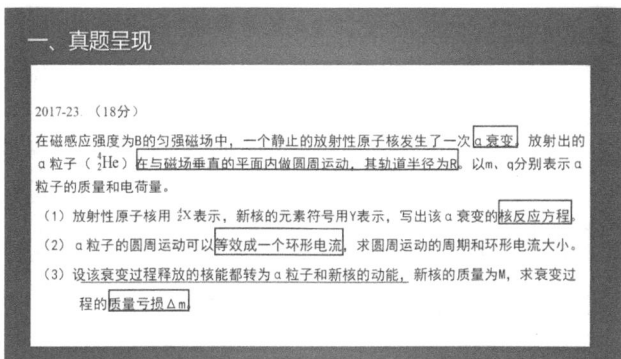

通过审题，提取信息，可以看出：本题以 α 衰变为切入点，第一问考查核反应方程；第二问，通过衰变后 α 粒子在匀强磁场中做圆周运动，求解环形电流的大小；第三问，通过隐含条件"该衰变过程释放的核能都转为 α 粒子和新核的动能"求解质量亏损。

第三页：这道题考查的核心规律是动量守恒定律、能量守恒定律

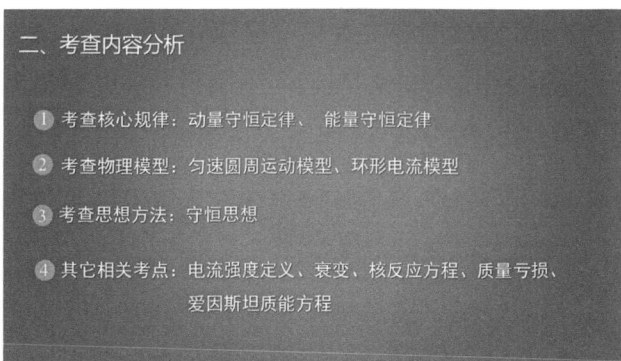

物理模型：带电粒子在匀强磁场中的匀速圆周运动模型与环形电流模型。

思想方法：守恒思想。

其他相关考点有：电流强度定义、衰变、核反应方程、质量亏损、爱因斯坦质能方程等。

第四页：我们来看 2017 年第 23 题的标准答案

第一问，根据核反应中质量数与电荷数守恒写出 α 衰变的核反应方程 ${}_{Z}^{A}X \rightarrow {}_{Z-2}^{A-4}Y + {}_{2}^{4}He$。

第二问，分析可知 α 在磁场中做匀速圆周运动，洛伦兹力充当向心力，可求周期；将 α 粒子的圆周运动等效成环形电流，根据电流强度定义式，可以得出环形电流大小为 $I = \dfrac{q}{T} = \dfrac{q^2 B}{2\pi m}$

第三问，核反应前后系统动量守恒，得出衰变后新核的速度。再根据能量守恒定律和爱因斯坦质能方程，可以得出质量亏损。

解答过程中，请同学们注意正确书写题目中的物理量，解题时需写出原始公式，并关注动量守恒定律的矢量性。

第五页：下面，我们从物理学认识路径来分析这道高考试题。

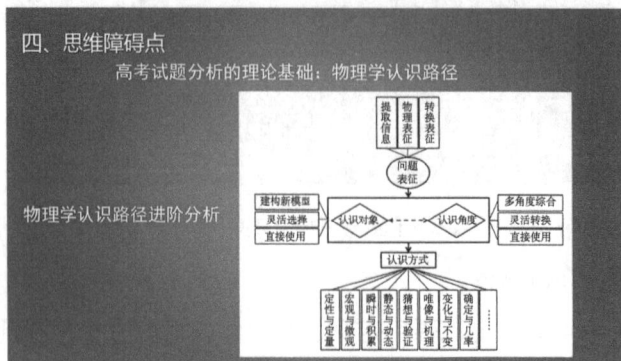

从学习进阶分析来看，有以下四个思维障碍点。

第六页：

第一点，是"问题表征"要素中的信息表征与转换和建构物理图景。

第二点，是"认识对象"要素中，直接使用来深入理解概念本质。

第三点，是"认识对象"要素中，知识与情境的模型化。

第四点，是"认识角度"要素中，灵活转换，多角度综合，深化对规律的理解。

第七页：结合人教版教材中的相关知识我们来思考思维障碍点1

在问题表征方面，这道题信息量大，提取信息非常重要，也就是我们平时做题的审题能力。

如，提取α衰变信息，我们明确，α衰变是原子核放出一个α粒子，变成新核的过程。将其转换为核反应方程的表征方式，同时要注意质量数与电荷数守恒。

第八页：题中给出 α 粒子在与磁场垂直的平面内做圆周运动，洛伦兹力总是与粒子的运动方向垂直，只改变速度方向不改变速度的大小。可以建构带电粒子在匀强磁场中做匀速圆周运动的物理图景，进而建构环形电流图景，通过电流强度的定义可以求解电流

第九页：提取到 α 衰变信息，转换衰变过程表征为核反应前后系统动量守恒

守恒条件为：系统不受外力或所受合外力为零。

动量守恒定律是自然界最普遍最基本的定律之一，比牛顿运动定律的适用范围要广得多。

第十页：提取质量亏损信息，转换为爱因斯坦质能方程和能量守恒定律

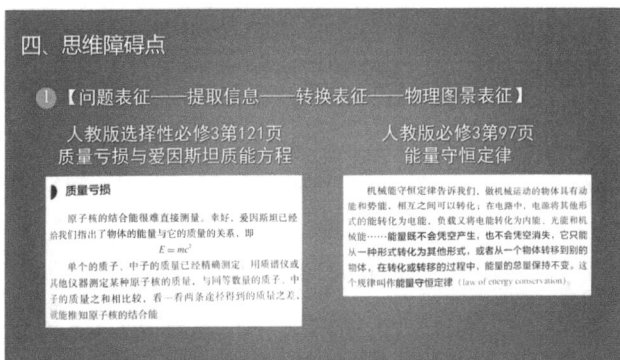

核反应中的质量减少称为质量亏损。爱因斯坦质能方程为 $E=mc^2$。能量守恒定律是自然界最重要，最普遍的规律之一。

第十一页：通过提取信息和相关知识点的学习，相信大家已经有了很好的问题表征的思路

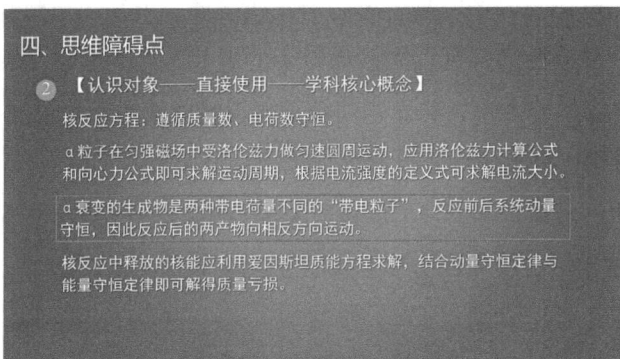

思维障碍点2【认识对象方面——有效的直接使用，对深入理解学科核心概念有重要意义】对电流定义式、核反应方程、带电粒子在匀强磁场中的运动、动量守恒定律、爱因斯坦质能方程、能量守恒定律需要清晰化，才可能做到直接使用。

强调一下，静止的原子核发生 α 衰变的生成物是两种带电荷量不同的"带电粒子"，因此反应后的两产物向相反方向运动，在应用系统动量守恒时请关注方向性。

第十二页：结合思维障碍点 2，我们将 2019 年朝阳区一模的这道题作为矫正练习

请同学们分析（停 2 秒）：

这道题综合电场和磁场的内容，解决此类问题的关键是正确判断洛伦兹力和电场力的大小及方向。

粒子进入电场与磁场的复合场后沿直线运动，可知粒子受到的电场力和洛伦兹力是一对平衡力，可以先假设粒子的电性，来判断电场的方向。分析洛伦兹力与电场力的大小，从而判断粒子能否沿虚线运动。把握好核心概念，从认识对象方面，直接使用，可以得出选项 A 正确；

第十三页：思维障碍点 3【认识对象因素中的——建构模型】2017 年第 23 题第二问建构匀速圆周运动模型和环形电流模型。

建立相应物理模型，形成把情境与知识相关联的意识，突破这一思维障

碍点对提升科学思维很有帮助。如2018年21题的第5问，生活中斜面问题简化为物理中的斜面模型。

第十四页：再如，2019年21题的第5问，在物体初速度较小时，运动范围很小，引力可以看作恒力——重力，为平抛运动模型；随着物体初速度增大，运动范围变大，不能再将引力看作恒力；当物体初速度达到第一宇宙速度时，做圆周运动而成为地球卫星。两种情况分别对应物理中的平抛和圆周运动模型。

可以看出高考重视对于建构模型的引领与考查。

第十五页：思维障碍点4【认识角度方面，灵活转换，多角度综合，深化对规律的理解。】

比如，2017年第23题的第三问重点在于衰变遵循动量守恒定律；质量亏损应结合爱因斯坦质能方程和能量守恒定律进行分析；知识的综合性较强，我们必须多角度综合分析问题。

请同学们来分析一道相关的矫正练习题。这是 2015 年高考北京卷的第 17 题。

这道题是以匀强磁场中的 β 衰变为切入点，考查 β 衰变的特点、洛伦兹力、带电粒子在匀强磁场中的匀速圆周运动等多个知识点和规律，提取信息，转换衰变过程表征为"动量守恒"，综合运用力学、电学和近代物理相关知识解决问题。

由动量守恒可知，原子核静止在磁场中，衰变后的电子和新核动量大小相等，方向相反，且二者电性也相反，所以轨迹为两个内切的圆。

衰变后二者动量大小相同，在同一磁场中，圆周运动半径与电荷量成反比；新核电量大于电子电量，半径 R 较小，轨迹 2 为新核的；由左手定则可知，磁场方向垂直纸面向里。所以，答案为 D 选项。

第十六页：

请大家看 2013 年第 18 题，涉及受力、运动规律、能量、跃迁、能级等多角度问题，平时在学习时，我们可以将电子在核的静电力作用下绕核做匀速圆周运动；与卫星在地球的万有引力作用下绕地球做匀速圆周运动，进行综合分析。

再如 2014 年第 16 题，涉及受力、半径、周期、等效电流等问题，粒子在洛伦兹力作用下做匀速圆周运动，与电子在核的静电力作用下绕核做匀速圆周运动，相关联综合分析，经过这样的练习，大家的解决问题能力一定会有很大的提高。

第十七页：

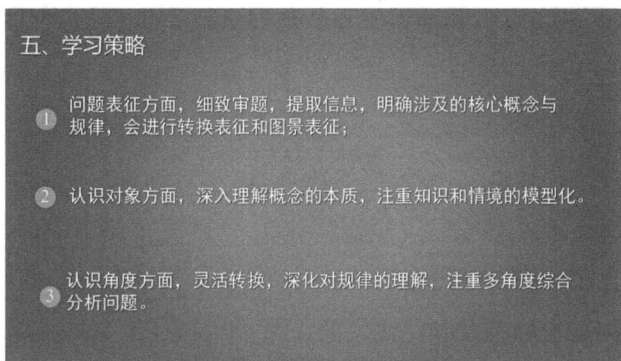

通过这节课的学习，同学们可以从物理学认识路径角度，关注以下学习策略：

1.问题表征方面，细致审题，提取信息，明确所涉及的核心概念与规律，会进行转换表征和图景表征。

2.认识对象方面，深入理解概念的本质，注重知识和情境的模型化。在直接使用中深化概念，灵活选择模型解决问题。

3.认识角度方面，灵活转换，深化对规律的理解，注重多角度综合分析问题。

明确各物理量间的关系，构建知识网络，如带电粒子的匀速圆周运动与环形电流建立关联；质量亏损与核能相关联；动量守恒与能量守恒相关联等。

今天，我们就学习到这里，祝同学们学习顺利，再见！

案例4 微课教学设计：感生电动势与动生电动势

第一页：

大家好！今天我们来共同学习"感生电动势和动生电动势"的知识。

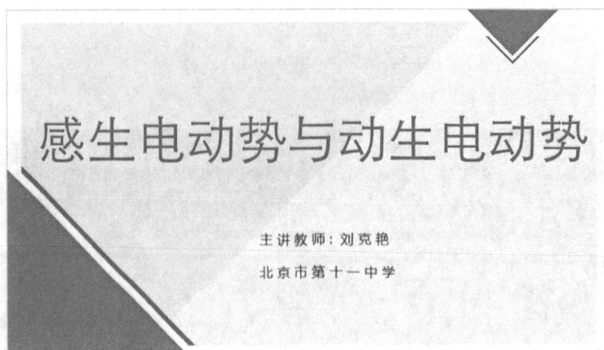

第二页：

从 2022 年高考物理试题（北京卷）第 11 题分析，本专题设定以下五部分内容。

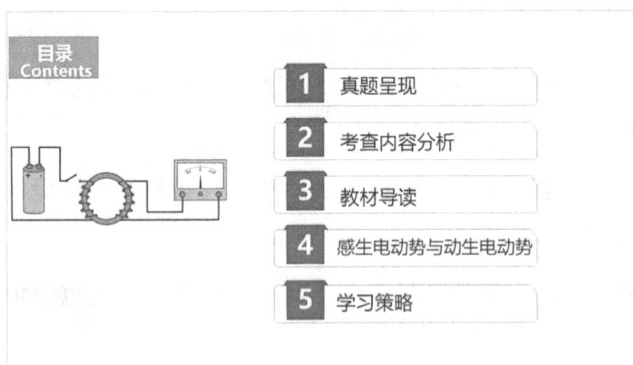

第三页：

请大家认真审题（5 秒）。

通过审题，提取信息，可以看出：本题以"磁感应强度随时间均匀增加"为切入点，AB选项考查感应电流的方向和大小；CD选项考查通过衰变后α粒子在匀强磁场中做圆周运动，求解环形电流的大小。当然，我们要关注到C选项的研究对象是 ad 边，其余选项研究对象为线框整体。另外安培力分析离不开对电流的分析，感应电流分析则离不开感应电动势。

第四页：

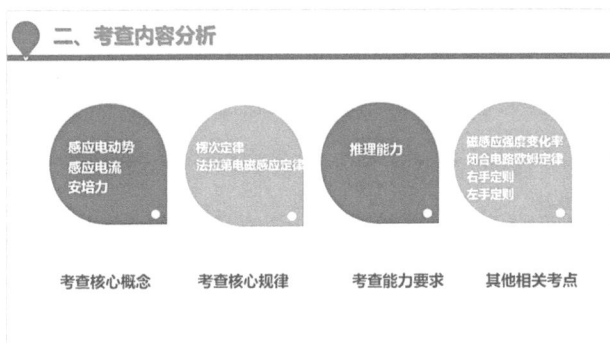

这道题考查的核心概念：感应电动势、感应电流和安培力；考查的核心规律：楞次定律、法拉第电磁感应定律；考查能力要求：推理能力（推理能力是指根据给定的情境，利用已知的知识和方法，针对问题进行逻辑推断、归纳和论证，并得出正确结论的能力）；其他相关考点：磁感应强度变化率、闭合电路欧姆定律、右手定则、左手定则等。

第五页：

请大家关注相应教材，人教版选择性必修2第26页至31页。

我们先来看教材 26 页的例题 2，电磁感应现象的原因是线框左右移动带来磁通量发生变化，用切割磁感线分析会让问题复杂化，直接用右手螺旋定则判断感应电流的磁场，再用楞次定律分析线框运动情况即可。

对比 2022 年 11 题，则是调节电流使磁感应强度均匀增加来引起磁通量的变化，因此可以运用法拉第电磁感应定律分析电动势大小不发生变化，结合楞次定律分析感应电动势或感应电流的方向，继而分析安培力的大小和方向，可以得出答案为 D。

第六页：

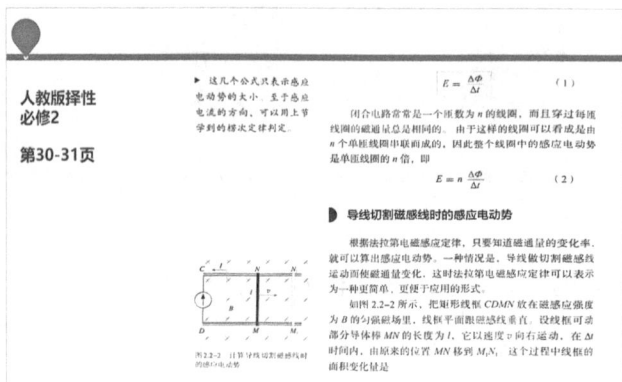

从教材 30—31 页，我们共同回顾法拉第电磁感应定律 $E=n\dfrac{\Delta\Phi}{\Delta t}$ 可以求解感应电动势的大小。

同时，我们共同来学习运用法拉第电磁感应定律推导动生电动势的公式。

导体棒切割磁感线情境下，关键是找到 $\Delta\Phi=BLv\Delta t$。

再依据法拉第电磁感应定律，对于单匝情况，我们得到了这种情况下更简单，更便于应用的形式 $E=\dfrac{\Delta\Phi}{\Delta t}=BLv$。

第七页：

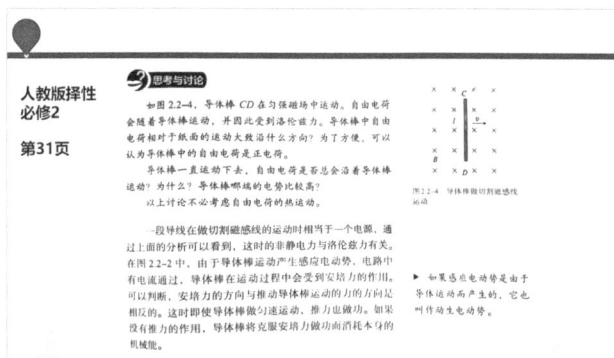

教材 31 页"思考与讨论"，引导大家通过分析导体切割磁感线这一特例中的力学特征，理解动生电动势的产生。这需要我们从宏观的导体棒分析深入到微观的自由电荷受力，不仅要关注洛伦兹力作用下自由电荷的运动，积累从而形成电势差，还要关注导体棒运动过程中的能量转化。

第八页：

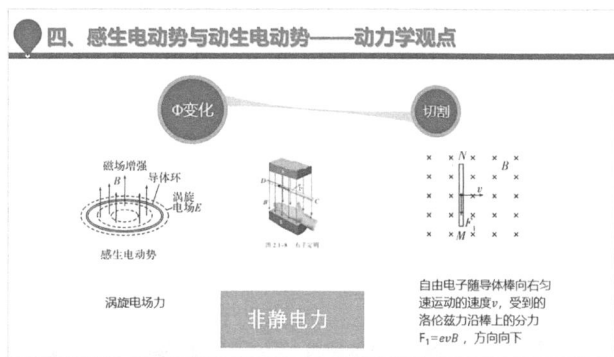

我们现在从动力学和能量特征来学习一下感生电动势和动生电动势的知识。

感生电动势的非静电力是涡旋电场力，动生电动势是自由电子所受沿棒向下的洛伦兹力的分力。

第九页：

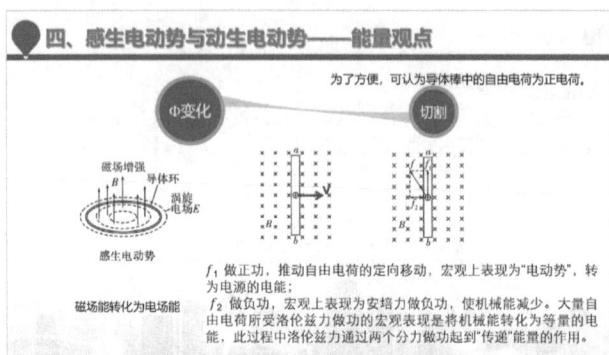

从微观角度看，导体棒中的自由电荷所受洛伦兹力在上述能量转化中起着重要作用。为了方便，可认为导体棒中的自由电荷为正电荷，我们从能量角度再来进行分析：

沿棒方向 f_1 做正功 $W_1 = f_1 \cdot u\Delta t = qvBu\Delta t$

垂直棒方向 f_2 做负功 $W_2 = f_2 v\Delta t = quBv\Delta t$

所以 $W_1 = W_2$，即导体棒中一个自由电荷所受的洛伦兹力做功为零。

f_1 做正功，推动自由电荷的定向移动，宏观上表现为"电动势"，转为电源的电能。

f_2 做负功，宏观上表现为安培力做负功，使机械能减少。大量自由电荷所受洛伦兹力做功的宏观表现是将机械能转化为等量的电能，此过程中洛伦兹力通过两个分力做功起到"传递"能量的作用。

第十页：

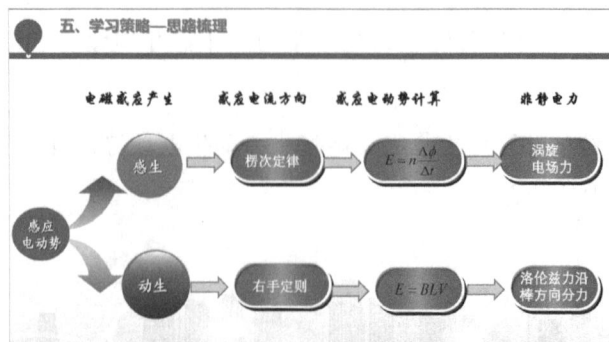

我们对于电磁感应现象中的感应电动势知识做一下梳理，可以看出对于没有导体棒切割的现象，感生电动势是否产生，关注磁感应强度 B，回路面积 S 以及二者夹角是否发生变化，即主要看磁通量是否发生变化。而在判断感应电动势或感应电流方向时，则运用楞次定律，关注阻碍引起感应电流的磁通量的变化。感应电动势的计算我们则运用法拉第电磁感应定律，关注的仍然是磁通量的变化。

研究部分导体切割有动生电动势产生的情况，关注导体棒是否切割，而动生电动势或感应电流的方向则运用右手定则。右手定则的内容则将磁感线的方向、切割的方向，以及感应电流的方向都用右手相应的部位来表示。而动生电动势的计算我们则选用 $E=Blv$，可以快捷地计算出 Blv 三垂直情况下动生电动势的大小。刚才我们也分析了这两种电动势产生对应的非静电力和能量转化关系。我们对电磁感应现象产生的实质——感应电动势的产生有了清晰的思维脉络，在解题时可以顺着很顺畅的思路去求解相应的问题。

第十一页：

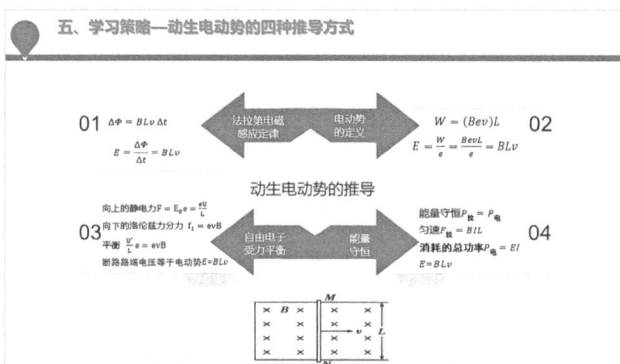

同学们学习了动力学和能量观点分析感应电动势，那么理解动生电动势推导的四种方法就很轻松了。

请同学们结合所学知识，自己课后分析一下这几年关于感应电动势的北京高考题，经过这样的梳理，大家的解决问题能力一定会有很大的提高。

相信聪明的你可以有很好的思路了！

今天，我们就学习到这里，祝同学们学习顺利，再见！

附 录

　　基于灵性物理教学法的大单元教学更多的是在关注学情，关注教学方式的情况下采用大情境、大问题和大任务将知识进行整合，更好地让核心素养在课堂教学中真实落地。

　　2017 年 12 月，教育部印发新修订的普通高中课程方案和课程标准，评价建议提出，高中物理学习评价是以学生发展为本、基于物理学科核心素养的评价，其目的主要在于促进学生学习和改进教师教学。物理学习评价应围绕物理学科核心素养的具体要求，创设真实而有价值的问题情境，采用主体多元、方法多样的评价方式，客观全面地了解学生物理学科核心素养发展状况，找出存在的问题，明确发展方向，及时有效地反馈评价结果，促进学生全面而有个性的发展。

　　前阶段研究对于大单元教学的实践，对学生进行知识的整合很有帮助，学生解决问题的能力有很大提升。但是对于教学评价的研究更多定位在定性评价上，如教师的经验分析学情、分析学习效果等，如何精准教学的研究并不是很多。关于学情分析，有课前的学习任务单，能够发现学生存在的问题；课后作业或测试的形式也是定量的研究，但本书中并未给出更多定量的数据。后续将从问题描述、因果解释、拓展整合和矫正建议四个一般路径进行研究。充分关注物理概念与规律的认知、内隐的素养层面，以大单元教学为抓手、以物理学科核心素养学习诊断内容的（3+2）×3 框架为核心，实现基于学习诊断的物理大单元教学整合研究。

　　大单元教学是融合度极高的一种教学模式，核心素养落地需要学生建立起物理观念、科学思维、科学探究和科学态度与责任。这也给基于灵性物理教学法的大单元教学指明了方向，注重大问题引领下的核心概念的落实、大情境统摄下科学思维的培养、实验教学的大单元整合培养科学探究能力和思政课程融合的大单元教学是继续深入研究的方向，其中思政课程可以更多地关注中华优秀传统文化的融合，增强学生的民族自信，引导学生增强责任意识、担当意识和拼搏意识。

大单元实验教学提升科学探究能力篇

2019 年 6 月 23 日《中共中央　国务院关于深化教育教学改革全面提高义务教育质量的意见》印发，提出"强化课堂主阵地作用，切实提高课堂教学质量"，其中重点提到"优化教学方式。坚持教学相长，注重启发式、互动式、探究式教学，教师课前要指导学生做好预习，课上要讲清重点难点、知识体系，引导学生主动思考、积极提问、自主探究。融合运用传统与现代技术手段，重视情境教学；探索基于学科的课程综合化教学，开展研究型、项目化、合作式学习。精准分析学情，重视差异化教学和个别化指导。各地要定期开展聚焦课堂教学质量的主题活动，注重培育、遴选和推广优秀教学模式、教学案例"。这给物理教学的研究指明了方向。物理是一门以实验为基础的学科，电学实验几乎年年必考，高考实验题的命题原则是"源于教材，高于教材"，这个"高"主要是体现在创新设计和实验的探究上，命题者往往设计一些新颖的实验情景，或从一些新颖的角度提出问题。

英国的实践经验表明：在传统学科占据主导地位的教学背景下，基于核心素养的教学变革依然面临着教师自我效能感低、教师的课堂控制倾向严重、学生自主探究不彻底等实践困境。这些困境对中国未来基础教育的教学改革具有警示意义。

对待物理实验的态度是真正实施物理新课程的试金石。如果在物理新课程的实施中抓好了物理实验教学，基本上就使加强核心素养落到实处。从建构主义学习观的角度来看，学生参与到实验探究的过程之中，利于学生获取知识，并有利于学生思维能力的培养和科学探究能力的提升。

常用实验数据的处理方法有：公式法和图像法。其中用图像法处理实验数据是物理实验中最常用的方法之一。用图像法处理数据的优点是直观、简便，有取平均的效果，由图线的斜率、截距、所包围面积和图线的交点等可以研究物理量之间的变化及其关系，找出规律，作图时常设法使图线线性化，即"化曲为直"。

在此简单给出几个初步实践案例进行说明，后续将对这部分进行深入的研究。

案例1　单元名称：电学实验

课时教学设计：测量电源的电动势和内阻

（一）指导思想与理论依据

电学实验单元教学更多地关注实验原理、设计电路（测量电路和供电电路）、仪器选择、实物连接和数据处理。因此电学实验可以说是相通的，在单元教学过程中注重引导学生在实验探究中逐步提升科学探究能力和科学思维。

学生探究的过程中，必然会形成问题解决方案并诞生新的观念，这不仅是知识获取与运用的过程，也是知识创造的过程，是自我意识形成的过程，是学生自主性发展，成为独立探究者、创造性思考者、团队合作者、自我管理者和有效参与者的过程。

从物理核心素养的视角来看，实验探究与科学思维的培养在实验的过程中既可以实现合作，培养科学探究能力和创新能力，又可以关注理论联系实际，突出科学态度与责任等特点。

本课时通过分组实验，比较图像法和公式法的优长，使学生加深对图像法处理实验数据的理解。

引导学生在拓展知识部分设计不同的实验方案，拓宽学生思路，巩固实验探究所运用的教学法。

（二）教学背景分析

教材分析：

本课时是在学习了《电源的电动势和内阻》后的实验教学内容，重点在于体会电学实验的探究过程。学生学会运用伏安法测电阻和滑动变阻器的分压与限流接法的选择。明确引导学生理解实验数据处理方法有公式法和图像法，并明确图像法的优势。通过对实验采用不同设计方案，使学生加深对实验探究过程的理解，明确实验中可以结合不同的原理采用相应方案，有效培养学生的科学思维。

学情分析：

学生已经明确伏安法测电阻的知识和滑动变阻器的分压与限流接法的选择，有设计实验电路图的能力。学习了闭合电路欧姆定律，明确实验数据的处理方法有公式法和图像法。但学生对实验探究的过程不是很清楚，对伏安法和滑动变阻器的选择不够灵活，对图像法处理实验问题的优势不很明确。因此本节课的教学目的不只局限于对实验的简单操作，而是落在科学的实验探究方法的教学上，学生通过分析、应用，最后上升为系统地认识电学实验探究的方法，明确图像法的思路及优势。

教学方法：

层层深入研究法、多媒体课件的综合应用、总结归纳法和实验探究法。

技术准备：

PPT课件、学案、两节旧的干电池、电压表、电流表、滑动变阻器、开关和导线、电阻箱。

（三）教学目标

1. 理解测定电源的电动势和内阻的基本原理，体验测定电源的电动势和内阻的探究过程，培养学生的科学探究能力。

2. 通过数据处理，体会图像法处理数据的优势。掌握运用公式法和图像法求解电动势和内阻的知识，明确图像法处理数据的优势，提升科学思维能力。

3. 体验实验探究中设计实验、获取数据、分析数据、思考、归纳，进行逻辑思维训练。学会根据物理规律设计实验，选择仪器，开阔思路，激发兴趣。通过电阻箱的拓展实验，注重思维能力的培养。

4. 学生理解和掌握运用实验手段处理物理问题的基本程序和技能，具备敢于质疑的品质、严谨求实的态度和不断求索的精神，培养学生观察能力、思维能力和探究能力，激发学生对物理学习的兴趣，提升科学素养与责任意识。

（四）教学流程示意图

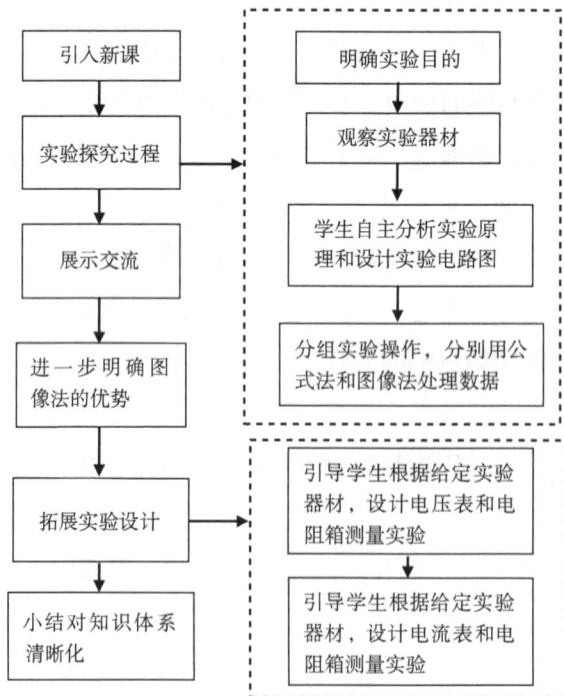

（五）教学重点、难点及解决措施

教学重点：

体验电源电动势和内阻测量实验探究过程；比较实验数据处理的两种

方法。

教学难点：

如何利用图像得到结论，将原理与实验相对应，如何进行实物连接。

重、难点突破：由设计实验入手，层层深入引导思考，突出实验探究过程，在数据处理中加强对比分析。

（六）教学流程

环节一：测量电源电动势与内阻情境引课

教师活动1：通过前面的学习，我们知道电源是有电动势和内阻的，对于含源电路，要应用闭合电路欧姆定律，这与初中所学知识不同。为了更好地理解这些知识，我们今天就来探究一下测量电源的电动势和内阻。

学生活动1：思考问题。

设计意图：任务驱动下进行学习。

环节二：基础实验设计

教师活动1：现在我们看实验桌上有两节旧的干电池，今天我们想通过实验测量电源的电动势和内阻。那么根据实验室提供的器材，我们可以依据什么原理来设计实验？

学生活动1：学生参与思考并讨论，得到的大致答案为：由前面的闭合电路欧姆定律 $I=\dfrac{E}{r+R}$ 可知 $E=\dfrac{I}{r+R}$，或 $E=U+Ir$。

设计意图：

教师活动2：引导提问：实验电路图应该如何设计？

学生活动2：绘制设计电路（如图1和图2）

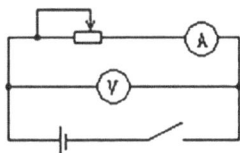

图1

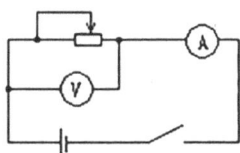

图2

设计意图：引导学生依据所学设计电路。

教师活动3：想要怎样测？

学生活动3：思考只需测出几组相应的数值便可得到结果。

教师活动4：引导：

1.应采用外接法，因为一节旧的干电池电动势约为1.5V，内阻零点几欧，两节3V左右，内阻1欧左右。

2.电源电流达到0.5A以上会极化严重，致使电动势减小，内阻加大，所以实验电流应控制在低于0.5A。

所以电压表选用3V量程，电流表选用0.6A，滑动变阻器20欧。

学生活动4：理解对于电源而言的外接法。

设计意图：引领学生观察实验器材，设计实验电路图，设想数据处理方法，帮助学生深入分析电路的选择和量程的选取。培养学生良好的思维习惯，体验探究过程。

环节三：基础实验探究

分组实验与数据处理

教师活动1：引导学生分析：实验如何操作？实验中应注意什么？

学生活动1：在教师引导下确定实验步骤。

（1）按图所示电路图连接成电路，电流表取0.6 A量程，电压表取3 V量程，将滑动变阻器阻值调到有效电阻最大（图中左端）。

（2）检查电路无误后，闭合电键，移动滑动变阻器触头的位置，使电流表有明显示数，记下一组（I，U）值。

（3）改变滑动变阻器滑片的位置5次，用同样的方法，再测出5组（I，U）数值。然后断开电键，整理好仪器。

（4）建立坐标系、描点。纵轴表示电压，横轴表示电流，取合适的标度，使所描坐标点分布在绝大部分坐标纸上，必要时纵坐标可以不从零开始取值。

（5）根据描出的坐标点作出U-I图像，延长与两坐标轴相交（短路电流对应处用虚线）。

（6）测算电动势和内电阻，准确读出U-I图线与纵轴和横轴的交点坐标，即读出 E 和 $I_{短}$，进一步算出内阻 $r=\dfrac{E}{I_{短}}=\dfrac{\Delta E}{\Delta I}$

教师活动2：数据处理都有什么方法？

学生活动2：公式法和图像法。

设计意图：锻炼审题获取信息能力，根据已有的经验和知识做出有理有据的判断，能将描点作图的规则应用其中。

教师活动3：引导说明：原则上，

（1）利用两组数据便可得到结果，但这样做误差会比较大。

（2）我们可以多测几组求平均值。

（3）也可以将数据描在图上，利用图像解决问题。

我们分成公式法和图像法两大组进行分析。

公式法：为尽量准确，将1、4，2、5，3、6三组数据分别求解 E 和 r，求平均值。

图像法：合理选择标度，纵坐标可以不从零开始，图线使各点尽量均分在两侧。r 对应图像的斜率，计算 r 时选取直线上相距较远的两点求得。E 对应纵轴截距。

学生活动3：分为两大组分别应用公式法和图像法进行数据处理。

设计意图：锻炼学生运用公式和图像处理数据的能力。

教师活动4：引导学生连线，先从干路连起，注意电表电流流入方向。

学生活动4：动手实验，总结结论，交流结果。

教师活动5：引导学生展示交流，并明确：

（1）图线的纵坐标是路端电压，它反映的是：当电流 I 增大时，路端电压 U 将随之减小，U 与 I 成线性关系，$U=E-Ir$。也就是说它所反映的是电源的性质，所以也叫电源的外特性曲线。

（2）电阻的伏安特性曲线中，U 与 I 成正比，前提是 R 保持一定，而这里的 U-I 图线中，E、r 不变，外电阻 R 改变，正是 R 的变化，才有 I 和 U 的变化。

实验中至少得到5组数据，画在图上拟合出一条直线。要求：使多数点落在直线上，并且分布在直线两侧的数据点的个数要大致相等，这样，可使偶然误差得到部分消除，从而提高精确度。

学生活动5：分析结果，初步说明误差可能出现的原因。

分别进行公式法解题数据的展示和图像法解题数据的展示。

发现生成性问题：纵坐标起始点书写不正确，解题中 r 的求解出现问题。

设计意图：公式法和图像法比较，突破图像法中纵轴起点不是0时分析问题难点。

教师活动6：引导学生针对图像组同学的展示提出问题：将图线延长，与横纵轴的交点各代表什么情况？内阻如何求？

学生活动6：回答问题：

（1）纵轴截距是电动势，横轴截距是短路电流（错）。

（2）因为纵轴起点不是0。

（3）仍用斜率求解。

设计意图：对课堂生成问题予以解答。

教师活动7：总结性说明：由于 r 一般很小，得到的图线斜率的绝对值就较小。为了使测量结果准确，可以将纵轴的坐标不从零开始，计算 r 时选取直线上相距较远的两点求得。说明图像法处理数据的优势。引导学生介绍产生误差的原因。

学生活动7：有取平均的效果，避免大量计算，且直观。

V，A 表内阻的影响。

设计意图：渗透数据处理中图像法的优点。

环节四：拓展实验设计

教师活动1：能用电阻箱和安培表或伏特表完成这个实验吗？怎么测？实验电路图应该如何画？能自己设计实验电路图吗？（在黑板上画出实验图。）

学生活动1：思考给出安阻法和伏阻法的方案和原理：

方法一：由 $I = \dfrac{E}{R+r}$ 变形为 $R = \dfrac{E}{I} - r$，改变电路的电阻 R，测出一系

列的 I 和 R 值，作出 $R-\dfrac{1}{I}$ 图像。图像在 R 轴上的截距即为电源的内阻的负值，直线的斜率即电源的电动势 E。此方法叫安阻法，用电流表和电阻箱完成实验。

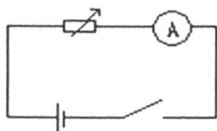

学生绘制电路。

方法二：由 $E=U+IR$ 及 $I=\dfrac{U}{R}$ 可得 $E=U+\dfrac{U}{R}r$，或 $\dfrac{1}{U}=\dfrac{1}{E}+\dfrac{r}{E}\cdot\dfrac{1}{R}$，改变电路的外电阻 R，测出一系列的 U 值，作出 $\dfrac{1}{U}-\dfrac{1}{R}$ 图像。图像在 $\dfrac{1}{U}$ 轴上的截距的倒数即为电源电动势，直线的斜率与在 $\dfrac{1}{U}$ 轴上的截距的倒数的乘积即为电源的内阻。此方法叫伏阻法，用电压表和电阻箱完成实验。

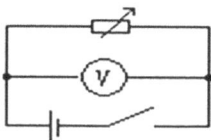

设计意图：活跃学生思维，培养学生创新思维。

教师活动 2：应该怎样进行实验呢？（量程选择）

学生活动 2：参与思考并回答

（1）按电路图连接成电路，电流表取 0.6 A 量程，电压表取 3 V 量程，电阻箱阻值调到 5~20 欧之间即可。

（2）检查电路无误后，闭合电键，改变电阻箱触头的阻值，使电流表有明显示数，记下一组（I，U）值。

（3）改变电阻箱数值 5 次，用同样的方法，再测出 5 组（I，U）数值，然后断开电键，整理好仪器。

设计意图：培养学生将所体验的实验探究过程应用于实际问题，活学活用。

环节五：课堂小结

教师活动1：通过这节课的学习，我们都学到了什么？

学生活动1：交流分享

（1）伏安法测电源电动势和内阻的方法很简单。

（2）实验方法：伏安法、安阻法和伏阻法。

（3）数据处理：公式法和图像法——$r = \left| \dfrac{\Delta U}{\Delta I} \right|$，纵轴截距 E。

设计意图：总结方法，加深对实验图像分析方法的理解。

教师活动2：引导思考，实验探究应明确实验目的，选择实验原理，设计电路，实物连接，数据记录与处理，得出结论，误差分析等。

学生活动2：回想自己的探究过程。

设计意图：学生明确探究过程和探究方法，获得自主学习的乐趣。

（七）学习效果评价设计

评价方式

课起始阶段的学情诊断：设计实验过程中的原理分析，评价所学闭合电路相关知识的掌握程度。

课上形成性评价：图像法解题的截距与斜率等问题的分析；内外接法在具体问题中的理解；安阻法和伏阻法的原理分析等。

课堂小结巩固性评价：学生本节课收获的交流。

课后思考拓展性评价：利用图线进行数据处理是物理实验中常用的一种方法，最好是利用直线来解决、在安阻法和伏阻法中如何利用图像直观得出 E 和 r 呢？

评价量规

1.展示交流重点关注表达能力与知识准确度的评价。

2.对学生课上获取知识的效果性检验。

3.学生深入解决图像处理数据问题并延伸至突出"化曲为直"思想在图

像法处理数据的重要性。

（八）教学反思

电学实验在实验原理、设计电路、仪器选择、数据处理和误差分析等方面都有着相通之处。因此电学实验的大单元教学对学生理解电学部分知识，解决具体问题很有好处。

本课时内容，在以往的教学中是按照实验讲解、操作和单一的数据处理进行的。教学中教师作为课堂的主体，学生只是操作者、运算者和知识的接受者。随着新课改的具体实施，在"以培养学生的科学探究能力为重点"和"建构主义学习观"理论的指导下，注重以学生为主体，以突出科学探究过程为主线。做到以下几点：

1. 突出学生主体及教师的主导作用。

教学内容均由学生思考、分析并进行讲解。创造条件让学生参与，扩大参与面，对于有难度部分相互交流，做出解答。对于课堂生成的问题，教师及时引导。如学生设计伏安法实验时，由于一时匆忙将公式抄写错误，教师引导学生观察，主动进行更改。再如设计的原理图中有内、外接法，教师针对问题引导学生明确本实验采用以电源为研究对象的外接法。课上始终体现课改"以学生为本"理念。

2. 实验探究过程设计巧妙，引导学生体验探究方法与过程。

为学生设计学案，引导学生体会实验探究过程和方法，如明确实验目的，选择实验原理，设计电路图，设计实验步骤，采集数据，数据处理，得出结论，交流展示，总结等过程逐一体验，在体验中学生掌握实验探究方法，培养科学探究能力。在拓展实验设计中，引导学生解决具体问题，培养知识的迁移能力，促进学生的发展。

3. 小组合作，效率提升。

方法教学决定教学方式的选用。实验采用分组实验，数据处理和设计实验，培养学生竞赛意识；交流环节锻炼学生表达能力；加强同伴之间的学习，提高学习效率，在短时间内完成对应方法的双重学习，如公式法与图像法的共同学习与比较，再如安阻法和伏阻法的设计。

4.先分析后总结起到将知识固化的作用。

课堂小结引导学生思考，总结一节课中学到的知识，关注知识的落实，注重知识体系的整体性，强化科学探究方法及过程，提高学生对知识体系整合的能力。

在后续单元教学中注重实验创新会有更好的效果。

"过程即是知识"，过程是理解的基础，过程中应渗透科学研究的方法，使学生学会科学探究的方法和思路，培养学生合作探究能力和科学态度与责任，培养学生严谨的科学思想和研究方法，提高学生的建模能力，展示学生的研究思路和才能，提升学生的学习力。使学生的实践能力、创新精神和可持续发展的综合素质都有较大的提高。这种学习方式远比牵强的模仿探究学习的作用大。教师是学生意义建构的帮助者和促进者，教师要将教育过程看作把文化激活的过程，而在实践过程中，教师也应成为自己教学行为的研究者。

案例2　单元名称：力学实验

课时教学设计：力学实验结合图像分析专题

（一）指导思想与理论依据

高考对物理实验能力的考查要求是："理解实验原理和方法，能分析和处理实验数据，对实验结果进行描述和解释，对误差进行初步分析和讨论，评价实验结论。"而利用图像的方法处理实验数据，考查实验原理也是高考实验考查的形式之一。如何用图像解决力学实验问题是学生学习的难点，也是教师在教学过程中思考的重点。由此本节课设计了"力学实验结合图像分析专题"，使学生熟练掌握分析图像的方法。

常用实验数据的处理方法有：公式法和图像法。用图像法处理实验数据是物理实验中最常用的方法之一。用图像法处理数据的优点是直观、简便，有取平均的效果，由图线的斜率、截距、所包围面积和图线的交点等可以研究物理量之间的变化及其关系，找出规律，作图时常设法使图线线性化，即"化曲为直"。实验中，图像法主要有两个方面的运用：描点作图处理数据和从已知图像中获取信息解决问题。本节课选取了后者进行专题复习。采用从具体事例中总结物理方法的方式引导学生进行学习。

（二）教学背景分析

教材分析：

依据高考力学实验考查的内容，以力学实验中所涉及的图像问题为专题，把"图像与实验原理结合，误差分析与图像相结合"，指导学生在分析实验中的图像问题时，利用"化曲为直"的方法，熟练掌握实验原理与图像相结合的处理方法。

学情分析：

学生通过前期复习已经明确研究图像问题应认清横纵坐标所代表的物理量（并关注单位），会从图像获取初步信息，但对图像处理实验问题的思路不清晰，知识运用不够灵活。本节课力求通过分析和应用，使学生掌握力学实验中图像分析的一般思路，将知识固化。

教学方式：

教师引导下的层层深入研究法、多媒体课件的综合应用法和总结归纳法。

技术准备：

PPT 课件与学案的综合应用

（三）教学目标

1.从实验问题入手，结合图像进行分析，引导学生深入理解实验原理，学会从实验图像中分析实验误差。明确图像横纵坐标所代表的物理量（包括单位），图像中的点、线、斜率、截距、面积及物理意义。

2.通过例题和习题将图像分析、实验原理和实验数据相结合，培养学生灵活运用图像法解决力学实验问题的能力。将实验原理与图像相结合，找到斜率、截距与相关物理量的对应关系，能进行实验误差分析。

3.通过对图像的剖析，认识到图像源于实验原理，可以直观分析实验中出现的误差，掌握图像法这种重要的研究方法。明确力学实验图像中"化曲线为直线"的思想。

4.通过对不同实验图像的分析，知道事物之间的普遍联系，灵活运用物理方法解决力学实验涉及的相关问题。提高学生分析实验、解决问题的能力。

（四）教学流程示意图

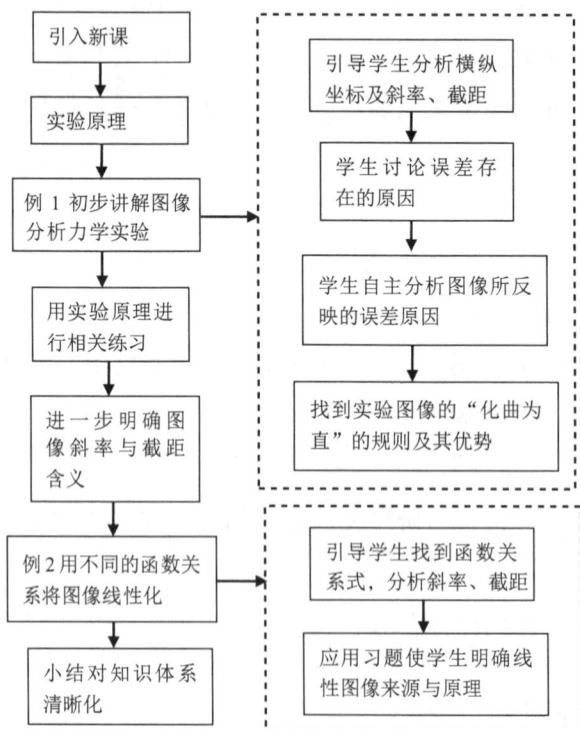

（五）教学重点、难点及解决措施

教学重点：

用图像分析力学实验，找出实验原理与图像的关联。

教学难点：

将公式法与图像法综合运用，借助图像分析误差存在的原因。

重、难点突破措施：

选择"探究加速度与物体质量、物体受力关系"实验问题入手，运用实验图像分析，辅以"探究弹力和弹簧伸长的关系"实验，理解运用图像分析误差的方法，而引入"探究动能定理"和"探究匀加速直线运动"等实验，既能深入分析与理解用图像分析实验应与原理相结合，又可以引导学生思考"探究加速度与物体质量、物体受力关系"的实验仪器，可以完成不同的实验，进而使学生学会思考知识的相关性。最后通过"验证机械能守恒定律"实验，加强学生对公式法与图像法相结合解决力学实验的理解，对图像法解题策略的使用可以更加灵活。

（六）教学过程

环节一：实验原理导入新课

教师活动1：刚刚复习过九个力学实验，我们一起回顾这些力学实验的原理（如图1）。

力学实验内容	原理（计算公式）
1. 研究匀变速直线运动	
2. 探究弹力和弹簧伸长关系	
3. 验证力的平行四边形定则	
4. 验证牛顿第二定律	
5. 研究平抛运动	
6. 探究动能定理	
7. 验证机械能守恒定律	
8. 验证动量守恒定律	
9. 探究单摆运动、用单摆测定重力加速度	

图1　引课时复习力学实验原理

教师活动2："研究匀变速直线运动"的实验原理中，老师给出了 $\Delta x = aT^2$ 和 $v' = v_0 + at$ 这两个公式，那么还有其他的函数关系可以证实匀变速直线运动吗？

学生活动 1：$2ax=v_t^2-v_0^2$

教师活动 3：还有其他相关公式吗？

学生活动 2：$x=v_0t+\dfrac{at^2}{2}$

教师活动 4："探究弹力和弹簧伸长关系"的实验原理呢？

学生活动 3：$F=k\Delta x$

教师活动 5：公式中的 Δx 表示什么呢？进而说明 Δx 表示形变量。"验证力的平行四边形定则"实验原理是怎样的？

学生活动 4：平行四边形定则

教师活动 6："验证牛顿第二定律"呢？

学生活动 5：$F=ma$

教师活动 7：F 指合外力。给出"研究平抛运动"的原理，解释说明对于这个实验不仅要明确其原理，还要想一下它会不会和其他实验原理合在一起使用。

设计意图：以"研究平抛运动"实验为例，说明实验之间的联系，如机械能守恒或动量守恒定律均可与平抛实验相结合，为本节课所选练习题 4 做学习进阶的准备。

教师活动 8："探究动能定理"的实验原理呢？

学生活动 6：$W_合=\Delta Ek$

教师活动 9：W 是合外力所做功。"验证机械能守恒定律"呢？

学生活动 7：$mgh=\dfrac{mv^2}{2}$ 或 $mgh=\dfrac{mv'^2}{2}-\dfrac{mv^2}{2}$

教师活动 10：初速度为 0，则选用第一个等式；否则选用第二个等式。"验证动量守恒定律"呢？

学生活动 8：$m_1v_1=m_1v_1'+m_2v_2'$ $\quad m_1OP=m_1OM+m_2ON$

教师活动 11：实验中没有用到碰撞前后的速度，而是利用了平抛运动中各球的水平射程。"探究单摆运动、用单摆测定重力加速度"的实验原理又怎样呢？

学生活动 9：$g = \dfrac{4\pi^2 L}{T^2}$

设计意图：通过问题串的设计，学生灵活掌握实验原理的同时，逐步进入分析的状态，激发学生的主动思考。

教师活动 12：总结：这是九个力学实验的原理。在学习并处理习题过程中，我们对数据处理一般有两种方法：一种是公式法，源于实验原理；另一种则是图像法。今天我们主要来研究图像法在解决力学实验问题中的应用。

设计意图：教师用总结性的语言分析解决实验问题的方法，引出本节课重点研究使用图像法解决力学实验，起到了承上启下的作用。

环节二："化曲为直"，误差分析

教师活动 1：在学习这些实验时，我们有些时候用到了图像法，其实图像法是处理实验数据的一种最常用方法，直观、简便，有取平均的效果。今天我们就一起来看一下力学实验用图像进行分析的情况。

（PPT 展示）问题 1：为了"探究加速度与力、质量的关系"，现提供如图所示的器材：小车、电火花计时器、装有砝码的小桶、一端带有定滑轮的长方形木板，实验中认为细绳对小车拉力 F 等于砝码和小桶的总重量，请思考探究思路并回答下列问题：

为了消除小车与水平木板之间摩擦力的影响应采取什么做法？

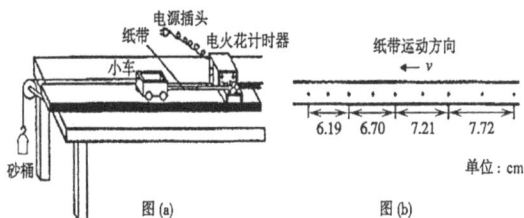

图(a)　　图(b)

（2）在"探究加速度与质量的关系"时，保持砝码和小桶质量不变，改变小车质量 m，分别得到小车加速度 a 与质量 m 数据如下表：

实验次数	1	2	3	4	5
加速度 a/m·s^{-2}	0.78	0.38	0.25	0.20	0.16
小车质量 m/kg	0.20	0.40	0.60	0.80	1.00

根据上述实验数据，用计算机绘出 $a-m$ 图像如图甲所示：

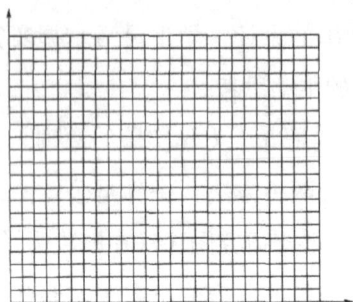

甲

通过对图甲的观察，可猜想在拉力 F 一定的情况下 a 与 m 的关系可能为：$a \propto m^{-1}$、$a \propto m^{-2}$、$a \propto m^{-3}$，等等，为了验证猜想，请在图乙中作出最能直观反映 a 与 m 之间关系的图像。

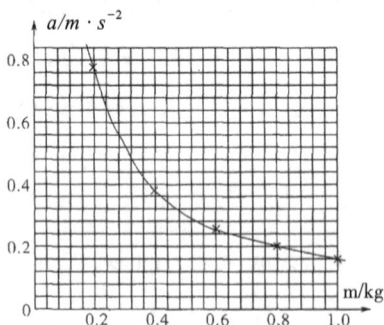

乙

（3）在"探究加速度与力的关系"时，保持小车的质量不变，改变小桶中砝码的质量，该同学根据实验数据作出加速度 a 与力 F 图线如图丙，该图线不通过坐标原点，试分析图线不通过坐标原点的原因是＿＿＿＿＿＿。若得到 $a-\dfrac{1}{m}$ 图线如图丁，该图线不通过坐标原点，试分析图线不通过坐标原点的原因是＿＿＿＿＿＿。

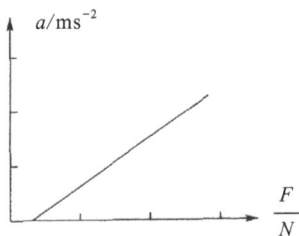 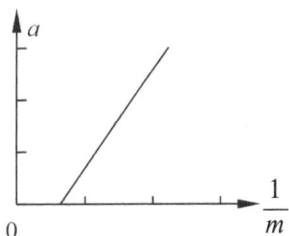

丙   丁

学生活动 1：思考：若图线均与纵轴有正向截距，原因又是什么呢？

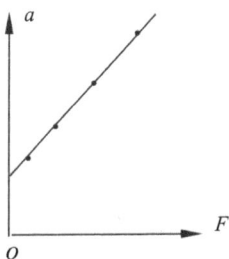 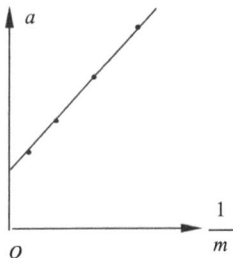

教师活动 2：导读问题 1，明确实验为"探究加速度与力、质量的关系"，是"探究牛二定律"基础实验，原理为 $F_{合}=ma$，第一问是为了消除摩擦，我们可以怎么做呢？

学生活动 2：思考并回答"倾斜木板，平衡摩擦力"。

教师活动 3：引导学生分析题中的"作出最能直观反映 a 与 m 之间关系的图像"，意味着画出实验数据对应的直线图线，那我们可以先去看 $a-\dfrac{1}{m}$ 的图像，若不是直线，我们再继续研究 $a-\dfrac{1}{m^2}$……

学生活动 3：在学案中作图，验证猜想。

教师活动 4：展示学生用描点法绘制的图线，强调作图规则：应注明横纵坐标所表示的物理量及单位，并注明横纵轴向的标度；绘图时应舍弃坏数据；其余点均匀分布在直线两侧。图像法考查描点法绘图，还要求从图像中获取相关信息，来解决具体问题，那么也应包括能进行误差分析。而本节课我们要重点研究如何从图像获取信息和运用信息解决问题。

教师活动5：小结作图规则：教师强调"化曲为直"，可以更直观，更简便。

（1）要标明坐标轴名、单位，在轴上每隔一定相等的间距按有效数字位数标明数值；

（2）图上连线应是平滑曲线（或直线），连线时不一定要通过所有的数据点，而是要使数据点在线的两侧合理分布；

（3）在图上求直线的斜率时，要选取线上相距较远的两点，不一定要取原来的数据点；

（4）作图时常设法使图线线性化，即"化曲为直"。

设计意图：锻炼学生审题获取信息能力，依据已有的经验和知识做出有理有据的判断，并能将描点作图的规则应用其中，突出"化曲为直"思想。

学生活动4：分析并作答第三问，图丙表示未平衡摩擦力或平衡摩擦力不完全，因为将图线延长至纵轴，发现在截距处 $F=0$，但 $a<0$。

教师活动6：引导说明，在分析误差时借助了观察截距的方法，我们也可以看横轴截距，表示拉力 $F=F_0$ 时，$a=0$，这意味着除了拉力还有与拉力平衡的力。我们通过图像分析误差时必须明确横、纵坐标。那么图丁中的误差原因是什么呢？

学生活动5：引导学生进行 $a-\dfrac{1}{m}$ 图像不过原点时的误差分析。

教师活动7：（如图2）首先用图像说明 $a-\dfrac{1}{m}$ 图像若过原点，则意味着 m 无穷大时，$a=0$。而图丁中与横轴截距则说明当力存在，而质量未达到无穷大时，a 已经等于0了，这说明一定有一个与所受拉力反向的力，那就意味着未平衡摩擦力或平衡摩擦力不完全。鉴于这个误差分析过程不易理解，教师深入地介绍并引导学生推出 $a=\dfrac{F}{m}+\dfrac{G\sin\theta-f}{m}$ 的原理公式，使学生很容易理解 $a-F$ 图像中，当 $F=0$ 时，图线与纵轴截距的正负由 $G\sin\theta-f$ 的正负决定，而 $a-\dfrac{1}{m}$ 图像中，m 趋于无穷大时，a 的正负也由 $G\sin\theta-f$ 的正负决定，继而引导学生分析两个图像中"图线均与纵轴有正向截距"的情形，固化学生理解分析误差的方法。

设计意图：锻炼学生从图像获取信息的能力，由第三问引出如何对图像进行误差分析，引申出复杂问题可用公式法辅助图像法进行分析。

学生活动6：学生思考并作答问题2与问题3。

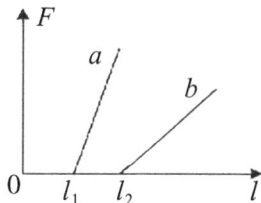

问题2：一个实验小组在"探究弹力和弹簧伸长的关系"的实验中，使用两条不同的轻质弹簧a和b，得到弹力与弹簧长度的图像如图所示。下列表述正确的是（　　　）

A．a的原长比b的长　　　　B．a的劲度系数比b的大

C．a的劲度系数比b的小　　　D．测得的弹力与弹簧的长度成正比

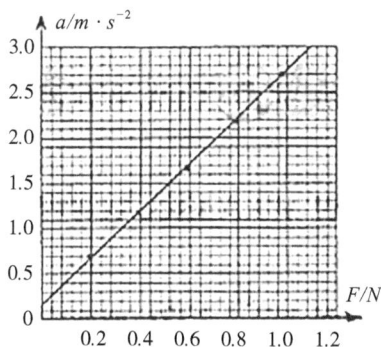

教师活动8：师生共同分析$F-x$图像对应原理，$F=kL-kL_0$，说明斜率是k，与横轴截距为L_0，然后我们共同分析一下练习2。

问题3："探究加速度与物体质量、物体受力关系"的实验装置如下图所示。正确平衡摩擦力后，将5个相同的砝码都放在小车上，挂上砝码盘，然后每次从小车上取一个砝码添加到砝码盘中，测量小车的加速度。得到小车的加速度a与砝码盘中砝码总重力F的数据，根据实验数据作出$a-F$关系图像，得到的图线不通过原点，请说明主要原因。

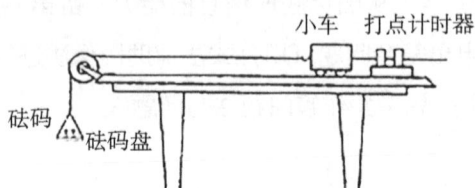

学生活动 7：讨论交流练习 2 并选代表发言：是砝码盘的问题。

教师活动 9：引导学生深入分析出针对这一实验的对应公式，$F+G_{盘}=M_{总}a$。

教师同时总结问题 2 说明与斜率相关的问题，而问题 3 要关注细节，审题要准，做题可快一些，对于复杂问题则要结合公式法辅助图像法进行分析。

设计意图：引导学生将知识落实到每个细节，培养学生的探究能力。渗透复杂问题运用函数关系与图像相结合的方法。

环节三：图像法与公式法结合解决复杂问题

教师活动 1：通过前面的学习，我们可以看出实验问题的考查方法是不相同的，而且同一个实验装置可以用来完成不同的实验，大家分析一下问题 4。

问题 4：某同学用如图所示的实验装置研究小车在斜面上的运动。实验步骤如下：

a. 安装好实验器材。

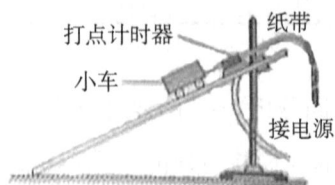

b. 接通电源后，让拖着纸带的小车沿平板斜面向下运动，重复几次。选出一条点迹比较清晰的纸带，舍去开始密集的点迹，从便于度量的点开始，每两个打点间隔取一个计数点，如下图中 0、1、2…6 点所示。

c. 测量 1、2、3……6 计数点到 0 计数点的距离，分别记作 S_1、S_2、

$S_3 \cdots S_6$

　　d. 通过测量和计算，该同学判断出小车沿平板做匀加速直线运动。

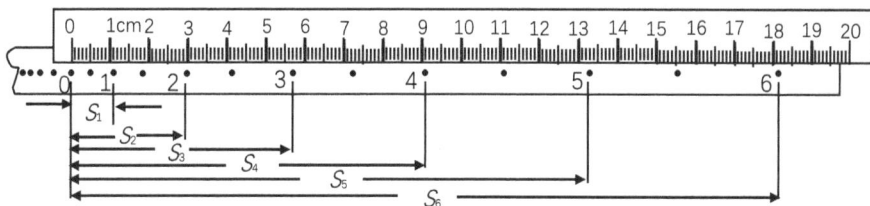

　　e. 分别计算出 S_1、S_2、$S_3 \cdots S_6$ 与对应时间的比值 $\dfrac{S_1}{t_1}$、$\dfrac{S_2}{t_2}$、$\dfrac{S_3}{t_3} \cdots \dfrac{S_6}{t_6}$。

　　f. 以 $\dfrac{S}{t}$ 为纵坐标、t 为横坐标，标出 $\dfrac{S}{t}$ 与对应时间 t 的坐标点，画出 $\dfrac{S}{t}$—t 图线。

　　试问：根据 $\dfrac{S}{t}$—t 图线判断，在打 0 计数点时，小车的速度 $v_0=$ ＿＿＿＿＿＿ m/s；它在斜面上运动的加速度 $a=$ ＿＿＿＿＿＿ m/s^2。

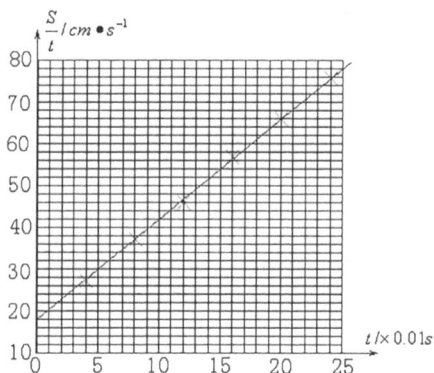

　　学生活动 1：快速读题提取信息。

　　教师活动 2：引领分析 s 代表的是从 0 计数点起始的位移，而给出的是 $\dfrac{S}{t}$—t 图线，并不是常规图线。那么我们还应从原理入手，$S=v_0 t + \dfrac{at^2}{2}$，变形公式为 $\dfrac{S}{t}=v_0 + \dfrac{at}{2}$，则图像斜率为 $\dfrac{a}{2}$，截距为 v_0。在学生求解数值时强调在图像中求斜率时尽量选取较远两点进行分析，所得结果较准确。通过分析，我们发现可以用不同的公式来表述实验原理。下面我们快速处理一下专题中的两道作业题，问题 5 和问题 6。

设计意图：培养学生综合使用公式法和图像法分析复杂实验图像的能力，使学生明确横、纵坐标的重要性。

问题 5. 某实验小组采用如图所示的装置探究"动能定理"。图中小车中可放置砝码。实验中，小车碰到制动装置时，钩码尚未到达地面。打点计时器工作频率为 50Hz。实验小组根据实验数据绘出了图中的图线（其中 $\Delta v^2 = v^2 - v_0^2$），根据图线可获得的结论是_____。要验证"动能定理"，还需测量的物理量是摩擦力和_____。

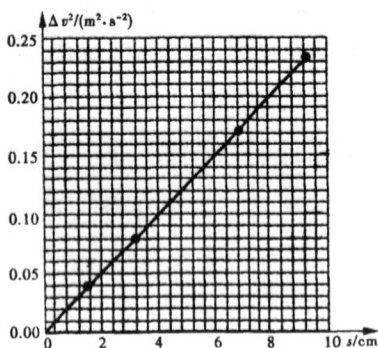

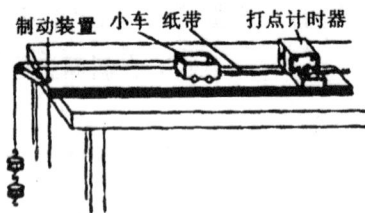

教师活动 3：可以看到很多实验所用装置一样，但是所问问题却截然不同。第二问复杂一点，那么我们仍结合公式分析。推出 $(F-f)S = \dfrac{m(v_t^2 - v_0^2)}{2}$，可见 Δv^2 正比于 S，还发现需测量小车质量。而此题图像的横纵坐标进行了变形。看问题 2。

学生活动 2：思考分析，并做出相应回答。

问题 2. 某同学利用如图所示的实验装置验证机械能守恒定律。弧形轨道末端水平，离地面的高度为 H。将钢球从轨道的不同高度 h 处静止释放，钢球的落点距轨道末端的水平距离为 s。

（1）若轨道完全光滑，s^2 与 h 的理论关系应满足 $s^2 = $_____（用 H、h 表示）。

（2）该同学经实验测量得到一组数据，并在坐标纸上作出 s^2-h 关系图。对比实验结果与理论计算得到的 s^2-h 关系图线（图中已画出），自同一高度静止释放的钢球，水平抛出的速率_____（填"小于"或"大于"）理论值。

（3）从 s^2-h 关系图线中分析得出钢球水平抛出的速率差十分显著，你认为造成上述偏差的可能原因是_____。

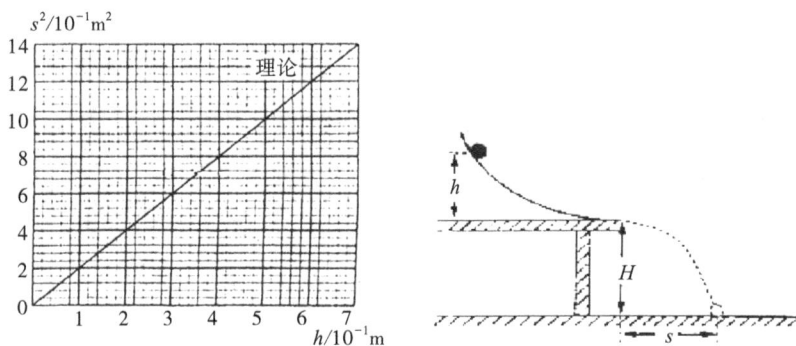

教师活动4：本题属于分过程实验问题，我们可以看出它和计算题界限并不明显，如何得出 S^2 与 h 的关系呢？

学生活动3：对物理情景分阶段分析，列出三个相关原理公式，最后推出 $S^2=4Hh$，可见 S 和 h 非正比，可是 S^2 与 h 则是成正比的。

设计意图：锻炼学生灵活分析问题的能力，能将知识做到融会贯通。学生通过分析得出结论，感受成功的喜悦。

环节四：课堂小结

教师活动1：师生共同回顾本节专题中所讲授的处理图像问题的方法，小结：

一定要明确横纵轴表示的物理意义及单位；

一般从横、纵坐标轴的截距、斜率分析；

对于较复杂问题，可以根据学过的知识列出纵坐标与横坐标之间的函数关系，然后进行综合分析。

结束语：处理力学实验的方法，可以应用于电学实验之中，并且在平时的图像问题中都可以加以利用。

（七）学习效果评价设计

评价方式

思考1.某同学利用单摆测定当地重力加速度，发现单摆静止时摆球重心在球心的正下方，他仍将从悬点到球心的距离当作摆长 L，通过改变摆线的长度，测得6组 L 和对应的周期 T，画出 L-T^2 图线，然后在图线上选取 A、B 两个点，坐标如图所示。他采用恰当的数据处理方法，则计算重力加速度的表达式应为 $g=$ _____。请你判断该同学得到的实验结果与摆球重心就在球心处的情况相比，将_____（填"偏大""偏小"或"相同"）。

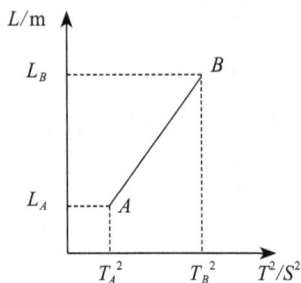

思考2.利用单摆验证小球平抛运动规律，设计方案如下图所示，在悬点 O 正下方有水平放置的炽热的电热丝 P，当悬线摆至电热丝处时能轻易被烧断。MN 为水平木板，已知悬线长为 L，悬点到木板的距离 $OO'=h$（$h>L$）。

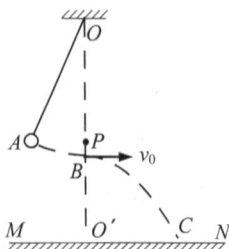

在其他条件不变的情况下，若改变释放小球时悬线与竖直方向的夹角 θ，小球落点与 O' 点的水平距离 s 将随之改变，经多次实验，以 s^2 为纵坐标、$\cos\theta$ 为横坐标，得到如图所示图像，则当 $\theta=90°$ 时，S 为_____m；若悬

线长 L=1.0m，悬点到木板间的距离 OO' 为 h= _____ m。

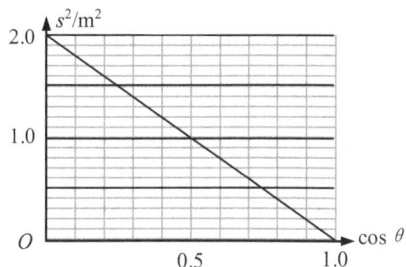

评价量规

这两个思考内容中，前一个思考是对学生课上实验图像信息获取的一个效果性检验，后一个思考，则是考察学生融合不同实验解决问题的能力。

（八）教学反思

力学实验有着同一个仪器可以完成多个实验设计的功效，因此在大单元理念下，做力学实验的单元整合，对于学生的科学探究和科学思维培养很有帮助，更利于学生运用系统的分析解决具体问题。

在授课过程中为有效地突出"力学实验结合图像分析的方法"，突破"公式法与图像法综合运用解决力学实验问题"这一难点，我的设计特色有以下三处：

设计特色 1：让学生体会到问题的层层深入，凸显物理专题复习课的严谨思路。

在这堂物理课上，我为学生创设了一系列"问题串"。

（1）以学生竞赛抢答的形式引导学生复习主要的力学实验原理、方法和误差分析，引导学生对每个力学实验形成一个完整的认识，同时引出在实验问题中常会出现图像解题情形。

（2）以"探究加速度与力、质量关系"实验为例，对 3 个由浅入深的问题深入研究实验的原理，用图像分析原理分析误差原因，运用图像解决力学实验问题。如：第一问是从实验原理入手分析消除摩擦的方法；第二问则是利用"化曲为直"的方法，找出 F 一定情况下，直观反映 a 与 m 之间关系的图像。第三问是利用图像分析实验误差。

设计特色 2：在力学实验结合图像分析过程中，注重从图像法到公式法的引导，认识数学工具在物理学中的重要作用。

（1）在分析 a-F 图像中，图线不过原点的误差采用了定性分析的方法。而对于 $a-\dfrac{1}{m}$ 图像中较复杂的误差分析时，采用物理情景和公式法相结合的方式进行分析。

（2）在对 $\dfrac{s}{t}-t$ 图像分析时，注重函数关系与图像相结合的方法，通过对公式的变形，训练学生知识运用的灵活性。

（3）通过对 Δv^2-s 图像分析，结合运动过程进行公式分析；针对 s^2-h 图像，结合公式法分析包含圆弧轨道运动和平抛结合的多过程实验问题。

设计特色 3：以学生发展为本，注重教与学的实效性。

（1）习题分层营造学生全员参与氛围，人人有所收获。

（2）针对有难度的问题相互交流，做出解答，增强学生团队合作意识。

（3）采用先分析后多次小结，最后总结的教学方式，实现对习题有深入理解后，再去归纳总结适于本班学生的学情，收到较好的教学效果。

反思：

1. 本节内容为高三的实验专题复习课，难度较大，所以采用多处小结，最后进行课堂总结的方法，突出"图像法解决力学实验问题"这一教学重点。

2. 渗透"数学知识与物理知识""物理实验与实验原理"和"图像法与公式法"这几种关联，注重知识体系的整体性，提高学生对知识体系整合的能力。

3. 精选习题，反映设计专题复习的严谨思路，有效突破"将公式法与图像法综合运用，借助图像分析误差存在的原因"这一教学难点。

4. 最后说明图像解决力学实验的方法也可以应用于电学实验，便于所学知识的迁移。

论文篇

在教学过程中，教师为提升教学水平，需要在寻求理论支撑的同时，结合实践及时梳理固化经验，使自己的思路更清晰化。在此和大家分享几篇在实践中梳理的文章。

论文1　定性分析到定量验证多普勒效应实验的创新思考

摘　要： 高中物理教学中《多普勒效应》实验的教学设计多是列举声源运动观察者静止的实例，让学生用耳朵去听音调的变化来说明频率的变化，继而类比观察者运动声源静止时的情形。而学生对于真正理解"多普勒效应是由于观察者单位时间内接收到完整波形个数发生变化"这一多普勒效应成因仍是难点。本实验设计的出发点是为了研究观察者运动波源静止时的情况，并尽量让"观察者"接收到的声音可再现，尽可能使接收声音信号变为可视信号。在不断研究的过程中，本实验设计既可以将听到的声音再现，又可以观察接收到的波形，还可以计算出接收频率的大小和观察者的瞬时速度，而且若再改进本实验，就可在高中阶段来定量证实多普勒效应。

关键词： 新课改　多普勒效应　接收频率　定性分析　定量计算

在北京全面开展新课程教学的背景下，教师迎来挑战的同时，更多的在教育观念上发生了改变。我在参加北京市第三届物理教师实验创新大赛的过程中，仔细研究了《多普勒效应》实验，本实验选自教科版选修3–4教材。最初，在讲授多普勒效应时，我查阅了相关资料，发现所有实验部分的设计均是列举声源运动观察者静止的实例，让学生用耳朵去听音调的变化，从而说明频率的变化。学生的认识停留在听声音分析频率变化这一感性认识上，但学生对"多普勒效应是由于观察者单位时间内接收到完整波形个数发生变化"这一成因的理解仍是难点。为突破这一难点，我设计了观察者向波源远离和靠近的实验，本实验既可以将听到的声音再现，又可以观察接收到的波形，还可以计算出接收频率的大小，进而说明发生多普勒效应时接收频率与波源频率不同。

下面就实验类型、创新目标、实验教学、设计过程和实验扩展五个部分进行介绍。

（一）实验类型

本实验属于演示实验，实验使用的器材（如图1）有：计算机、录音笔（作为观察者）、小音箱（作为波源）、滑环以及铁架台、支架和铁丝所制成的滑道，录音笔录制的声音信号利用 GoldWave 软件进行音频处理。

图1　实验装置图

本实验也可以作为师生互动的实验，操作部分由学生实施，如学生可手持录音装置在教室内快走的同时将自己听到的声音录制在录音设备中；学生还可以利用滑道或控制传送带或遥控电动小车使录音装置相对于声源远离、静止或靠近，来完成录音过程。这样学生就不仅在听的同时，在动，在复听自己录制的声音时就可以主动地思考，这就有机地将动手、动耳和动脑相结合，充分调动学生的积极性。

（二）创新目标

本实验创设观察者相对于波源运动时的问题情境，学生感受多普勒现象，能定量计算接收频率大小。有效地突破学生理解多普勒效应成因以及接收频率与波源频率之间关系的难点。实验中利用了一个可移动音箱，这样就可以随意变化波源位置；铁架台倾斜放置，则有效地增大物体运动速度；录音笔录制声音信号，便于将接收信号传输给电脑；GoldWave 软件可以便捷地处理声音信号，直观地观察波形，得出不同个数波形所用时间；Excel 表格的使用，可以定量得出接收到的频率和相应瞬时的速度。所有仪器及软件一般在学校均可轻易找到，实验结果可重复再现，可实施性强。

实验中设计了以下创新点：

（1）将听声音与看波形相结合。

（2）由定性感受音调的变化转变为定量计算频率的变化。

（3）传统实验方法与信息技术（音频处理软件在教学中的开发运用）相结合。

（三） 实验教学

1. 实验介绍

本实验采用倾斜滑道作为录音笔的载体，将录制的声音存入电脑用 GoldWave 软件去噪，取 10 个完整波所对应时间，用 Excel 求出接收频率。

2. 实验演示

在演示实验过程中包括：录制声音—将声音输入电脑—播放声音—剪辑音频—去除噪声和处理数据几个步骤。

其中小音箱是可以发出 1000Hz 声音的声源，录音笔作为观察者可以记录接收到的声音信号。将录音笔沿滑道甩出即可录制观察者远离或靠近声源时小音箱发出的 1000Hz 声音，而将小音箱分别放在滑道的两侧，教师就可以从同一位置甩出录音笔，录制出这两种情况时观察者接收到的声音。

将声音输入电脑存放至桌面后，用 GoldWave 软件播放声音的同时剪辑音频，将声音剪辑保存为桌面"远离"和"靠近"文件，打开"远离"声音文件，首先将音频进行去噪处理的三个步骤：增益（图2-a），去除噪声（图2-b）、设置带通（900~1100）（图2-c），其次，选取10个完整波形看对应时间。最后，将数据代入Excel求出周期T和频率f。

我们将"靠近"时的情形进行同样处理，通过这样的现场展示，学生很容易理解多普勒现象中观察者向波源靠近和远离过程中，观察者接收到的频率与波源频率不同，且靠近时接收频率大于波源频率，而远离时接收频率小于波源频率。这样就有效地突破了学生理解接收频率与波源频率区别的难点，同时定量地计算出接收频率，为学生对规律的理解提供有力的论据。

图2-d是我在教学实验中所截取的三张图片，自上而下分别为观察者静止、远离和靠近声源时录制的声音在GoldWave软件中选取10个完整波，在软件下方能直接看到对应的时间不同，图片右侧是将对应时间放大后的情况。根据记录的时间求出对应频率后，即可加以说明观察者远离波源时$f_{接收}$小于$f_{波源}$，靠近时$f_{接收}$大于$f_{波源}$。

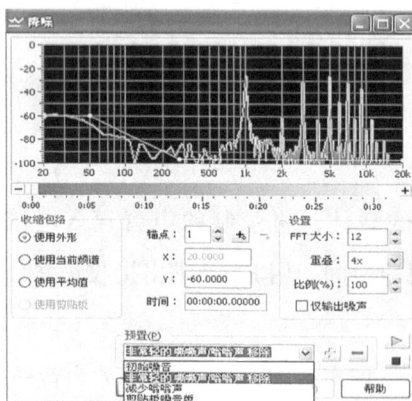

图2（a） 软件增益功能

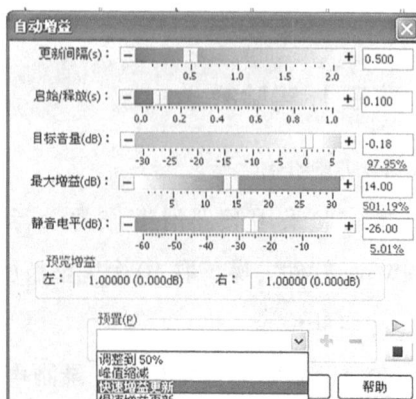

图2（b） 软件降噪功能

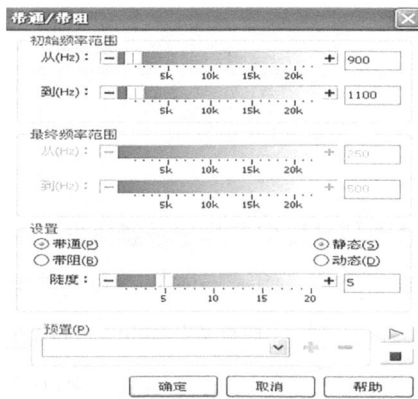

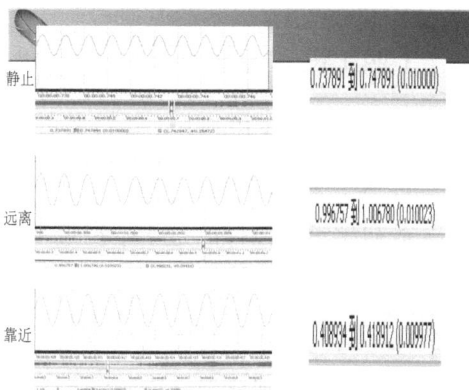

图2(c)　软件带通功能　　　　**图2(d)　录制声音在GoldWave软件中波形对比**

3.教学效果

在实验中，学生将观察者向波源靠近、远离时的感性认识，上升为定量计算出相应过程接收到的频率变化。本实验也可进行波源远离、静止和靠近观察者的实验，绘制表格（表1记录了教学过程中的一组数据），学生可以计算出接收到信号的频率，分析数据，从而归纳总结出：波源与观察者相对靠近，$f_{接收}$大于$f_{波源}$；相对远离时$f_{接收}$小于$f_{波源}$的结论。

表1　多普勒效应实验表格

具体情况	选取完整波个数	10个波形对应时间（s）	周期（s）	频率（Hz）
观察者远离	10	0.010023	0.0010023	997.705
观察者靠近	10	0.009977	0.0009977	1002.31

通过对多普勒实验的教学，学生在这堂物理课上掌握了以前对生活中汽笛远离或靠近我们时，听到的音调发生变化这一实际问题的理论，充分激发学生的好奇心、求知欲和探究欲，学生以一种快乐有趣的方式轻松获得知识的同时，培养了质疑精神和探究能力，同时通过自己录制接收到的声音信号，配合使用GoldWave软件定量求出观察者向波源靠近或远离时接收到的频率的变化，成功地展示了频率的变化规律。这使得学生通过体会探究乐趣这一方式获得知识，比灌输式被动接受知识更为长久稳定，更便于知识迁移和能力发展。

（四）设计过程

本实验经历了以下几个设计阶段：

阶段一（图3）

最初教学中设计的是学生携带复读机录制信号发生器通过录音机发出的声音，再将声音通过麦克风输入电脑转换为电信号，输入示波器，观察波形的变化。这种设计的优点是可以在听声音的同时定性观察波形变化，但存在实验操作复杂，观察者速度不易控制，得出的波形无法保留等问题。鉴于这种情况，我把实验装置简化，尽量将波形保留下来作为改进目标，进行后续实验尝试。

图3 阶段一（300赫兹声音的波形） 图4 阶段二（电动车为观察者的载体）

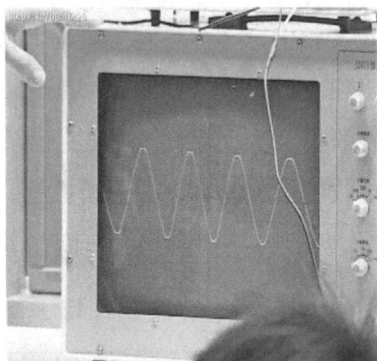

阶段二（图4）

为使实验简化并能方便控制"观察者"速度，我选用电动汽车携带录音笔录制信号发生器发出的声音，再将声音文件输入电脑转换为电信号，输入示波器，观察波形的变化。这样，作为观察者的录音笔在电动车的带动下，速度基本可以控制。但随之出现了噪声较大、电动车运动速度较小等问题，噪声的干扰使得波形的稳定性无法保障，而波形无法保留这一情况也未得到改进。可见减小噪声、加快速度、保留波形的任务变得更加迫切。

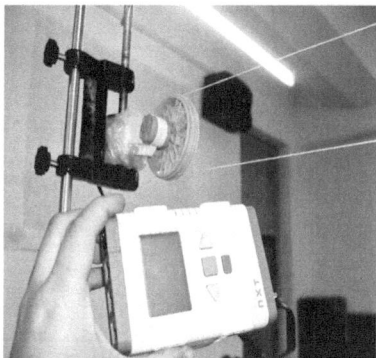

图 5　安装后的电动机和控制器

阶段三（图 5）

为了减小噪声、加快速度，我改用电动机带动主动轮制成传送带，将录音笔附着在细绳做成的传送带上，运动的同时录制声音，再使用"万用仪"软件或传感器替代示波器看波形。在这个设计阶段中，实验仪器中省去了演示示波器，且作为"观察者"的录音笔速度基本匀速。但电动机的噪声更大，致使波形变化不规律；主动轮半径太小，速度相应较慢；录音笔安装后，绳下沉严重。这个阶段的设计使我们的实验仪器得到了很大程度的简化，但尽量增大速度，去除噪声成了主要任务。

经历了以上三个阶段，最后在对 GoldWave 软件的开发利用中有效地解决了噪声的影响，同时解决保留波形这一问题。将观察者的载体转变为倾斜滑道也大大增加了观察者的运动速度。

（五）实验拓展

在实验过程中我们原本只是想将看到的波形保留的同时，将噪声的影响降到最小。可是使用了 GoldWave 软件，居然可以定量计算接收的频率，还可以得出一种利用多普勒效应计算瞬时速度的方法，若将实验仪器再作改进，还可以在高中阶段证实同一直线上的多普勒效应公式。

本实验在得到 10 个完整波形所对应的时间后，我们计算出接收到的频率，再利用同一直线多普勒公式：

$$f_{接收} = \frac{u + v_0}{u - v_s} f$$

即可求出接近 0.01s 时间间隔的瞬时速度（如表 2）。

其中：v_s 为波源相对于介质的速度，v_0 为观察者相对于介质的速度，f 表示波源的固有频率，u 表示波在静止介质中的传播速度。

表 2 （图 2 中数据）计算出的接收频率及观察者在图片所处瞬时的速度

1000Hz	完整波个数	接收频率（Hz）	观察者速度（m/s）
静止	10	1000	0
远离	10	997.705	−0.7803
靠近	10	1002.31	0.7854

在后续实验中若能再提高声源与观察者的相对速度，实验效果会更加明显；若二者相对速度恒定，则可用光电门测出速度，用多普勒效应公式计算接收频率，即可证实多普勒效应公式。

在本实验研究过程中，体现出课改带给教师在教育观念上的转变，教师更注重学生的理解与感知。在这样的前提下，我设想将多普勒效应用学生熟知的声音信号去完成实验；结合新课程中的教学应适合学生信息技术水平的要求，学生应用电脑处理相应数据，通过自己的运算，得出令自己信服的实验结论，这更符合学生接受科学的规律。课改使我更加重视学生、注重教学质量和教学的高效性，我们将在课改理念的引领下充实自己，变得更加睿智。

论文 2 如何上好探究性实验课——《测量电源电动势和内阻》实验课的分析

摘 要：纯粹的实验课教学如何体现新课程理念，体现以学生为主体的原则，将探究性实验的思想和方法体现出来，需结合课程标准中提出科学探究七个要素，突出学生的主体性，本文结合电学实验《测量电源的电动势和内阻》一课的教学设计进行说明。实验课教学设计应以学生为主体，物理规律为基础，数据处理为内涵，将实验探究的方法渗透在整节课中，以培养学生的创新能力。

关键词： 新课改　物理　探究性实验　创新

随着高中物理教学新课程改革的不断深入，高中物理教师对于概念课，探究课等都尽量展现物理教学的特色，但是对于一节纯粹的实验课教学如何体现新课程理念，体现以学生为主体的原则，将探究性实验的思想和方法体现出来，我一直在进行着思考。

课程标准中提出科学探究七个要素——提出问题、猜想与假设、制订计划与设计实验、进行实验与收集证据、分析与论证、评估、交流与合作，有选择地进行重点评价。课改理念下的探究性实验课究竟应注重哪些点，我借助于教科版教材《测量电源的电动势和内阻》的教学设计来谈一下我的一点想法。实验课教学设计必须设计思想明确，才能真正起到对学生创新能力的培养。本节实验课我本着以学生为主体，物理规律为基础，数据处理为内涵，将实验探究的方法渗透在整节课中为主要的设计思想。下面就自己的一点体会和大家交流。

本节课的内容，在以往的教学中是按照实验讲解、操作和单一的数据处理进行的。在教学中仍是教师作为课堂的主体，学生只是操作者和运算者以及知识的接受者。随着新课改的具体实施，在"以培养学生的科学探究能力为重点"和"建构主义学习观"理论的指导下，本节课注重以学生为主体，以突出科学探究过程为主线。通过思考，我认为应在实验课的设计上着重突出以下几点：

（一）突出教师的引领作用与参与者身份

本节课的教学内容均采用学生思考、分析并进行讲解。课上创造条件让学生参与，增大参与面，对于有难度部分相互交流，做出解答。对于课堂生成的问题，教师及时引导。如学生设计伏安法实验时，由于一时匆忙将公式抄写错误，教师引导学生自己观察，主动进行修正。再如设计的原理图中有内、外接法，教师针对问题引导学生明确本实验采用外接法。课上始终以学生为活动主体，教师只是有引导作用的一名参与者，体现课改"以学生为本"理念。如在课上的基本实验教学环节，教师进行如下引导：

1.看实验桌上有两节旧的干电池，今天想用实验的方法测量电源的电动势和内阻。那么根据实验室提供的器材，我们可以依据什么原理来设计实验？

2.实验电路图应该如何设计？

3.想要怎样测？

4.引导分析：

（1）应采用外接法，因为一节旧的干电池电动势约为 1.5V，内阻零点几欧，两节 3V 左右，内阻 1 欧左右。

（2）电源电流达到 0.5A 以上会极化严重，致使电动势减小，内阻加大，所以实验电流应控制在低于 0.5A。所以电压表选用 3V 量程，电流表选用 0.6A，滑动变阻器 20 欧。

5.引导学生分析：实验如何操作？实验中应注意什么？

6.数据处理都有什么方法？

7.教师引导说明：原则上，利用两组数据便可得到结果，但这样做误差会比较大，为此，我们可以多测几组求平均值，也可以将数据描在图上，利用图线解决问题。

8.明确：公式法：为尽量准确，将 1、4，2、5，3、6 三组数据分别求解 E 和 r，求平均值。

图像法：合理选择标度，纵坐标可以不从零开始，图线使各点尽量均分在两侧。r 即斜率，计算 r 时选取直线上相距较远的两点求得。E 为与纵轴截距。

9.引导学生连线先从干路连起，注意电表电流流入方向。

10.引导学生展示交流，并明确：

（1）图线的纵坐标是路端电压，它反映的是：当电流 I 增大时，路端电压 U 将随之减小，U 与 I 成线性关系，$U=E-Ir$。也就是说它所反映的是电源的性质，所以也叫电源的外特性曲线。

（2）电阻的伏安特性曲线中，U 与 I 成正比，前提是 R 保持一定，而这里的 U–I 图线中，E、r 不变，外电阻 R 改变，正是 R 的变化，才有 I 和 U 的变化。

实验中至少得到 5 组数据，画在图上拟合出一条直线。要求：使多数点落在直线上，分布在直线两侧的数据点的个数要大致相等，这样，可使偶然误差得到部分抵消，从而提高精确度。

11. 引导。

（1）针对图像组同学的展示提出问题：将图线延长，与横纵轴的交点各代表什么情况？

（2）那么内阻如何求？

12. 引导性总结。

（1）总结性说明：由于 r 一般很小，得到的图线斜率的绝对值就较小。为了使测量结果准确，可以将纵轴的坐标不从零开始，计算 r 时选取直线上相距较远的两点求得。

（2）说明图像法处理数据的优势。

（3）引导学生介绍产生误差的原因。

在实验课的其他环节，教师的引导到位，思路设计紧凑，学生在实验中改变长期以来恪守的被动接受教师知识传输的学习方式，即偏重于机械记忆、浅层理解和简单应用的学习方式，将自己置于一种主动探究并注重解决实际问题的学习状态。

（二）巧妙设计实验探究过程，引导学生体验探究方法与过程

课上为学生精心设计学案，引导学生体会实验探究过程和方法，如应先明确实验目的，选择实验原理，设计电路图，设计实验步骤，采集数据，数据处理，得出结论，交流展示，总结等，在体验中学生掌握了实验探究方法，培养了探究能力。在拓展实验设计中，引导学生学到的探究方法，解决具体问题，便于知识的迁移。

　　学生通过自己的亲身体验来了解知识的形成和发展过程，改变单纯从书本学习知识的传统，丰富学习经历，提高学习物理的积极性和主动性，激发探究物理奥妙的兴趣，改变学校教学始终围着考试转的局面，真正把教学的重心放在培养学生的创新精神、实践能力和终身学习的能力上，让学生养成爱观察、爱实验的习惯。在不断的探究中发现问题，自己动手解决问题，提高自身的科学素养。

　　探究性实验是把实验作为学生探究与发现的方法、途径，学生针对教师所提出的问题进行假设，通过实验证明假设的真伪。显然探究性实验的目的不仅仅是让学生学习实验的方法和过程，更重要的是通过实验，培养学生探究与发现的能力。这才能真正培养学生自主学习、勇于探究和严谨的科学态度。

（三）注重小组合作，提升学习效率

　　传统的学生分组实验教学，通常先由教师就实验目的、实验器材、实验原理、实验步骤、数据采集及处理办法清清楚楚地讲一遍，然后学生实验，教学时间一般为两课时。实验中学生只是参照书本知识进行操作，难以激发实验积极性，许多学生只是应付了事。在学生分组实验中，通过增加实验的未知性，可以激发学生探究的欲望。如果某些实验所验证的规律符合学生认知水平、思维水平，这类实验可改为探究性实验。

　　在新课改中，方法教学直接决定教学方式的选用。本节课中采用的分组实验，是在分组数据处理和分组设计实验两种场景下进行的，使学生有比赛意识，养成节约时间的习惯。在交流中锻炼学生的表达能力。通过对不同实验方法和数据处理方法的交流，可以加强同伴之间的学习，提高学习效率，在短时间内完成对应方法的双重学习，如公式法与图像法的共同学习与比较；再如安阻法和伏阻法的设计。

　　在探究性分组实验教学中，教师的作用主要是引导探究、指出误区、把握探究的方向。实验前教师应对学生在实验过程中可能产生的问题作好准备，抓住几个关键点，如提出的假设、设计的实验是否合理，实验过程是否科学，预计能否得出结果等，并就这些问题与学生交流。在实验过程中，教师注重促进学生主动思考、积极探究，激励各小组进行交流与合作。实验后还应引导学生对实验过程和结论进行反思和评价。在交流过程中可以使学生通过彼此之间的交流得到双重的知识收获，增强团队合作意识。

（四）先分析后总结，固化基本知识点和科学方法

课堂小结引导学生思考，总结一节课中学到的知识，关注知识的落实，注重知识体系的整合，强化科学探究方法及过程，提高了学生对知识体系的整合能力。如：

1. 教师引导：通过这节课的学习，我们都学到了什么？

生：（1）伏安法测电源电动势和内阻的方法很简单。

（2）实验方法：伏安法、安阻法和伏阻法。

（3）数据处理：公式法和图像法——$r = \left| \dfrac{\Delta U}{\Delta I} \right|$，纵轴截距 E

（4）实验探究方法

2. 教师引导：思考实验探究应明确实验目的，选择实验原理，设计电路，实物连接，数据记录与处理，得出结论，误差分析等。

培养学生的科学素养不能死记硬背科学知识，而是在探究活动过程中，特别是在探究性实验教学活动中完成的。探究性实验教学高度重视实验探究的过程，把科学方法的培养和科学思维的训练放在极为重要的位置。让学生自由陈述科学问题、积极寻求解决问题所需的数据、解释数据、在解释数据的基础上得出结论。让学生在动手操作中形成问题，体验到获取数据的困难，领略探究的"风味"。恰当的总结可以使学生的探究过程更加完整，使探究能力的培养收到更加切实的效果。

著名物理学家杨振宁说："我在中国学的方法是演绎法，我发现这完全不是费米、泰勒等人的研究方法，他们是从实际实验的结果中归纳出原理，是归纳法。我很幸运这两种研究方法的好处都吸收了，这对我的研究工作有很大的影响。"这段话表明实验作为一种科学研究方法，对学生的培养有着一种

特别的作用。探究性实验中科学探究的方法和思路无疑是培养科学研究能力的重要因素。通过对《测量电源的电动势和内阻》实验课的教学设计，我对关于探究实验在物理教学中的作用逐渐有了更为深刻的认识，对教育过程本身也有了全新的感受。"过程即是知识"，过程是理解的基础，过程中应渗透科学研究的方法，使学生学会科学探究的方法和思路，培养学生合作探究能力，体现和提高学生的科学态度与责任，培养学生严谨的科学思想和研究方法，提高学生的建模能力，展示学生的研究思路和才能，提高学生的学习力。使学生的实践能力、创新精神和可持续发展等综合素质都有较大的提高。远比牵强的模仿探究学习的作用要大得多。因此，教师是学生意义建构的帮助者和促进者，教师要将教育过程看作把文化激活的过程。在实践过程中，教师也应成为自己教学行为的研究者。

综上所述，我认为在一节真正意义上的大单元探究性实验课中，教师是一名策划者和参与者，教师肩上的任务重大，要对课上生成的问题有灵活解决的能力，对知识体系有更好的把握，对课堂有充分的掌控能力。而在课堂的设计上，设计思想是整节课的灵魂，必须关注以"物理概念、规律为基础，数据处理为内涵"，从学生的可持续发展的角度出发，时刻以"学生为主体"，注重"实验探究的方法的渗透"，在学生掌握了基础知识的情况下，培养学生的创新精神和实践能力，激发学生独立思考和创新的意识，使学生的综合素质得到全面的提高。

论文3　力学实验"量角器版圆形坐标纸"的设计

北京市第十一中学　刘克艳　梅永清

实验教学是物理教学的重要内容，也是物理教学的重要方法，它不仅是建构物理概念和认识物理规律的重要基础，而且对学生实验技能的培养起着至关重要的作用。在日常教学中，一些教师通常先做演示实验，让学生进行观察，然后把原理、结论讲给学生听。这种教学方法很难将教师的主导作用和学生的主体地位有机结合。在新一轮的课程改革中，要培养学生的核心素养，培养学生的科学思维和科学探究能力，需要一些创新元素来辅助实验，辅助实验教学，辅助实验探究，丰富学生的认知，培养学生的创新意识和实践能力。为此，笔者坚持立足高中物理实验创新元素的研究和开发，以期通过更有效的实验教学，提升学生核心素养水平，激发实验探究的兴趣，培养学生创新意识，培养学生实事求是、严谨认真的科学态度，养成交流与合作的良好习惯。下面，笔者结合"共点力作用下物体的平衡"的教学，将研制开发的"量角器版圆形坐标纸"介绍给广大读者，仅供参考。不妥之处，敬请批评指正。

（一）创作目的

根据教材中的《共点力作用下物体的平衡》一节课，安排学生的实验探究活动。

实验时：

1. 将一方形薄木板平放在桌面上，并在板面上用图钉固定好白纸，将三个弹簧测力计的挂钩用细线系在小铁环上，如图 1 所示。

2. 先将其中两个弹簧测力计固定在图板上，再沿某一方向拉着第三个弹簧测力计。当铁环平衡时，分别记下弹簧测力计的示数 F_1、F_2、F_3 以及它们的方向，并按各个力的大小和方向做出力的图示。

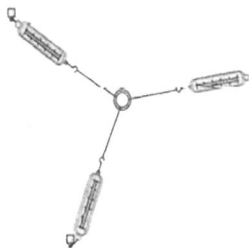

图 1

笔者在按照教材内容对这个实验进行教学设计的时候发现，圆环的圆心也就是共点力的作用点不易找到，这势必影响到后续的每一个力的方向的确定。尽管作用点可以运用交点法确定，可事实上笔的粗细和摩擦力的影响等都带给实验很多误差。经过反复思考，我想到了同心圆。同心圆可以轻松找到圆心；等距同心圆就可以直接用于力的图示的标度；外圈设计量角器，学生就可以直接读出角度；而几条相应的半径则可以辅助画出力的方向。接下来，用电脑设计量角器版圆形坐标纸（图2）

我所设计的带量角器的圆形坐标纸，外圈是量角器，内圈是一系列等间距的同心圆。如果我们研究的共点力作用点在圆心，则绘制的所有力的图示就是过圆心的半径，因此，各个力之间的夹角可以通过外侧的量角器直接读出。

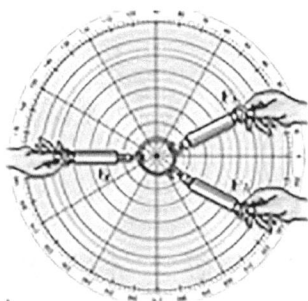

图2

下面仅以"共点力作用下物体平衡条件实验"为例，说明量角器版圆形坐标纸的操作步骤：

1.将铺好坐标纸的灰纸板平放在桌面上。

2.用三个弹簧测力计，从不同角度去拉金属圆环，使之静止，处于平衡状态。在平面内拉圆环，尽量使圆环的中心在与坐标纸中的圆同心，使三个力的作用线交于圆心，圆心即为共点力的作用点。

3.记录此时三个力的大小和方向：在坐标纸上选定标度，我们可以选定相邻同心圆的间距为一定标度，绘制力的图示，任何两个力的方向夹角通过外圈的量角器可以直接读出。做力的图示，按平行四边形定则做出任意两个力 F_1、F_2 的合力 F_{12}，比较 F_{12} 和另外那个力 F_3 的大小和方向。

4.用同样的方法做几组，换不同颜色的笔进行实验。观察和分析实验结果。

（二）创作过程

在绘制过程中，请学校的数学老师帮助，采用了 Word 中自选图形中的线段、圆和本地资源中的圆形量角器图片，设置圆的尺寸、线段的尺寸、线段旋转角度、线条粗细、图形对齐、位置微调等。依次绘制半径为 0.2 cm，0.4 cm，0.6 cm，0.8 cm 的圆，实线，线条粗细 0.25 磅。绘制半径为 1cm 的圆，实线，线条粗细为 1.5 磅。将 5 个圆依次对齐、调整即可，后面的大圆以此类推，最后插入本地资源中的圆形量角器图片即可。

（三）作品的独创性

在逐步设计量角器版圆形坐标纸的过程中主要考虑到物理教学的实际需要，让学生更加便利地获取知识。作品在设计出来之后，用于《共点力作用下物体的平衡》研究课，收到很好的效果。

笔者查阅相关资料，在相关度较高的文章中只查到《自制的力的平衡四边形定则演示器》发表于《技术物理教学》2003 年第 11 卷第 3 期;《共点力作用下物体的平衡演示实验设计》发表于《中学物理教学参考》2004 年第 33 卷第 6 期，均无量角器版圆形坐标纸的相关记载。

研究共点力平衡条件的实验过程中，打破原有实验，教师自己设计"量角器版圆形坐标纸"辅助学生避开不必要的实验环节，化繁为简地进行实验探究，并得出结论。此处的创意在于降低学生探究过程中力的图示作法的难度，这种微创新可以更好地突出重点，快捷地获取知识。这类量角器版圆形坐标纸还可以用于探究与平行四边形定则相应的其他力学实验。

通过这项设计，笔者更加明确，设计合理的实验，会对学生的实验能力、创新精神和实践能力产生潜移默化的影响，这也是教师应努力探索和实践的。

附：量角器版圆形坐标纸

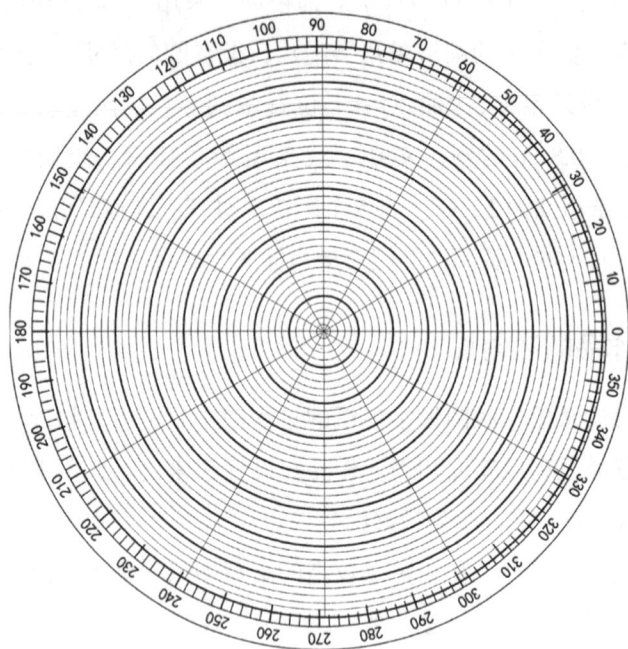

参考文献

［1］李春密.基于深度学习理念的物理教学问题解决 [J].物理教学探讨，2020（12）：1-6.

［2］张玉峰.为了物理学科核心素养发展的学习诊断：概念、路径与内容框架 [J].中学物理，2020（01）：2-6.

［3］何石明.《中共中央 国务院关于深化教育教学改革 全面提高义务教育质量的意见》影响了谁 [J].北京教育，2019（08）：20-21.

［4］张玉峰.基于课前学习诊断的高中物理教学整合研究 [M].北京：北京师范大学出版社，2018.

［5］格兰特·威金斯，杰伊·麦克泰.理解为先模式——单元教学设计指南 [M].福州：福建教育出版社，2018.

［6］刘月霞，郭华.深度学习走向核心素养 [M].北京：教育科学出版社，2018.

［7］钟启泉.单元设计：撬动课堂转型的一个支点 [J].教育发展研究，2015（24）：1-5.

［8］中国高考评价体系说明.北京：人民教育出版社，2019：2-7，26-31.

［9］张玉峰.以大概念、大思路、大情境和大问题统领物理单元教学设计 [J].中学物理，2020（03）：2-7.

［10］李春密.核心素养导向的高中物理教学设计 [M].北京：北京师范大学出版社，2019.

［11］中共中央 国务院关于深化教育教学改革 全面提高义务教育质量的意见 [S].2019.

［12］Gábor Halász, Alain Michel. Key Competences in Europe：Interpretation, Policy Formulation and Implementation，[J].European Journal of Education，2011，46（3）.

［13］张紫屏. 基于核心素养的教学变革——源自英国的经验与启示 [J]. 全球教育展望，2017（04）.

［14］张华. 经验课程论 [M]. 上海：上海教育出版社，2000：261-272.

［15］Christopher Downey, Jenny Byrne &Ana Souza. Researching the Competence-based Curriculum：Preface to a Case Study of Four Urban Secondary Schools[J]. The Curriculum Journal，2012（12）.

［16］伏森泉. 基于物理核心素养视角的高考命题探究 [J]. 中国考试，2017（05）.

［17］刘克艳. 实验改变课堂——高中物理 [M]. 北京：北京师范大学出版社，2012.

［18］刘克艳，梅永清. 力学实验"量角器圆形坐标纸"的设计 [J]. 北京教研，2019（01）.

［19］刘克艳. 以单元教学法提高物理课堂实效性 [J]. 教育·校长参考，2020（04）.

致　谢

　　作者在从事物理教学过程中不断积累经验，改进教学过程，凝练出灵性物理教学法。本书是对灵性物理教学法与大单元教学的有机整合，并记录了在实施过程中作者的思考与实践。

　　在申报北京市教育规划办的重点课题"基于学习诊断的物理大单元教学"过程中，得到北京市第十一中学崔楚民校长的大力支持；北京师范大学李春密教授、北京市教育科学研究院张玉峰老师、东城区教育科学研究院冯鸣老师与商艳林老师亲自指导；书中的课例与论文多次受到北京市和东城区教育科学研究院贾美华老师、张玉峰老师、乔灵芝老师、陶昌宏老师、冯鸣老师、宋玉梅老师、王晓京老师、关薇老师、王颖老师和田海霞老师的帮助与指导；还请教了汇文中学的张国老师与夏维宏老师；在具体实践过程中，得到北京市第十一中学物理组乔虹老师和所有教师的支持与帮助。在此对上述领导、专家、同行、同事为本书编写工作所给予的帮助、指导与支持表示最诚挚的感谢！

　　本书为作者在一线教学实践中的具体思考与实践，在理论研究方面难免有不当之处，请各位专家和读者不吝指正！

刘克艳

2023 年 3 月